KB161579

클라우드 네이티브를 위한

쿠버네티스
실전 프로젝트

아이자와 고지, 사토 가즈히코 지음
박상욱 옮김

클라우드 네이티브를 위한
쿠버네티스 실전 프로젝트

초판 1쇄 발행 | 2021년 6월 18일
초판 2쇄 발행 | 2023년 9월 10일

지은이 | 아이자와 고지, 사토 가즈히코
옮긴이 | 박상욱
발행인 | 김태웅
기획편집 | 이미순
교정교열 | 김희성
전산편집 | 김현미
디자인 | 남은혜, nuːn, 책돼지
마케팅 총괄 | 나재승
마케팅 | 서재욱, 오승수
온라인 마케팅 | 김철영, 하유진
인터넷 관리 | 김상규
제　작 | 현대순

발행처 | (주)동양북스
등　록 | 제2014-000055호
주　소 | 서울시 마포구 동교로22길 14 (04030)
구입 문의 | 전화 (02)337-1737 팩스 (02)334-6624
내용 문의 | 전화 (02)337-1734 이메일 dybooks2@gmail.com

ISBN 979-11-5768-713-8 93000

Kubernetes on AWS: APPLICATION ENGINEER HONBAN KANKYO NI SONAERU
by Kouji Aizawa, Kazuhiko Sato
Copyright © 2020 by Kouji Aizawa and Kazuhiko Sato
All rights reserved.
Original Japanese edition published by Ric Telecom, Tokyo

This Korean language edition is published by arrangement with Ric Telecom, Tokyo
in care of Tuttle-Mori Agency, Inc., Tokyo through Botong Agency, Seoul.

이 책의 한국어판 저작권은 Botong Agency를 통한 저작권자와의 독점 계약으로 동양북스가 소유합니다.
신 저작권법에 의하여 한국 내에서 보호를 받는 저작물이므로 무단전재와 무단복제를 금합니다.

＊이 책은 저작권법에 의해 보호받는 저작물이므로 무단 전재와 무단 복제를 금합니다.
＊잘못된 책은 구입처에서 교환해드립니다.
＊(주)동양북스에서는 소중한 원고, 새로운 기획을 기다리고 있습니다.
　http://www.dongyangbooks.com

아이자와 고지, 사토 가즈히코 지음
박상욱 옮김

아마존 EKS로 배우는
데브옵스 및 IaC 기반 서비스
배포와 관리

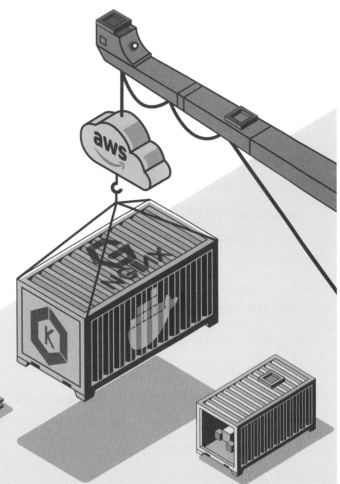

클라우드 네이티브를 위한

쿠버네티스
실전 프로젝트

동양북스

지은이 소개

지은이 **아이자와 고지**(会澤 康二, Aizawa Kouji)

애플리케이션 성능 모니터링을 포함해 다양한 관점에서 시스템의 옵저버빌리티를 제공하는 플랫폼인 New Relic의 솔루션 컨설턴트이자 프리세일즈 엔지니어다. 데모 및 개념 증명(Proof of Concept)을 지원하고 관련 기술 정보를 널리 알리는 업무를 수행 중이다. 달리기, 등산, 축구 관람 등의 취미가 있지만 현재는 두 아이의 아버지로 사는 데 보람을 더 느끼고 있다.

지은이 **사토 가즈히코**(佐藤 和彦, Sato Kazuhiko)

일본 유니시스에 근무 중이며, 항공 및 여행 관련 시스템 개발 업무를 수행하면서 비동기 분산 처리 기반의 관리 애플리케이션을 개발한 경험이 있다. 이 경험 때문에 쿠버네티스라는 기술에 흥미를 느껴 배움을 지속하는 중이다. 최근에는 소프트웨어 기술로 여행을 즐겁고 쾌적하게 만드는 서비스를 개발하는 중이다. 여행이 취미였는데, 최근 취미와 일의 경계가 희미해져가는 삶이 되면서 이것이 좋은 일인가에 대해 고민 중이다.

옮긴이 **박상욱**

AWS Premier Consulting Partner사인 (주)메가존클라우드에서 Cloud Solutions Architect 를 총괄하고 있으며 클라우드 인프라 컨설팅과 디자인 및 구축, 운용에 대한 일을 하고 있다. 또한 AWS 사용자 그룹 리더이며 Global AWS Community Hero, AWS Ambassador로 활동하고 있다. 옮긴 책으로는 『아마존 웹 서비스 클라우드 디자인 패턴 설계 가이드』, 『아마존 웹 서비스 클라우드 디자인 패턴 구축 가이드』, 『인프라스트럭처 자동화 프레임워크 Chef-Solo 입문』, 『네트워크 더 쉽게, 더 깊게』, 『탄력적 개발로 이끄는 AWS 실천 기술』, 『고진감래 C언어』, 『구글 클라우드 플랫폼 입문』, 『아마존 웹 서비스 부하 테스트 입문』 등이 있다.

지은이의 말

아마존 웹 서비스(이하 AWS)는 퍼블릭 클라우드로서 최대 점유율을 가진 서비스이므로 AWS에서 동작하는 애플리케이션을 개발하거나 운영하는 분이 많을 것이다. 이 책은 AWS를 사용해본 적이 있거나 AWS에 관심이 있고 쿠버네티스의 기본을 배워보고 싶은 분에게는 가장 좋은 책이 될 것이다. 또한 이 책에서 다루는 AWS 서비스의 개요나 사용 방법은 AWS 입문자도 이해할 수 있도록 자세하게 구성되었기 때문에 엔지니어라면 누구나 부담 없이 읽어도 된다는 장점도 있다.

쿠버네티스는 컨테이너 오케스트레이션의 사실상 표준으로 자리매김한 오픈소스 기술로, 퍼블릭 클라우드에서 관리형 서비스로 제공되는 형태 외에 온프레미스 환경에서도 사용할 수 있어 여러 형태로 활용 가능하다. 그래서 다른 책은 쿠버네티스를 도구로 보고 그 기능의 상세한 소개와 사용 방법, 내부 구조에 대해 설명하는 경우가 대부분이다. 하지만 이 책에서는 애플리케이션 엔지니어 관점에서 쿠버네티스의 기본적인 사용 방법을 설명한다.

주위에서 쿠버네티스를 학습하는 것이 어렵다는 얘기를 많이 듣는다. 쿠버네티스는 관련된 에코 시스템이 많고 활발하게 개발되고 있는 기술이기 때문에 많은 정보가 공개되어 있다. 이 점이 오히려 모든 기능을 확실히 이해하기 어렵게 하거나 어디까지 학습을 해야 할지 막막하게 만든다.

그러나 쿠버네티스는 핵심 기능만 이용해도 기존 애플리케이션 환경을 단순하게 할 수 있는 유용한 기술이므로 배우는 데 부담을 크게 느낄 필요는 없다. 이 책은 쿠버네티스의 구조를 깊이 있게 설명하기보다는 쿠버네티스 기반으로 애플리케이션을 동작시키기 위한 절차와 접근 방법을 설명한다. 그리고 해당 과정에서 꼭 필요한 쿠버네티스의 리소스와 기능을 이해해볼 것이다. 그런 의미에서 보면 애플리케이션 엔지니어에게는 가장 친절한 쿠버네티스 책이라 할 수 있다. 또한 단순히 애플리케이션을 동작시켜보는 수준이 아니라 서비스 환경에서 사용하는 데 필요한 핵심 내용도 자세히 설명한다.

이 책과 함께 많은 독자가 매니지드 쿠버네티스를 사용하는 데 큰 도움이 되었으면 하는 바람을 담는다.

2020년 1월

지은이 **아이사와 고지, 사토 가즈히코**

옮긴이의 말

많은 기업에서 디지털 트랜스포메이션Digital Transformation으로 전환하기 위해 노력하고 있다. 그리고 이를 위해 가장 먼저 검토하고 있는 것이 기존 IT 인프라 환경을 클라우드로 네이티브 환경으로 바꾸는 것이며, 그 중심에는 컨테이너 기술과 컨테이너 오케스트레이션 기술이 있다. 그래서 인지 최근 들어 고객사의 문의 사항을 보면 어떻게 컨테이너 환경을 효율적으로 도입할 수 있을 지, 쿠버네티스를 어떻게 사용해야 하는지 등 컨테이너 도입과 운영에 대한 내용이 더욱 더 많아지는 추세다. 이러한 고객 요구 사항에 맞춰 클라우드 사업자마다 독자적인 쿠버네티스 관리형 서비스를 제공하며, 대표적인 관리형 서비스로는 Amazon EKS, AKS, GKE 등이 있다.

이 책은 관리형 서비스 중의 하나인 Amazon EKS를 활용하여 애플리케이션을 배포하면서 쿠버네티스를 배울 수 있도록 구성된 책이다. 또 단순히 쿠버네티스 내용만 다루지 않고 EKS와 함께 VPC, CloudFormation, Systems Manager, Secrets Manager, RDS, ELB, S3 등 AWS의 다양한 서비스도 같이 배울 수 있도록 구성되었다는 점이 특징이다. 그리고 쿠버네티스를 서비스 환경에 도입하기 위해 고려해야 할 보안, 모니터링, 애플리케이션 배포 등에 대한 실무적인 내용도 많이 다룬다. 쿠버네티스 도입을 검토하시는 분은 물론 현재 쿠버네티스를 도입하여 사용하는 분에게도 도움이 될 것이다. 또 하나의 특징은 실습 환경 구성을 AWS 콘솔 화면을 통해 하나하나 설정해 나갈 수 있도록 구성되었고, CloudFormation, 쿠버네티스의 매니페스트 파일 내용을 설명해주고 있어 AWS 경험이 없는 분들이나 통상적인 개발자도 쉽게 이해할 수 있도록 구성되어 있다.

이제 쿠버네티스는 새로운 기술이 아닌 IT 기술의 표준이 되어 가고 있다. 이 책을 보는 독자분이 이 책을 통해 쿠버네티스와 AWS 서비스를 이해하고 실무에 적용할 수 있을 정도의 수준으로 실력을 키울 수 있기를 바란다. 또 서비스 중인 애플리케이션을 꼭 쿠버네티스 환경을 통해 배포하고 운영해보기 바란다.

2021년 5월

옮긴이 **박상욱**

추천사

현재 쿠버네티스는 국내와 해외 저자가 많은 서적을 썼고, 처음 쿠버네티스를 접할 때 많은 도움을 받았다. 그런데 EKS를 잘 사용하려면 쿠버네티스와 AWS의 연동 관계를 알아야 하는데 이부분은 아직 다양한 자료가 많지 않다. 그런 이유로 최근 아파치 에어플로$^{Apache\ Airflow}$를 아마존 웹서비스^{AWS}의 매니지드 쿠버네티스 서비스인 EKS에서 사용하기 위해 꽤 고생한 적이 있다. 예를들면 AWS의 ALB$^{Application\ Load\ Balancer}$와 연결하는 방법, 외부 DNS와 연동하는 방법, EFS$^{Elastic\ File\ System}$를 추가하는 방법, 노드를 증가시키는 방법 등이다. 이 과정에서 현업에서 일하는 지인에게 물어보고 강좌를 찾아보며 인터넷 자료도 열심히 검색해보는 등 많은 일이 있었다. 그래도 딱 원하던 정보들이 없어서 생각보다 많은 시간이 걸렸던 것도 사실이다.

이러한 일을 겪은 후 이 책의 추천사를 요청받게 되었다. 책을 읽으면서 조금만 빨리 번역되었으면 어땠을까 하는 생각이 들었다. 쿠버네티스에 대한 설명은 다른 책과 비슷하지만 'EKS로 배우는'이라는 부제처럼 Amazon EKS를 이용할 때 고민되는 부분들에 대해 잘 정리되어 있었기때문이다. 노드에 권한을 부여하는 작업, 모니터링 관련 설정과 실행 등 EKS를 사용한다는 것은 결국 쿠버네티스에 대한 이해도 중요하지만 AWS와 연동하는 것에 관한 이해도 중요하다. 이 책은 추천사를 쓰는 시점에서는 지금까지 설명한 내용을 소개하는 유일한 자료로 생각한다.

쿠버네티스를 사용한다면, 당연히 쿠버네티스 자체를 잘 이해하는 일이 중요하다. 하지만 점점퍼블릭 클라우드를 많이 사용할수록 많은 사용자가 AWS, 마이크로소프트 애저^{Azure}, 구글 쿠버네티스 엔진$^{Google\ kubernetes\ engine,\ GKE}$ 등의 매니지드 쿠버네티스 서비스를 이용할 확률이 더 높다. 여러분이 만약 AWS 기반으로 서비스를 운영하던 중 EKS를 이제 막 도입해야 하는 상황이라면, 이책은 꼭 한 번 읽어보길 추천한다.

강대명(위버스 컴퍼니 소프트웨어 엔지니어)

쿠버네티스는 점점 시장을 넓혀가는 한 가지 중요한 기술이 아니라 IT를 위한 기반 기술이 되고 있다. 실제로 쿠버네티스와 관련된 강의를 하고 책을 쓰는 등 저변을 넓히는 활동을 지속하며 개발자/엔지니어가 쿠버네티스를 모르면 일하기 어려운 시점이 곧 올 것이라고 느꼈기 때문이다.

현재 실무에서 쿠버네티스를 사용하는 방법은 크게 관리형 쿠버네티스(Amazon EKS, AKS, GKE), 설치형 쿠버네티스(OpenShift, Rancher), 구성형 쿠버네티스(kubeadm, kops, kubespray, KRIB)라는 세 가지 유형으로 나뉜다. 이 책은 관리형 쿠버네티스 중 Amazon EKS를 중심으로 다룬다. 쿠버네티스가 동작하는 인프라를 제공하는 클라우드 서비스 벤더의 주요 기능(예를 들면 VPC, CloudFormation)과 쿠버네티스의 연결고리를 이해시키려는 목적으로 만들어졌다. 관리형 쿠버네티스는 쿠버네티스의 가장 어려운 부분인 설계와 관리를 클라우드 서비스 벤더가 제시하는 가이드에 따라 수행한다. 이러한 이유로 직접 쿠버네티스 클러스터를 구성해서 관리하는 것보다 접근성이 높고 관리도 편리하다.

이 책은 다음과 같은 분께 많은 도움이 될 것이다.

- 쿠버네티스와 도커(또는 컨테이너 도구)에 대한 이해는 있지만 Amazon EKS는 생소한 분
- AWS에 대한 이해는 있으나 쿠버네티스가 생소한 분
- 앞의 두 가지에 관한 배경지식은 없지만 Amazon EKS를 배울 열정이 있는 분(이런 분은 AWS나 쿠버네티스 입문서를 함께 참고하는 것이 좋다).

실제 클라우드 네이티브와 데브옵스 기반으로 쿠버네티스 도입을 고민하는 회사라면 "왜 이제야 책이 출간되었나?"라고 반길 것이다. 특히 Amazon EKS를 사용하는 데 어려움을 겪었던 독자분이라면 AWS와 쿠버네티스를 손쉽게 사용할 수 있게 도와줄 것이다. 쿠버네티스 세계에서 다시 만날 수 있기를 바란다!

조훈(IT 인프라 엔지니어 그룹 운영자)

서문

이 책은 애플리케이션 엔지니어를 위한 쿠버네티스 입문서다. 아마존 웹 서비스^{Amazon Web Services, AWS}에서 이용 가능한 쿠버네티스^{Kubernetes} 관리형 서비스인 Amazon EKS^{Amazon Elastic Kubernetes Service}를 기준으로 설명한다.

이 책의 대상 독자

이 책은 다음과 같은 독자를 대상으로 한다.

- 데브옵스^{DevOps} 구현과 관련된 인프라 지식을 습득하기 위한 목적으로 컨테이너 기반 개발 과정이나 쿠버네티스의 기본적인 사용 방법을 이해하고 싶은 애플리케이션 엔지니어
- 평소에는 Amazon EC2^{Elastic Computing Cloud}를 중심으로 AWS를 사용하므로 컨테이너나 쿠버네티스 등을 접할 기회가 없었지만, 추후 꼭 필요한 기술을 제대로 학습해보고 싶은 AWS 엔지니어
- AWS 서비스에 관심이 있는 분

이 책의 내용

1장에서는 도커^{Docker} 컨테이너, 컨테이너 오케스트레이션의 필요성과 쿠버네티스가 등장한 배경 등을 설명한다. 그리고 Amazon EKS가 무엇인지와 그 특징을 소개하면서 이들이 어떤 과제를 해결하는지 알아본다.

2장에서는 Amazon EKS를 사용하여 예제 애플리케이션을 배포하는 방법을 설명한다.

3장에서는 2장에서 구축한 환경으로 쿠버네티스에서 애플리케이션을 실행하기 위한 구조에 대해 설명한다. 또 쿠버네티스에서 애플리케이션을 실행할 때 고려해야 할 사항에 대해 설명한다.

4장에서는 쿠버네티스에서 서비스 환경을 유지, 운영할 때 주의해야 하는 부분을 소개하고 각각에 대한 접근 방법, 설정 방법, 도구 설치 방법 등을 설명한다.

이 책의 목표

이 책을 다 읽고 나면 다음과 같은 것을 할 수 있게 된다.

- AWS에서 쿠버네티스 환경을 구축하고 그 환경 위에서 웹 애플리케이션이나 배치 애플리케이션을 동작시킬 수 있다.
- 쿠버네티스에서 애플리케이션을 동작시키는 구조를 이해할 수 있다.
- 컨테이너로 애플리케이션을 동작시키는 경우 애플리케이션에서 고려해야 하는 사항들을 이해할 수 있다.
- 쿠버네티스에서 서비스 환경을 운영할 때 고려해야 할 내용을 이해할 수 있다.

AWS와 쿠버네티스에 대한 기술 정보는 인터넷에 많이 공개되어 있다. 그러나 이런 정보의 대부분은 각각의 서비스나 도구에 대한 설명이며, 여러 서비스와 도구를 조합하여 서비스 환경을 구축하려면 많은 문서의 내용을 이해하고 연결해서 사용해야 한다. 또한 각각의 문서는 전부 같은 전제 조건 아래 만들어진 문서도 아니고 사용할 도구들의 설치 순서나 기본 명령어 실행 순서 등이 생략된 경우도 많다. 이 책은 이런 점을 보완하여 도구 설치, 환경 구축, 애플리케이션 준비와 배포 작업을 순서대로 어렵지 않게 따라 할 수 있도록 집필되었다.

예제 애플리케이션은 자바^{Java}+스프링 부트^{Spring Boot}로 구성되어 있다. 그러나 특정 언어나 프레임워크에 한정된 내용이 아닌, 컨테이너 오케스트레이션 환경에서 애플리케이션을 동작시킬 때 고려해야 할 내용을 집중적으로 다루고 있다. 그렇기 때문에 다른 언어나 프레임워크를 사용하는 분들에게도 유용한 정보가 될 것이다.

쿠버네티스는 일반적으로 러닝 커브와 도입 장벽이 높은 것으로 알려져 있다. 그러나 퍼블릭 클라우드 중 최대 점유율을 보유한 AWS가 제공하는 Amazon EKS 서비스에서 실제로 애플리케이션을 동작시켜보는 접근 방식은 쿠버네티스 구조를 효율적으로 습득하는 데 도움을 줄 것이다. 이 책과 함께 더 많은 분이 쿠버네티스와 친숙해질 수 있기를 바란다.

참고로 이 책을 읽고 매니지드 쿠버네티스에 관한 기본 개념을 이해한 후 구글 쿠버네티스 엔진 GKE에서 비슷한 실습을 진행해보고 싶다면 다음 깃허브 저장소를 참고하기 바란다.

https://github.com/GoogleCloudPlatform/microservices-demo

이 책에서 사용하는 소스 코드 다운로드 방법

이 책에서 사용하는 소스 코드는 다음 깃허브 리포지터리에 공개되어 있다. 클론하거나 다운로드해서 사용하기 바란다.

https://github.com/dybooksIT/k8s-aws-book
https://github.com/polo149278/k8sbook

이 책에서 설명하는 구축 방법을 실행하기 위한 환경

이 책에서 설명하는 구축 방법을 실행하려면 다음과 같은 환경이 필요하다.

- 윈도우 10 Pro 64bit 이상
  윈도우 10 홈 에디션^{Home Edition}은 도커 데스크톱^{Docker Desktop}이 동작하지 않아 이 책의 실행 환경으로 사용하지 않는다.
- macOS Sierra(10.12) 이상

이 책에서 사용하는 도커 데스크톱 환경에는 제약 사항이 있다. 윈도우의 경우 하이퍼-V^{Hyper-V}(윈도우의 가상화 기능)가 활성화되어 있어야 한다. 또 하이퍼-V를 사용하려면 현재 사용하고 있는 PC가 하드웨어 가상화 지원 기능을 지원해야 한다. 이 조건을 충족하지 않을 경우(가상화 지원 기능을 지원하지 않는 PC 또는 윈도우 10 홈 에디션만 사용할 수 있는 경우) 도커 툴박스^{Docker Toolbox}나 가상 머신 등 도커^{Docker}를 사용할 수 있는 별도의 환경이 필요하다(해당 내용은 이 책에서 다루지 않는다).

이 책에서는 다음과 같은 실행 환경을 기준으로 실습했다.

- 윈도우 10 Pro 64bit

- macOS Big Sur

- eksctl 0.44.0 및 EKS 1.19

⊂ AWS 이용 요금

이 책에서 구축할 환경 중에는 프리 티어 범위에서 사용할 수 없는 리소스가 있다. 이 책에서 설명하는 내용에 따라 리소스를 정지, 삭제한다면 AWS 이용 요금은 10,000~20,000원 정도가 될 것으로 예상한다. 하지만 리소스를 정지, 삭제하지 않을 경우 예상외로 큰 비용이 발생할 수 있으니 주의하기 바란다(2.1.1 참고).

차례

3 쿠버네티스에서 애플리케이션을 동작시키는 구조   139

부록

1 컨테이너 기술 보급과 쿠버네티스

지금 이 책을 구입한 분이라면 어떤 이유로든 컨테이너 기술이나 쿠버네티스^{Kubernetes}에 대한 정보를 많이 접했을 것이다. 이 장의 앞부분에서는 이 책의 핵심이라고 할 수 있는 컨테이너 기술에 대해 복습하고 왜 이렇게까지 대중화되었는지, 왜 쿠버네티스가 필요한지에 대해 설명한다. 뒷부분에서는 쿠버네티스의 개념과 기본적인 오브젝트에 대해 간략하게 설명하고 이 책에서 사용할 Amazon EKS의 특징을 소개한다. 이미 이 내용을 잘 알고 있다면 1장은 건너뛰어도 무방하다. 하지만 지금까지 컨테이너를 가볍게 접해본 분이라면 꼭 기본부터 확인해보길 바란다.

1.1 컨테이너란

컨테이너^{Container}란 무엇일까? 가상 머신^{Virtual Machine, VM}과는 어떻게 다를까?

일반적인 가상 머신은 호스트 OS에 하이퍼바이저^{Hypervisor}를 설치하고 그 위에 게스트 OS를 동작시키는 형태로 동작한다. 한편 컨테이너 기술은 호스트 OS에 컨테이너 런타임을 올리고 그 위에 프로세스로서 컨테이너를 동작시킨다. 컨테이너란 호스트 OS의 커널을 공유하면서 분리된 프로세스로서 실행해 마치 가상 머신이 움직이고 있는 것처럼 보이게 하는 기술이다. 컨테이너의 실체는 단순한 프로세스이므로 가상 머신에 비해 매우 가볍고 빠르게 동작할 수 있다(그림 1.1.1 참고).

그림 1.1.1 컨테이너와 가상 머신의 차이

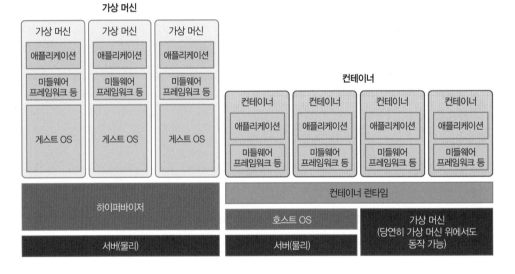

1.2 도커란

1.2.1 도커의 특징과 장점

도커[Docker]는 컨테이너를 동작시키기 위한 엔진[1] 중 하나다. 2013년에 닷클라우드[dotCloud](이후 도커)에 의해 발표, 공개되었다. 컨테이너 자체는 새로운 기술이 아니었지만 도커는 단기간에 개발자의 지지를 많이 얻었다. 거기에는 여러 가지 이유가 있겠지만 무엇보다도 가장 큰 이유는 다음 두 가지다.

첫 번째는 컨테이너 관리 방식이다. 도커에서는 Dockerfile이라는 정의 파일을 작성하여 동일한 컨테이너 이미지를 간단히 만들 수 있다. 이는 IaC[Infrastructure as Code][2]를 구현하는 데 매우 적합한 소프트웨어다. 또 컨테이너 이미지에는 애플리케이션과 그 실행 환경 설정이 포함되어 있기 때문에 도커 엔진만 설치되어 있다면 그 애플리케이션의 동작이 보장된다는 장점도 있다.

두 번째는 컨테이너 이미지를 저장, 공유하기 위한 에코시스템이 초기부터 준비되었다는 점이다. 생성한 컨테이너 이미지는 각 환경에 확실히 배포할 수 있어야 의미가 있다. 도커에서는 도커 허브[Docker Hub]라고 하는, 컨테이너 이미지를 저장 및 공유할 수 있는 컨테이너 리포지토리가 제공(깃허브의 컨테이너 버전이라고 생각하면 이해하기 쉽다)된다. docker push/pull 명령으로 간단히 도커 허브에 컨테이너 이미지를 전송하거나 다운로드할 수 있다. 이를 통해 애플리케이션을 배포할 때 환경 설정 차이로 인해 발생하기 쉬운 문제를 해결할 수 있다. 즉, 개발 환경에서 스테이징 환경, 서비스 환경으로 동일한 컨테이너 이미지를 배포할 수 있으므로 테스트를 거친 컨테이너 이미지를 서비스 환경에 안정적으로 배포할 수 있다(그림 1.2.1 참고).

---

1 여기서 말하는 '엔진'은 컨테이너 런타임에 대한 실행 명령과 관리 등을 하는 명령어 집합, 이들의 실행을 지원하는 데몬 프로세스 등 전체 구성 요소에 대해 정리한 것을 말한다. 더 상세한 내용은 'Docker overview(https://docs.docker.com/get-started/overview)'를 참고하기 바란다.
2 인프라 구성을 애플리케이션 소스 코드처럼 관리, 처리하는 개념으로 가상화 기술, 클라우드 서비스에서 활용도가 높다.

그림 1.2.1 동일한 컨테이너 이미지를 배포함으로써 애플리케이션 실행 보장

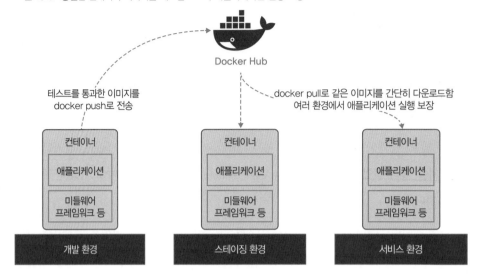

1.2.2 도커를 통한 조직의 문제 해결

도커를 이용해 컨테이너화를 하면 조직의 문제도 해결할 수 있다. 여러분이 엔지니어로서 큰 회사나 조직에 소속되어 있으면 보통 인프라팀과 애플리케이션팀으로 나뉜다. 어떤 시스템을 구축할 경우 인프라팀이 서버 준비, 미들웨어나 프레임워크 등을 설치 및 설정하고 애플리케이션팀은 인프라팀이 준비한 환경에서 개발하는 것이 일반적이다(그림 1.2.2 참고).

그림 1.2.2 기업의 규모가 클수록 단계별 분업 진행

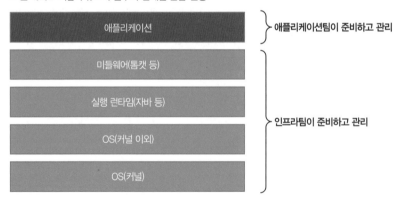

이렇게 분업하더라도 업무에 문제가 발생할 수 있다. 인프라 초기 구축 이후 미들웨어 설정 변경 등이 필요하면, 애플리케이션팀은 항상 인프라팀에 작업을 의뢰해야 한다(그림 1.2.3 참고).

그림 1.2.3 인프라팀 입장에서는 많은 환경의 유지, 운영에 대한 업무 부하가 높다

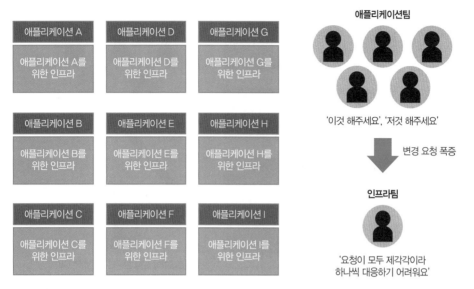

인프라팀은 많은 서버를 관리하고 있어 아무래도 애플리케이션팀이 요구하는 환경을 제공할 때까지의 시간(리드 타임)이 길어진다. 이 경우 애플리케이션팀이 Dockerfile로 미들웨어를 포함한 설정을 관리한다면 필요에 따라 빠르게 설정을 변경할 수 있다(그림 1.2.4 참고).

그림 1.2.4 미들웨어 관리를 애플리케이션팀이 담당할 경우의 장점

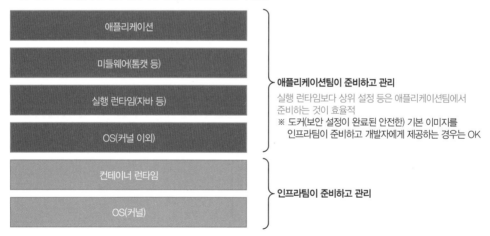

인프라팀도 작은 변경 요청 사항을 일일이 받지 않아도 되기 때문에 각 팀은 서로 장점만 취할 수 있다(그림 1.2.5 참고).

그림 1.2.5 인프라팀도 애플리케이션팀도 서로 장점만 얻는 관계로 변화

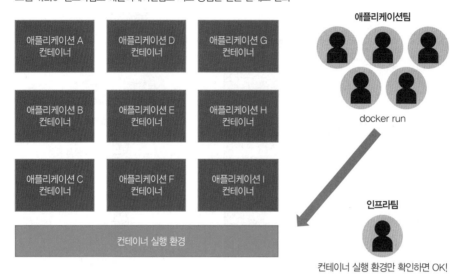

1.2.3 도커의 과제와 오케스트레이션 도구의 필요성

도커를 사용하면 앞에 나온 바와 같이 여러 가지 장점이 있지만 풀어야 할 과제도 있다. 단일 컨테이너가 아닌 컨테이너 여러 개를 실행할 때 발생하는 문제점을 해결하는 것이다. 보통 시스템 구성이 커지면 컨테이너 여러 개를 연결해 서비스 하나를 만들게 된다. 이런 구성일 때 문제되는 것 중 하나로 컨테이너 사이의 통신과 가용성 확보가 있다(그림 1.2.6 참고).

그림 1.2.6 다수의 서버에 다수의 컨테이너를 배포할 때의 과제

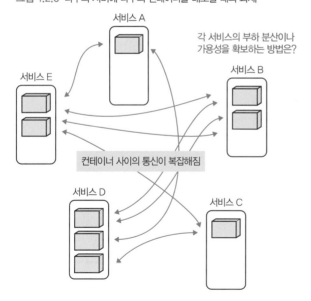

서비스 환경에서 시스템을 동작시키기 위해 컴포넌트 각각을 다중화redundancy하는 것은 기본이다. 예를 들어 컨테이너가 스케일 아웃 등을 하는 경우 상단에 있는 로드밸런서에 어떻게 연결하는 것이 좋을까?"라던가, "가상 머신 1대 안에서 컨테이너 여러 개를 동작시키는 경우 리소스 제어는 어떻게 하면 좋을까?" 등은 한쪽 컨테이너에 부하가 높아져도 다른 한쪽 컨테이너의 성능이 떨어지지 않게 하는 다중화 관련 고민이다. 또한 컨테이너가 동작하는 가상 머신에 장애가 발생했을 때 모든 컨테이너가 정지되고 서비스 전체가 멈춰버리는 현상을 막으려는 노력도 있다.

이러한 과제를 해결하기 위해 등장한 것이 바로 쿠버네티스와 같은 컨테이너 오케스트레이션 도구들이다.

1.3 쿠버네티스란

쿠버네티스[3]는 2014년 구글Google에서 발표되었다. 구글이 자사 서비스를 호스트하기 위해 개발한 보그Borg라는 오케스트레이션 도구가 그 기원이라고 할 수 있다. 구글은 2015년 7월 21일 버전 1.0을 발표함과 동시에 리눅스 파운데이션[4]과 공동으로 클라우드 네이티브 컴퓨팅 파운데이션Cloud Native Computing Foundation, CNCF[5]을 설립하여 쿠버네티스를 CNCF에 기증했다. 이후 쿠버네티스를 중심으로 한 에코시스템이 형성되면서 현재는 컨테이너 오케스트레이션 도구의 사실상 표준으로 불리는 위치가 되었다.

1.3.1 쿠버네티스의 개념

쿠버네티스에서는 데이터 플레인[6]이라고 불리는 서버를 여러 대 실행시켜 그 위에 가상 오케스트레이션 계층을 구축하고 거기에서 컨테이너가 동작한다. 컨테이너 이용자는 이를 통해 컨테

---

3 k8s라고도 표기한다.

4 https://www.linuxfoundation.org

5 https://www.cncf.io

6 서비스 사이의 네트워크 트래픽을 관리하는 서비스 메시(애플리케이션의 다양한 부분들이 통신하는 것을 제어하는 방법) 애플리케이션을 뜻한다.

이너 그룹을 하나의 큰 머신 리소스로 볼 수 있어 인프라를 추상화할 수 있다. 인프라 관리 측면에서 보더라도 여러 대의 서버로 구성이 가능하므로 단일 장애점Single Point of Failure, SpoF을 배제할 수 있는 장점이 있다.

또한 쿠버네티스는 어떤 가상 머신에서 어느 정도의 컨테이너를 동작시킬지를 관리하거나, 새로운 컨테이너를 배포할 때 어떤 가상 머신에 배포하면 좋을지 등을 자동으로 판단한다. 장애가 발생한 컨테이너를 정지시키고 재시작하는 구조도 갖고 있다. 이러한 기능은 컨트롤 플레인[7]이라는 마스터 노드 그룹에서 구현된다(컨트롤 플레인 컴포넌트와 자세한 내용에 대해서는 4.8.2절에서 설명한다).

그림 1.3.1 쿠버네티스 구성의 개요

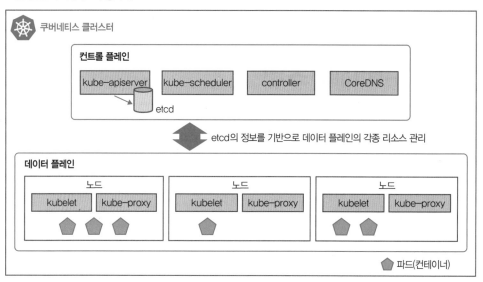

이들 외에도 쿠버네티스에는 수많은 기능이 구현되어 있다. 그래서 쿠버네티스가 어렵게 느껴지는 원인이 되기도 한다. 하지만 기본 개념은 그렇게 어렵지 않다. 이 책의 범위라면 웹 애플리케이션을 개발할 때 높은 가용성과 확장성을 갖는 시스템을 비교적 간단하게 구축할 수 있는 것으로 이해하면 된다. 이 부분은 2장을 읽다 보면 체감할 수 있겠지만 우선 환경을 구축할 때의 이해를 돕기 위해서라도 쿠버네티스 기본 요소를 확인해두자. 다음부터 쿠버네티스를 구성하는 기본적인 오브젝트에 대해 설명한다.

---

7 데이터 플레인이 어떻게 동작할지 설정하는 애플리케이션을 뜻한다.

1.3.2 쿠버네티스의 기본 오브젝트

파드

파드^{Pod}는 쿠버네티스의 최소 단위며, 파드 하나 안에서는 하나 이상의 컨테이너를 동작시킬 수 있다. 파드에는 어떤 컨테이너 이미지를 사용할지 등을 설정한다.

레플리카셋

레플리카셋^{ReplicaSet}은 파드를 얼마나 동작시킬지 관리하는 오브젝트다. 레플리카셋에서 파드의 수를 설정하면 그만큼의 파드가 동작하는 것을 보장한다.

디플로이먼트

디플로이먼트^{Deployment}는 이름 그대로 배포 이력을 관리한다. 쿠버네티스 운영 중에는 애플리케이션의 새로운 버전을 릴리스하거나 부하 증가에 따라 레플리카셋 수를 변경하는 등 여러 가지 동작이 발생하는데 이들은 디플로이먼트로 관리할 수 있다. 또한 디플로이먼트는 적용 이력도 관리하므로 새로운 버전의 애플리케이션 릴리스 이후 문제가 발생하면 바로 이전 버전으로 쉽게 롤백할 수 있다. 서비스를 운영하는 상황 대부분에서 파드를 동작시킬 때는 디플로이먼트 단위로 관리한다.

서비스

서비스^{Service}는 배포한 파드를 쿠버네티스 클러스터 외부에 공개하기 위한 구조를 제공한다. 공개 방법은 다양하다. 여기서 모든 방법을 설명할 수는 없지만 가장 대표적인 방법이 로드밸런서를 사용하는 것이다. 클러스터 내에 파드 여러 개를 동작시킨 경우 그 앞단에 로드밸런서를 배치하여 특정 파드를 클러스터 외부로 공개할 수 있다.

지금까지 소개한 오브젝트 4개의 관계도는 그림 1.3.2와 같다. 디플로이먼트에서 레플리카셋에 설정된 수만큼 파드를 동작시키고 서비스를 통해 외부에 공개하는 구성이다.

그림 1.3.2 쿠버네티스의 가장 기본적인 오브젝트

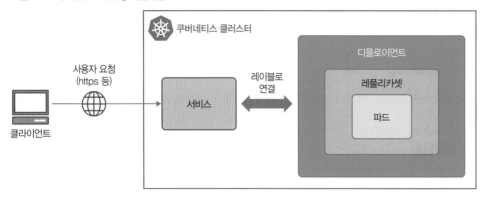

1.4 Amazon EKS란

Amazon EKS^{Elastic Kubernetes Service}[8]는 쿠버네티스를 제어하는 컨트롤 플레인을 제공하는 관리형 서비스다. AWS가 주최하는 최대 연례 행사인 re:Invent 2017에서 발표되었으며 도쿄 리전에는 2018년 12월, 서울 리전에는 2019년 1월에 출시되었다.

1.4.1 EKS는 무엇을 해결하는가

쿠버네티스 도입을 검토할 때 가장 큰 장벽은 '컨트롤 플레인의 유지 및 운영'이다. 쿠버네티스에서는 여러 컴포넌트들이 서로 독립적이고 비동기로 동작하며 전체를 구성한다. 그래서 각각의 구성 요소를 정상적으로 동작시키기 위한 설정이나 유지, 운영 장애가 발생했을 때의 복구 방법 등은 결코 간단하다고 말할 수 없다. EKS의 경우 이런 유지, 운영을 AWS에서 대신해준다 (그림 1.4.1 참고).

---

8 서비스 발표 초기에는 Amazon Elastic Container Service for Kubernetes라는 이름이었지만 2019년 6월 20일에 Amazon Elastic Kubernetes Service로 변경되었다.

그림 1.4.1 EKS 전체 개요

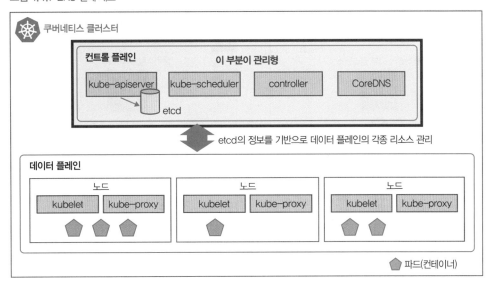

1.4.2 EKS의 특징

EKS는 쿠버네티스와 완전한 호환성을 갖고 있다. 다시 말해 이미 구축된 쿠버네티스 클러스터에서 동작하는 애플리케이션을 수정하지 않고 동작시킬 수 있다. 또한 AWS의 각종 서비스와 통합되고 있어 AWS의 다른 서비스들과 연결하거나 기존 구조와 같은 환경으로 이용할 수 있다. 구체적인 예를 살펴보자.

VPC와 통합

일반적으로 쿠버네티스 클러스터에서는 파드 네트워크로 데이터 플레인의 네트워크와는 다른 자체 네트워크 체계를 배치한다. 그래서 클러스터 외부에서 파드에 명시적으로 엔드포인트를 생성하지 않으면 통신이 불가능하다. EKS에서는 Amazon VPC[Amazon Virtual Private Cloud] 통합 네트워킹을 지원하고 있어 파드에서 VPC 내부 주소 대역을 사용할 수 있고 클러스터 외부와의 통신을 심리스[Seamless][9]하게 구현할 수 있다(그림 1.4.2 참고).[10]

---

9 서비스 접근을 단순하게 하는 것 혹은 복잡한 기술이나 기능을 설명하지 않아도 서비스 기능을 직관적으로 구현하는 것을 뜻한다.

10 엄밀히 말하자면 기본 설정으로는 통신이 불가능하고 SNAT 기능을 비활성화하여 구현할 수 있다. 더 자세한 내용은 '외부 SNAT(https://docs.aws.amazon.com/ko_kr/eks/latest/userguide/external-snat.html)'를 참고한다.

그림 1.4.2 EKS 네트워크의 특징

■ 일반적인 쿠버네티스(EC2상의 쿠버네티스)의 경우

■ EKS의 경우

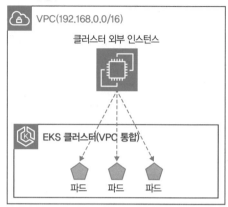

클러스터 자체 네트워크를 사용하기 때문에 명시적으로
엔드포인트를 설정하지 않으면 통신할 수 없음

VPC 자체로 통신 가능

IAM을 통한 인증과 인가

쿠버네티스 클러스터는 kubectl이라는 명령줄 도구를 사용하여 조작한다. 이때 해당 조작이 허가된 사용자에 의한 것임을 올바르게 인증^authentication해야 한다. 또 인증된 사용자에게 어떤 조작을 허가할지에 대한 인가^authorization 구조도 필요하다.

AWS 사용자라면 어떤 시스템을 구축할 경우 분명 IAM^AWS Identity and Access Management11을 사용하고 있을 것이다. 그렇다면 여기서 관리하는 IAM 사용자나 IAM 역할을 사용해 쿠버네티스 클러스터의 인증 및 인가를 할 수 있다면 편리할 것이다. EKS에서는 IAM과 연결한 인증 및 인가 구조[12]를 제공한다(그림 1.4.3 참고). 상세한 내용은 4.4.1 '클러스터 보안'에서 설명한다.

그림 1.4.3 IAM 통합 구조

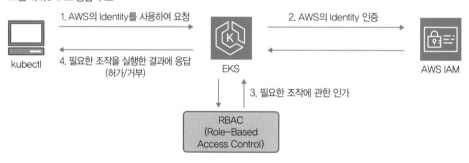

---

11 https://aws.amazon.com/ko/iam

12 이 구조를 이용하기 위해서는 AWS CLI 1.16.156 이상이 필요하다.

ELB와의 연계

1.3.2 '쿠버네티스의 기본 오브젝트'에서 설명한 내용과 같이 쿠버네티스 클러스터 외부에서 접속할 때는 서비스를 사용해 엔드포인트를 생성할 필요가 있다. 가장 전형적인 엔드포인트가 로드밸런서다. EKS에서는 쿠버네티스의 서비스 타입 중 하나인 LoadBalancer를 설정하면 자동적으로 AWS의 로드밸런서 서비스인 ELB$^{Elastic Load Balancing}$[13]가 생성된다. 이것으로 HTTPS나 경로기반 라우팅 등의 L7 로드밸런서 기능을 AWS 서비스로 구현할 수 있다(그림 1.4.4 참고).

그림 1.4.4 서비스 오브젝트와 ELB 연결

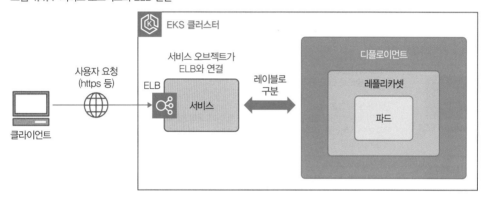

데이터 플레인 선택

지금까지 설명한 바와 같이 쿠버네티스는 컨트롤 플레인과 데이터 플레인으로 구성된다. 컨트롤 플레인은 EKS에서 관리형 서비스로 제공되고 있다. 그렇다면 데이터 플레인은 어떨까? 계속 사용자가 관리해야 하는 것일까? 답은 반은 Yes고 반은 No다.

EKS 서비스 제공 초기에는 AWS가 자동화된 구축 방식으로 데이터 플레인을 제공했고 EKS와는 별도로 EC2를 관리해야 했다. 그러나 시간이 지나면서 AWS가 발전해 데이터 플레인 관리를 도와주는 기능이 제공되었다. EKS 클러스터의 유지 관리나 버전을 업그레이드할 때 필요한 가상 머신 설정을 쉽게 해주는 관리형 노드 그룹[14] 구조와 처음부터 가상 머신을 의식하지 않고 파드를 배포할 수 있는 파게이트^{Fargate}라는 서비스가 여기에 속한다.

---

13 https://aws.amazon.com/ko/elasticloadbalancing

14 https://docs.aws.amazon.com/ko_kr/eks/latest/userguide/managed-node-groups.html

그런데 관리형 노드 그룹에서는 AWS에서 제공한 것만 기본 이미지로 사용할 수 있었다. 즉, 회사의 표준 보안 소프트웨어를 설치하거나 노드에 다른 도구를 설치한 사용자 컨테이너 이미지 사용 등이 불가능했던 것이다. 이러한 문제를 해결하고자 2020년 8월 노드 그룹에서 사용자 설정 컨테이너 이미지를 지원하는 기능이 출시되어 사용자가 설정한 컨테이너 이미지로 노드를 생성할 수 있게 되었다. 참고로 파게이트는 데이터 플레인 관리가 필요 없는 만큼 파드가 배포되는 호스트에 사용자 접근도 제한되며 거기에 따른 제약도 있다(4.7.4 '파게이트 주요 제약 사항' 참고)는 점을 기억해두자.

EKS에서 사용 가능한 데이터 플레인을 선택할 때의 기준을 그림 1.4.5에 정리했다.

그림 1.4.5 데이터 플레인 선택

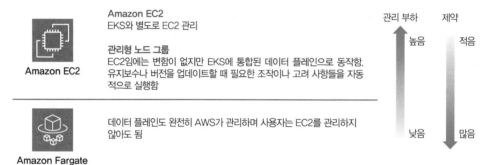

관리형 노드 그룹이나 파게이트는 아직 개발 중인 기능이고 집필 시점에는 몇 가지 제약 사항이 있지만, 사용자의 환경 요구 사항을 충족한다면 데이터 플레인으로 선택할 수 있을 것이다. 2장의 예제 애플리케이션 구축 방법에서는 쿠버네티스의 기본을 이해하기 위해 EC2로 데이터 플레인을 구축 및 관리하는 기존 방식을 사용하지만, 4장에서는 관리형 노드 그룹과 파게이트에 대해서도 설명할 예정이다.

EKS는 AWS와 함께 계속 진화하고 있다. 이를 많은 사람이 쉽게 알 수 있도록 AWS의 깃허브에 컨테이너 서비스의 향후 로드맵이 공개되어 있다.[15] 여기서 '사용자가 원하는 기능', '향후 추가되는 기능' 등을 확인할 수 있다. 현재는 지원하지 않지만 향후 추가될 기능들이 정말 많다.

참고로 AWS 최신 정보는 AWS 공식 사이트에서 확인할 수 있다. RSS 구독도 가능하므로 채팅 도구 등을 통해 자동으로 새로운 소식을 받아볼 수 있도록 설정해두면 좋을 것이다.

---

15 https://github.com/aws/containers-roadmap/projects/1

1.5 마치며

이 장에서는 다음과 같은 내용을 설명했다.

- 컨테이너와 가상 머신의 차이

- 도커의 특징과 도커가 조직에 미치는 영향

- 많은 컨테이너를 운영할 때의 과제와 컨테이너 오케스트레이션의 필요성

- 쿠버네티스의 역사와 개념, 사용해야 하는 이유

- 쿠버네티스 기본 오브젝트

- EKS는 컨트롤 플레인의 관리형 서비스

- EKS의 특징(VPC 통합 네트워크, IAM을 사용한 인증 및 인가, ELB 연계)

- 사용자가 EC2에 직접 구축하여 관리하는 방법 외에 관리형 노드 그룹과 파게이트 등의 운영 효율화 기능을 제공하는 EKS의 데이터 플레인들과 선택 기준

다음 장에서는 실제 EKS 클러스터를 생성하고 예제 애플리케이션을 배포해본다.

Column AWS가 관리형 쿠버네티스 서비스를 제공하는 이유

사실 AWS에는 Amazon Elastic Container Service(ECS)라는 자체 컨테이너 오케스트레이션 서비스도 있다. ECS는 EKS가 나오기 전부터 제공된 서비스며 다른 AWS 서비스와의 고급 연결 기능도 제공되고 있다. 대규모 서비스에 도입한 사례도 많고 완성도가 높은 서비스이기도 하다. 그런데 왜 EKS라는 서비스를 출시했을까?

그 답은 아마존의 회사 문화에서 찾아볼 수 있다. 아마존은 전 세계 서비스에 공통으로 적용하는 리더십 원칙Our Leadership Principles이라는 14개 항목의 신조를 내걸고 있다. 그중 '철저하게 고객 관점에서 고객의 신뢰를 얻고 유지하도록 최선을 다해 과제를 해결한다'라는 고객 집착Customer Obsession이라는 항목이 EKS라는 서비스를 출시한 이유라고 생각한다.[16]

실제 2018년에는 전체 쿠버네티스 사용자의 51%가 AWS를 이용하여 클러스터를 구축, 운영했다. 그 사용자들이 컨트롤 플레인을 힘들게 유지, 운영하고 있었다는 것은 쉽게 예상할 수 있을 것이다. 물론 ECS로 마이그레이션하면 어떠냐는 제안이 있었다. 이는 쉽다고 느낄 수 있겠지만, 쿠버네티스와 ECS는 설계 사상이나 아키텍처가 달라 간단히 마이그레이션할 수 없었다. 또 ECS가 있음에도 쿠버네티스 클러스터를 구축한 데는 어떤 충분한 이유가 있었다고 추측된다.

AWS는 그런 고객의 요구 사항을 수용하여 EKS라는 서비스를 출시했다. 물론 구글 클라우드 플랫폼Google Cloud Platform, GCP이나 마이크로소프트 애저Azure에서도 관리형 쿠버네티스 서비스가 출시되어 AWS도 동일한 서비스를 출시했다고 생각할 수 있다. 하지만 저자는 기존 사용자의 어려움을 해결하기 위해 AWS에서 쿠버네티스 클러스터를 자체 구축할 수 있도록 하려고 EKS 서비스를 출시했다고 생각한다.

앞으로 EKS를 신규로 도입하는 고객이 늘어날 것이고 더 많은 과제와 요청 사항들이 AWS로 들어올 것이다. AWS는 그 요청 사항들을 수용하여 계속 새로운 기능과 서비스를 제공할 것이다.

---

16 https://aws.amazon.com/ko/careers/culture

2 쿠버네티스 환경 구축과 예제 애플리케이션 배포

그럼 본격적으로 쿠버네티스 세계로 뛰어들어보기 위해 먼저 쿠버네티스에서 동작하는 애플리케이션을 여러분이 직접 배포해보자. 이 책에서는 보다 실천적으로 쿠버네티스를 이해하기 위해 웹 애플리케이션과 배치 애플리케이션으로 구성된 예제 애플리케이션을 준비했다. 2장에서는 이 예제 애플리케이션을 Amazon EKS에 배포하는 방법에 대해 하나씩 자세히 설명하고, 배포 순서의 의미와 역할 등은 3장에서 설명한다.

2.1 예제 애플리케이션의 개요와 AWS의 기본

2.1.1 AWS 계정과 이용 요금

AWS 계정

이 장 이후에는 AWS에서 환경을 구축하고 이를 기반으로 설명이 이루어지므로 AWS 계정이 필요하다. 계정이 없다면 AWS에 가입한 후 프리 티어 계정을 생성할 수 있으므로 부록 C를 참고하여 계정을 생성하자.

또 이 장에서는 AWS 관리 콘솔에 로그인하는 것을 전제로 설명한다. AWS 관리 콘솔에 로그인하는 방법이나 계정 관리에 대해서는 부록 C에서 설명하므로 AWS를 처음 사용하는 분은 부록 내용을 먼저 확인하기 바란다.

AWS 이용 요금

이 책에서 구축하는 환경 중에는 프리 티어에서 사용할 수 없는 서비스도 있다. 설명에 따라 리소스를 정지, 삭제할 경우 AWS 이용 요금은 10,000~20,000원 정도 나올 것으로 예상하지만 정지, 삭제를 하지 않을 경우 많은 비용이 발생할 수 있으므로 주의하기 바란다.

예를 들어 EKS 클러스터 사용료는 1시간에 USD 0.01이며 1개월간 계속 사용하면 USD 75(2021년 4월 환율 기준 85,000원) 정도 발생한다.

2.1.2 예제 애플리케이션의 개요

먼저 이 책에서 구축할 예제 애플리케이션의 개요를 설명한다. 이 예제 애플리케이션은 마음에 드는 장소를 등록하는 서비스다. 여기서는 장소를 표시, 등록하는 웹 애플리케이션과 장소 정보를 일괄 등록하는 배치 애플리케이션을 구성한다.

그림 2.1.1 예제 애플리케이션의 구조

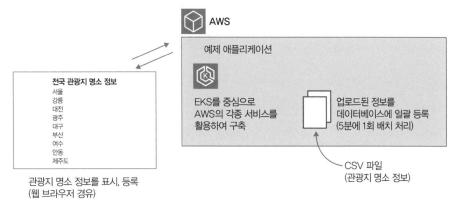

다음에는 예제 애플리케이션과 동작 환경의 구성 요소를 설명한다. [그림 2.1.2]는 예제 애플리케이션 구성 요소를 나타낸 것이다(S3, CloudFront 등의 AWS 서비스에 대해서는 다음 항목에서 설명한다).

그림 2.1.2 예제 애플리케이션의 구성 요소

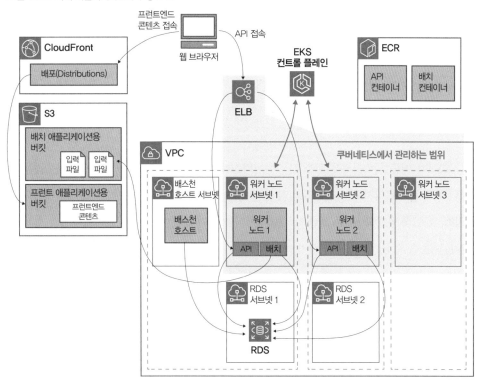

예제 애플리케이션은 크게 두 가지 요소로 구성되어 있다. 하나는 싱글 페이지 애플리케이션[Single Page Application, SPA]의 프런트엔드와 REST API를 제공하는 백엔드로 구성된 웹 애플리케이션이다. 또 하나는 스케줄되는 배치 애플리케이션이다.

웹 애플리케이션 프런트엔드는 파일을 S3[Simple Storage Service]에 저장하고 CloudFront를 통해 정적[Static] 웹 콘텐츠로 배포한다. 그리고 백엔드는 EKS 클러스터 워커 노드[Worker Node1]에 컨테이너로 배포하고 RDS[Relational Database Service] 데이터베이스와 접속한다. 백엔드로의 접속은 가용성을 고려해 로드밸런서(ELB)로 부하를 분산한다. 참고로 백엔드 애플리케이션의 컨테이너 이미지는 ECR[Elastic Container Registry]에 저장된다.

배치 애플리케이션은 웹 애플리케이션의 백엔드와 마찬가지로 EKS에 배포되며 S3에 저장된 파일을 처리하고 RDS에 접속하여 쓰기를 실행한다. 배치 애플리케이션 컨테이너 이미지도 ECR에 저장된다. 또한 애플리케이션 동작과 직접적인 관계는 없지만 RDS의 데이터베이스 조작을 위해 EC2 인스턴스로 배스천 호스트[Bastion Host2]를 구성한다.[3]

2.1.3 AWS 관련 서비스 및 용어

앞에서 몇 가지 AWS 서비스 이름이 언급되었다. AWS 서비스에 익숙하지 않은 분을 위해 이 책에서 사용되는 AWS 서비스와 관련 용어에 대해 간단히 설명한다.

S3

S3는 AWS가 제공하는 클라우드 스토리지 서비스다. 99.999999999%(9가 11개)라는 높은 내구성이 특징인 스토리지로 미리 스토리지 용량 등을 정의하지 않고 사용할 수 있으며 데이터 공개 정책, 데이터 암호화, 비용 효율적으로 데이터를 장기 보관하기 위한 라이프사이클 정책 등의 많은 기능을 제공하는 유용한 서비스다.

이 책에서는 기본적으로 프런트엔드 콘텐츠 배포 장소로 사용하며, 배치 애플리케이션에서 파일을 읽어오는 장소로도 사용한다.

---

1 쿠버네티스 노드 중 마스터 노드 이외의 노드(데이터 플레인 안의 노드)를 워커 노드라고 부른다.
2 침입을 막는 소프트웨어로 내부와 외부 네트워크 사이의 게이트 역할을 하는 호스트다.
3 RDS에는 SSH를 사용할 수 없기 때문에 배스천 호스트를 구축하고 이를 통해 RDS에 접속하는 것이 일반적이다. RDS를 인터넷으로 바로 접속하도록 설정할 수도 있지만, 보안을 위해 직접 접속하지 않도록 한다.

S3에서는 스토리지의 기본 단위로 '버킷Bucket[4]'이라고 불리는 영역을 생성하고 그 안에 파일을 저장한다. 이 책에서는 프런트엔드용 버킷과 배치 입력 파일용 버킷 2개를 생성한다.

CloudFront

CloudFront는 AWS가 제공하는 콘텐츠 전송 네트워크Content Delivery Network, CDN 서비스다. CDN은 인터넷에서 웹 콘텐츠, 이미지, 동영상, 애플리케이션 등을 빠르게 전송하기 위한 구조로 되어 있다. CloudFront는 전 세계에 많은 에지 로케이션(데이터를 전송하기 위한 지점)을 갖고 있어 사용자가 접속한 가장 가까운 장소에서 콘텐츠를 제공할 수 있다.

이 책에서는 프런트엔드 콘텐츠를 S3에 저장하고 CloudFront를 통해 접속한다.

RDS

RDS는 AWS가 제공하는 관계형 데이터베이스Relational DataBase, RDB다. RDS에서는 OS나 미들웨어 관리, 운영에 필요한 많은 작업을 담당하므로 개발, 운영에 필요한 인적 자원을 애플리케이션에 집중할 수 있다.

RDS에서 제공되는 데이터베이스 엔진은 Amazon Aurora, PostgreSQL, MySQL, MariaDB, Oracle Database, SQL Server의 6종류가 있으며, 이 책에서는 대표적인 오픈소스 RDB인 PostgreSQL을 사용한다.

RDS에서는 멀티 AZ 구성(여러 개 가용 영역[5]에 인스턴스를 배치하여 다중화하는 구조)을 지원하고 서비스 환경 운영에서 요구되는 가용성을 실현할 수 있다.

ECR

ECRElastic Container Registry은 AWS가 제공하는 컨테이너 레지스트리 관리형 서비스다. 컨테이너를 이용하여 애플리케이션을 작동시키는 경우 컨테이너 이미지를 저장하고 다운로드할 수 있는 구조로 컨테이너 레지스트리를 사용한다.

---

4 S3에서 생성할 수 있는 최상위 디렉터리다. 저장된 데이터 단위인 객체를 그룹화한 것이기도 하다.
5 가용 영역(Availability Zone)에 대해서는 2.1.4의 'VPC 관련 용어' 참고.

컨테이너 레지스트리는 컨테이너 이미지를 보관하는 리포지터리며 도커 명령어 등을 사용하여 컨테이너 이미지를 등록[push] 및 다운로드[pull]한다.

쿠버네티스 클러스터에도 컨테이너 이미지는 컨테이너 레지스트리 통해 다운로드하는 구조로 되어 있으므로 이 책에서도 컨테이너 이미지를 ECR에 등록해두고 EKS 클러스터로 배포한다.

EC2

EC2[Elastic Compute Cloud]는 AWS에서 가상 머신을 사용할 수 있는 서비스로 다양한 형태(CPU 코어 수, 메모리 용량, 스토리지)의 가상 머신을 쉽게 구축하고 운영할 수 있다.

이 책에서는 배스천 호스트로 EC2 인스턴스를 구축하여 사용한다. 또한 EKS 클러스터의 워커 노드는 eksctl이라는 도구를 사용하면 자동으로 구축해주기 때문에 의식하지 못할 수 있지만 EC2 인스턴스로 구축된다.

ELB

ELB[Elastic Load Balancing]는 AWS가 제공하는 로드밸런서 서비스다. ELB에는 Application Load Balancer, Network Load Balancer, Gateway Load Balancer, Classic Load Balancer라는 4종류의 로드밸런서가 제공된다. 처음에는 클래식 로드밸런서만 제공되었지만 이후 3종류의 로드밸런서가 추가되었다.

Application Load Balancer는 HTTP/HTTPS에 특화된 L7(레이어7: OSI 참조 모델 애플리케이션 계층) 로드밸런서다. 경로 기반 라우팅(URL 경로에 따라 경로 변경), 호스트 기반 라우팅(HTTP 헤더에 설정된 Host에 따라 경로 변경) 등 Classic Load Balancer에는 없는 HTTP 고유의 처리가 가능하다.

Network Load Balancer는 L4(레이어4: OSI 참조 모델 트랜스포트 계층) 로드밸런서다. 따라서 HTTP/HTTPS 외의 프로토콜에서도 사용할 수 있다.

Gateway Load Balancer는 다른 회사의 가상 네트워킹 어플라이언스[Appliance]의 배포, 확장, 실행을 돕는다. 여러 회사의 어플라이언스에 대한 로드 밸런싱 및 자동 조정 기능을 제공한다.

Classic Load Balancer는 HTTP/HTTPS와 TCP로 분산 설정이 가능하고 기본적인 로드밸런서 기능을 제공한다. 그러나 '분산 대상으로 EC2 인스턴스만 지정 가능', 'HTTP/HTTPS로 분산 설정한 경우에도 사용 가능한 기능 제한' 등 제약 사항이 많다.

IAM

AWS IAM[Identity and Access Management]은 AWS 리소스에 접속하는 사용자나 권한을 관리하는 서비스다. AWS 계정을 생성했을 때 제공되는 사용자(루트 사용자라고 함)는 가장 높은 권한을 가지며 계정 정보를 탈취당하면 계정이 도용되는 등 큰 문제로 이어질 수 있다. 그래서 AWS 관리 콘솔이나 AWS CLI 작업, 혹은 애플리케이션이나 도구를 이용하는 사용자는 루트 사용자가 아니라 사용 형태에 맞는 권한을 가진 사용자를 IAM으로 생성하여(그래서 IAM 사용자라고 함) 이용하는 것을 추천한다.

또 IAM에서는 IAM 역할[Role]을 생성하여 리소스에 설정함으로써 해당 리소스에 다른 리소스에 대한 접근 권한을 부여할 수 있다. 이 책에서 생성하는 EC2 인스턴스에서는 각각의 인스턴스에 필요한 권한을 가진 IAM 역할을 설정한다. 예를 들어 워커 노드에는 IAM 역할을 통해 ECR에 접속할 수 있는 권한을 부여하고 있다.

2.1.4 EKS 구축에 사용하는 도구

다음은 EKS 클러스터 구축에 사용하는 도구에 대해 설명한다. EKS 클러스터를 구축하는 방법은 다음과 같다.

- EKS 클러스터 구축 도구 eksctl을 이용하는 방법
- AWS 관리 콘솔(또는 AWS CLI)을 이용하는 방법

이 책에서는 현재 많이 사용되는 'eksctl을 이용하는 방법'을 설명한다. eksctl은 AWS가 공식적으로 출시한 도구는 아니지만 AWS 문서에서도 EKS 클러스터 구축 방법으로 소개[6]될 정도로 EKS 환경 구축에 많이 사용된다.

---

6 기존에는 AWS 문서에 관리 콘솔과 AWS CLI를 이용하는 방법만 소개되었지만 이후 eksctl을 이용하는 방법도 추가되었다.

eksctl란

eksctl은 EKS 클러스터 구축 및 관리를 하기 위한 오픈소스 명령줄 도구다.[7] 기본 구성이라면 'eksctl create cluster'란 명령만으로 EKS 클러스터를 구축할 수 있다. 또 다양한 옵션을 설정함으로써 유연하게 구성을 변경할 수 있다. 활발한 오픈소스 프로젝트이기 때문에 계속 기능이 추가되고 있기도 하다.

eksctl을 사용하면 VPC^{Virtual Private Cloud}, 서브넷, 보안 그룹 등 EKS 클러스터를 구축하는 데 필요한 리소스를 한번에 구성할 수 있지만, 이 책에서는 VPC 등의 기본 리소스는 먼저 생성해두고 EKS 클러스터를 구축할 때 그 리소스들의 ID를 설정하기로 한다.

학습 목적으로 EKS 클러스터를 구축하는 경우 AWS 이용 비용 절약을 위해 사용하지 않을 때 클러스터를 삭제해두고 싶을 것이다. EKS 클러스터는 '정지'해도 과금되기 때문에 이를 막으려면 클러스터를 '삭제'해야 한다. 그러나 eksctl로 VPC 등을 생성한 경우 EKS 클러스터를 삭제할 때 VPC 등도 함께 삭제되어 버린다.

이 책에서 설명하는 순서대로 EKS 클러스터와 VPC 등의 리소스를 별도로 구축하면 EKS 클러스터를 삭제해도 다른 리소스가 삭제되지 않으므로 EKS 클러스터만 재생성하면 다시 작업을 시작할 수 있다. EC2나 RDS와 같이 '정지' 상태가 되면 과금되지 않는 리소스도 있지만 VPC를 삭제하면 이런 리소스도 먼저 삭제해야 하므로 작업을 재개할 때 효율이 떨어진다. 따라서 이 책에서 설명하는 내용을 잘 기억하자. 참고로 VPC 등의 기본 리소스는 EKS 클러스터와 별도로 구축하는 것이 구성을 유연하게 할 수 있다. 학습 목적이 아니라도 바람직한 방법인 셈이다.

VPC 관련 용어

AWS에서는 서버 등의 리소스를 VPC라는 논리적으로 분리된 영역을 이용하여 관리한다. 1개의 AWS 계정에 VPC 여러 개를 생성할 수 있지만 기본적으로 VPC끼리는 독립적인 환경이고 명시적으로 VPC를 연결(피어링이라고 함)하지 않는 한 VPC 간 통신은 할 수 없다.

AWS 데이터센터는 전 세계에 존재하지만 모두 리전이라고 하는 지리적 영역에 속한 형태다. 대부분의 AWS 서비스는 모두 리전을 선택해 리소스를 생성하게 되어 있다. 앞에서 설명한

---

7 https://eksctl.io 참고.

VPC는 리전 여러 개를 선택해서 생성할 수 없기 때문에 기본적으로 1개의 리전을 선택하여 그 안에 서비스를 구축한다.[8] 한국은 서울 리전, 일본은 도쿄와 오사카 리전이 존재한다.[9]

리전 안에는 가용 영역이 여러 개 있다. 가용 영역들은 리전 내에서 물리적으로 떨어진 장소에 존재하므로 가용 영역 여러 개에 리소스를 배포하여 다중화해두면 데이터센터 수준의 장애가 발생해도 서비스를 계속할 수 있다.

VPC는 서브넷을 사용해 네트워크를 분할하여 관리한다. 서브넷은 가용 영역 여러 개를 동시에 사용할 수 없으며 가용 영역 여러 개를 사용할 경우 서브넷도 그만큼 나눠야 한다.

라우팅 설정은 서브넷 단위로 할 수 있다. 예를 들면 인터넷에 직접 접속할 수 있는 서브넷(퍼블릭 서브넷)과 직접 접속할 수 없는 서브넷(프라이빗 서브넷)을 생성할 수 있다. 이런 구조를 활용하기 위해 네트워크 특성에 맞게 서브넷을 나누어 운영하는 경우가 많다.

CloudFormation을 이용한 환경 구축

이 책에서는 AWS에 리소스를 구축할 때 AWS에서 제공하는 환경 구축 도구인 CloudFormation을 사용한다. AWS 리소스는 AWS 관리 콘솔(AWS가 제공하는 웹 UI)이나 AWS CLI 등 여러 방법으로 구축 가능하지만 관련 리소스를 한번에 구축하고 필요에 따라 변경 및 삭제할 때는 CloudFormation이 적합하다.[10]

CloudFormation에서는 JSON 또는 YAML 형식으로 리소스 구성을 정의한다.[11] 실행은 AWS 관리 콘솔, AWS CLI(AWS가 제공하는 AWS 리소스를 관리하기 위한 명령줄 도구)에서 모두 가능하지만 이 책에서는 AWS 관리 콘솔을 이용하는 방법에 대해 설명한다.

---

8 재해 시의 백업 등을 고려하여 여러 리전에 리소스를 배치하는 경우도 있지만 서비스 제공에 필요한 리소스는 하나의 리전에 배치하고 백업용 스토리지 등을 다른 리전에 배치하는 형태가 일반적이다.

9 AWS는 2021년 초까지 3개의 가용 영역을 가진 완전한 형태의 AWS 리전을 확장한다고 발표했다. 2020년 7월에는 서울 리전에 네 번째 가용 영역이 추가되었다. 서울 리전은 미국 동부(버지니아 북부), 미국 서부(오레곤) 및 아시아 태평양(도쿄)에 이어 4개 이상의 가용 영역을 가진 네 번째 리전이 되었다. 참고로 오사카 리전은 2021년 현재 로컬 리전이며 제공 서비스도 제한적이다.

10 이 책에서는 AWS가 제공하는 CloudFormation을 사용하지만 AWS 환경 구축 도구에는 해시코프(HashiCorp)사의 테라폼(Terraform)도 유명하다.

11 이전에는 JSON 형식만 지원했으나 이후 YAML 형식도 지원하게 되었다. 이 책에서는 쉽게 작성할 수 있고 가독성이 높은 YAML 형식을 사용한다.

AWS 관리 콘솔

AWS 관리 콘솔은 AWS 서비스를 관리하기 위한 웹 사용자 인터페이스다. AWS의 가장 일반적인 조작 방법이며 GUI 기반이므로 AWS에 익숙하지 않은 분도 직관적으로 쉽게 사용할 수 있다.

이 책에서는 AWS 리소스 환경 구축을 주로 CloudFormation으로 하지만 CloudFormation 자체는 AWS 관리 콘솔을 이용해 실행한다. 또 CloudFormation으로 구축한 환경 확인도 AWS 관리 콘솔에서 한다.

그림 2.1.3 AWS 관리 콘솔

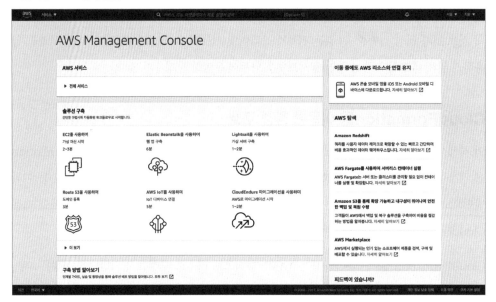

AWS CLI

AWS CLI(명령줄 인터페이스)는 AWS가 제공하는 명령줄 도구로 AWS 관리 콘솔과 함께 AWS 리소스 관리에 많이 사용된다. AWS CLI는 파이썬^{Python}으로 만들어진 도구로 인스톨러가 제공되며 파이썬 패키지 관리 도구인 pip를 이용해 설치할 수도 있다.

이 책에서는 S3 버킷에의 파일 업로드 등 AWS CLI를 사용할 때 편한 작업은 AWS CLI를 이용한다.

2.2 EKS 클러스터 구축

이제 EKS를 이용하여 AWS에 쿠버네티스 클러스터를 구축하고 예제 애플리케이션을 배포하여 동작을 확인한다. 단계별로 구체적인 구축 방법이 설명되어 있으므로 따라 하면서 실행하다 보면 이 책과 동일한 환경을 구축할 수 있을 것이다.

먼저 이 절에서는 EKS 클러스터를 구축한다. 2.3절에서는 데이터베이스 환경을 구축하고 2.4절 이후부터는 예제 애플리케이션의 빌드와 배포를 진행한다.

2.2.1 기본 리소스 구축

여기서는 VPC 등 EKS 클러스터를 구축하기 전에 필요한 리소스를 구성한다(앞으로 기본 리소스라고 할 것이다).

사용할 도구 설치

다음에 설명하는 환경을 구축하기 위해서는 다음 도구를 로컬 작업 환경에 설치해야 한다.

- AWS CLI
- eksctl
- kubectl

또한 이 책에서 사용하는 환경 정의 파일, 예제 애플리케이션 소스 코드 등이 깃허브에 공개되어 있으므로 '깃Git'도 다운로드한다.

이 도구들의 설치 방법은 부록 A(윈도우 사용자), 부록 B(macOS 사용자)를 참고한다.

소스 코드 다운로드

이 절에서 설명하는 작업에 필요한 소스 코드는 다음 깃허브 리포지터리에 공개되어 있다.

https://github.com/dybooksIT/k8s-aws-book

이 리포지터리를 클론하여 로컬 작업 환경에 필요한 파일들을 다운로드한다. '로컬 작업 환경의 셸[12]'에서 다음과 같은 명령을 실행한다.

```
$ git clone https://github.com/dybooksIT/k8s-aws-book.git
```

정상적으로 작업이 끝나면 앞 명령을 실행한 디렉터리의 하위에 'k8s-aws-book'라는 디렉터리가 생성되고 그 아래 관련 파일들이 저장된다.

기본 리소스 생성 방법

여기서는 CloudFormation을 이용해 VPC 등의 기본 리소스를 생성한다.

먼저 AWS 관리 콘솔에서 CloudFormation 페이지로 이동하자. AWS 관리 콘솔 왼쪽 위의 [서비스]를 클릭하고 [관리 및 거버넌스]에서 [CloudFormation]을 선택한다.

그림 2.2.1 CloudFormation에서 기본 리소스 생성 ①

---

12 이 책에서 말하는 '로컬 작업 환경의 셸'은 윈도우의 깃 배시(Git Bash), macOS의 '터미널' 앱을 말한다.

처음 CloudFormation 페이지를 열면 그림 2.2.2와 같은 페이지가 표시되며 〈스택 생성〉 버튼을 클릭하면 기본 리소스 생성 템플릿 선택 페이지로 이동한다.

그림 2.2.2 CloudFormation에서 기본 리소스 생성 ②

'스택'이란 CloudFormation으로 생성하는 리소스를 말한다. 템플릿을 지정하여 '스택'을 생성하거나 이미 생성한 '스택'을 삭제하면 거기에 포함된 리소스를 한번에 삭제할 수 있다.

여기서는 예제 애플리케이션 동작에 필요한 모든 기본 리소스를 스택으로 생성한 매니페스트 파일(01_base_resources_cfn.yaml)을 제공하며 이를 이용하여 스택을 생성한다.

'스택 생성'을 클릭하여 표시된 페이지에서 '사전 조건 – 템플릿 준비'에 있는 '준비된 템플릿'을 선택한다(그림 2.2.3 참고). 그리고 '템플릿 지정'에서 '템플릿 파일 업로드'를 선택하고 〈파일 선택〉을 클릭한다.

그림 2.2.3 CloudFormation에서 기본 리소스 생성 ③

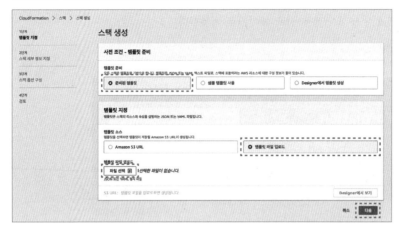

파일 선택 대화 상자가 표시되면 방금 클론했던 리포지터리를 열고 k8s-aws-book/eks-env 폴더[13] 아래에 있는 01_base_resources_cfn.yaml을 선택한다. 선택 후에는 기존 페이지로 돌아와서 오른쪽 아래에 있는 〈다음〉 버튼을 클릭한다.

'스택 세부 정보 지정' 페이지(그림 2.2.4 참고)로 이동하면 '스택 이름'에 eks-work-base라고 입력한다. '파라미터'에는 이 템플릿에서 사용할 파라미터가 표시되는데 모든 항목은 기본 설정 그대로 진행한다. 스택 이름을 설정한 후 페이지 아래의 〈다음〉 버튼을 클릭한다.

그림 2.2.4 CloudFormation에서 기본 리소스 생성 ④

---

13 윈도우에서는 디렉터리 구분이 ₩(또는 \)로 되어 있지만 깃 배시(Git Bash)에서는 구분을 /로 하고 macOS에서도 구분을 /를 사용하므로 이 책에서는 /를 기본으로 사용한다.

'스택 옵션 구성' 페이지가 열리면 설정을 변경할 필요가 없으므로 그대로 페이지 아래의 〈다음〉 버튼을 클릭한다(그림 2.2.5 참고).

그림 2.2.5 CloudFormation에서 기본 리소스 생성 ⑤

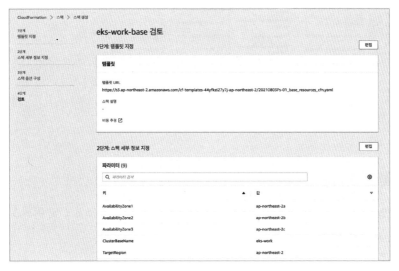

'검토' 페이지가 표시된다(그림 2.2.6 참고). 여기서는 파라미터를 수정하지 않고 '템플릿 URL' 에 표시된 파일 이름이 맞는지 확인한 후 아래에 있는 〈스택 생성〉 버튼을 클릭한다. 참고로 템 플릿 URL은 동적으로 생성되어 파일 이름 외에 URL 끝부분이 매번 변경된다는 것을 기억하자.

그림 2.2.6 CloudFormation에서 기본 리소스 생성 ⑥

스택 생성이 시작되면 생성 진행 상황이 표시된다. 그림 2.2.7의 페이지에서는 'eks-work-base' 스택이 'CREATE_IN_PROGRESS'(작업 중) 상태라는 것을 알 수 있다.

그림 2.2.7 CloudFormation에서 기본 리소스 생성 ⑦

잠시 후 페이지 위에 있는 〈새로고침〉 버튼(동그라미에 화살표가 있는 아이콘)을 클릭하면 페이지를 최신 상태로 새로고침할 수 있다. 그림 2.2.8과 같이 상태가 'CREATE_COMPLETE'로 변경된다.

그림 2.2.8 CloudFormation에서 기본 리소스 생성 ⑧

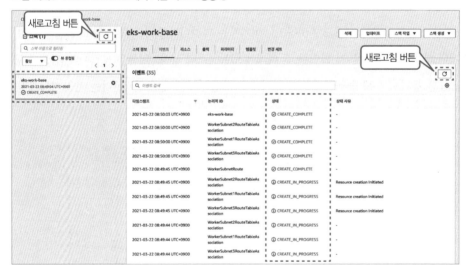

생성된 리소스 확인

생성된 리소스를 확인해보자. 페이지 왼쪽 위에 있는 [서비스]를 선택하고 [네트워크 및 콘텐츠 전송]의 [VPC]를 선택한다(그림 2.2.9 참고).

그림 2.2.9 기본 리소스 확인 ①

다음에는 페이지 왼쪽 메뉴에서 'VPC'를 선택한다(그림 2.2.10 참고).

그림 2.2.10 기본 리소스 확인 ②

여기서 'Name' 항목에 'eks-work-VPC'라는 이름이 보이면 리소스가 정상적으로 생성된 것이다(그림 2.2.11 참고).

그림 2.2.11 기본 리소스 확인 ③

2.2.2 EKS 클러스터 구축

eksctl 명령어로 EKS 클러스터를 구축하는 방법을 살펴본다.

기본 리소스 정보 수집

EKS 클러스터를 구축하기 전에는 앞에서 생성한 기본 리소스 정보를 확인해야 한다. 이 정보는 CloudFormation 스택 상세 정보에서 확인할 수 있다. 보통 리소스 생성 완료 후(상태가 CREATE_COMPLETE가 된 이후) CloudFormation의 스택 상세 정보를 보면 '출력' 탭에 작업에 필요한 정보가 표시된다.

먼저 AWS 관리 콘솔에서 [서비스] → [관리 및 거버넌스] → [CloudFormation]을 선택해 CloudFormation 페이지로 이동한다. 다음에는 CloudFormation 페이지에서 'eks-work-base' 스택을 클릭하고 페이지 오른쪽 탭 중에서 '출력' 탭을 선택한다.

그러면 '키'와 '값' 열이 포함된 표가 표시된다(그림 2.2.12 참고). 여기서는 'WorkerSubnets'값을 사용하므로 값 부분을 마우스로 드래그해 선택하여 복사해둔다.

그림 2.2.12 워커 노드용 서브넷 확인

eksctl 실행

eksctl 명령어는 옵션으로 파라미터를 설정할 경우 다양한 구성의 EKS 클러스터를 구축할 수 있다.[14]

셸(윈도우는 깃 배시, macOS는 터미널)을 열고 다음 명령을 실행하면 EKS 클러스터 구축이 시작된 다. 또 〈WorkerSubnets 값〉 부분에는 CloudFormation '출력' 탭에서 복사한 'WorkerSubnets' 의 값을 설정한다. 'subnet-0aaaaaaaaaaaaaaaa,subnet-0bbbbbbbbbbbbbbbbb, subnet-0ccccccccccccccccc'와 같이 쉼표로 구분되는 서브넷 ID 3개가 나열된 문자열이다.

```
$ eksctl create cluster \              # 아래의 인수를 설정하여 eksctl 실행
> --vpc-public-subnets <WorkerSubnets값> \  # 워커 노드용 서브넷
> --name eks-work-cluster \            # 클러스터 이름
> --region ap-northeast-2 \            # 리전(서울 리전을 설정)
> --version 1.19 \                     # EKS 클러스터 버전
> --nodegroup-name eks-work-nodegroup \  # 노드 그룹 이름
> --node-type t2.small \               # 워커 노드 인스턴스 타입
> --nodes 2 \                          # 워커 노드 수
> --nodes-min 2 \                      # 워커 노드의 최소 노드 수
> --nodes-max 5                        # 워커 노드의 최대 노드 수
```

---

14 이 책에서는 명령줄 옵션을 지정하는 방식을 이용하지만 eksctl에서는 YAML 파일로 구성 정보를 지정할 수 있다. eksctl 매 뉴얼에서는 다양한 패턴의 클러스터 구성용 YAML 파일 샘플을 제공하고 있다. 또 YAML 파일 스키마는 https://eksctl.io/ usage/schema에 공개되어 있다.

eksctl에서는 명령을 실행하면 구축 환경 설정 내용과 진행 상황이 그림 2.2.13과 같이 출력된다.

그림 2.2.13 eksctl을 이용한 EKS 클러스터 구축 ①

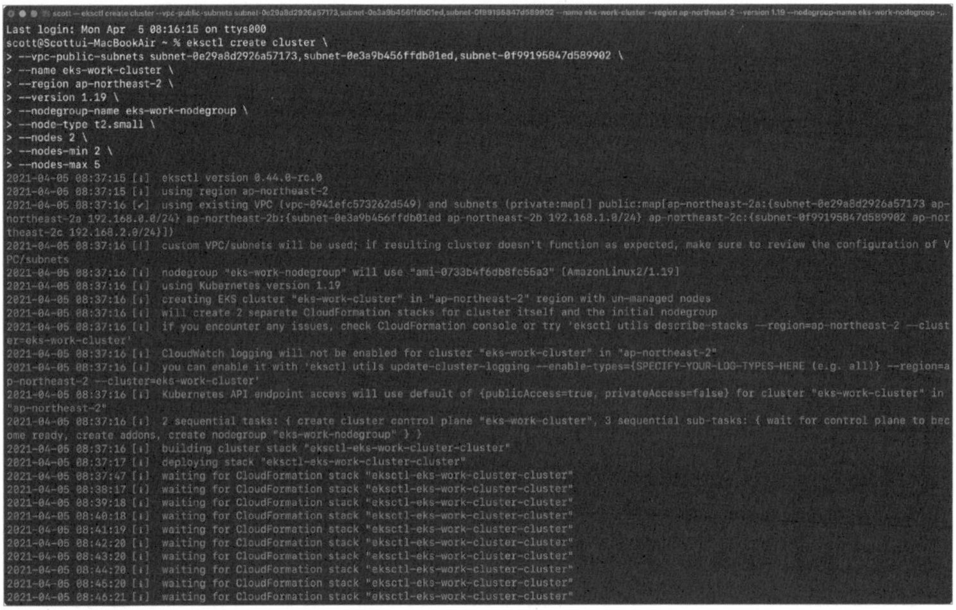

환경 구축에는 20분 정도 소요된다. 구축이 끝나면 다음과 같이 진행 상황이 다시 한번 표시된다.

그림 2.2.14 eksctl을 이용한 EKS 클러스터 구축 ②

CloudFormation에서 진행 상황 확인

지금까지 설명한 것처럼 eksctl은 명령줄로 실행하는 도구며 구축 진행 상황도 셸에 출력되지만 실제로는 CloudFormation을 이용해 EKS 클러스터와 워커 노드를 구축하는 것이다. eksctl 실행 후 CloudFormation 페이지를 보면 eksctl이 생성한 스택 내용과 그 진행 상황을 확인할 수 있다.

그림 2.2.15는 eksctl로 클러스터를 구축한 후의 CloudFormation 페이지다. 2.2.1 '기본 리소스 구축'에서 생성한 'eks-work-base' 스택 위에 스택 2개가 더 생성된 것을 알 수 있다.

그림 2.2.15 EKS 클러스터 구축 후의 CloudFormation 페이지

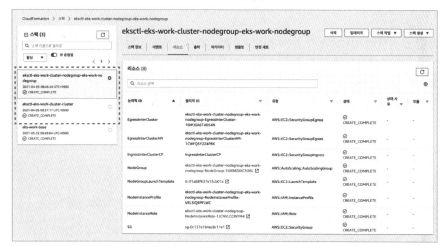

eksctl에서는 다음과 같이 CloudFormation 스택 2개를 생성하여 EKS 환경을 구축한다.

- EKS 클러스터 구축

- 워커 노드 구축

kubeconfig 설정

eksctl은 EKS 클러스터 구축 중에 kubeconfig 파일[15]을 자동으로 업데이트한다. Kubeconfig 파일은 쿠버네티스 클라이언트인 kubectl이 이용할 설정 파일로 접속 대상 쿠버네티스 클러스

---

15 kubeconfig 파일의 저장 위치는 윈도우의 경우 C:\User\사용자명\.kune\config이고, macOS의 경우 /home/사용자명/.kube/config이다.

터의 접속 정보(컨트롤 플레인 URL, 인증 정보, 이용할 쿠버네티스의 네임스페이스 등)를 저장하고 있다.

EKS 클러스터에 접속하기 위한 인증 정보는 AWS CLI로 확인 가능하며, eksctl을 사용하면 AWS CLI를 호출하여 인증하기 위한 설정을 kubeconfig 파일에 포함할 수 있다. EKS 인증은 버전 1.16.156 이상의 AWS CLI에서 가능하며 eksctl에서도 이것을 이용하도록 설정할 수 있다. 또 여기서는 사용하지 않지만 AWS CLI 자체에도 EKS 클러스터를 지정하고 kubeconfig 파일을 업데이트할 수 있는 기능이 있다.

다음과 같은 명령을 실행하고 새로운 설정(컨텍스트라고 함)이 생성되어 있는 것을 확인한다. 행 앞에 '*' 표시가 있는 행이 현재 활성화된 컨텍스트다.

출력 결과를 보면 하나의 컨텍스트가 존재하고 그 컨텍스트가 활성화되어 있는 것을 알 수 있다.

```
$ kubectl config get-contexts
CURRENT    NAME
*          k8sbook_admin@eks-work-cluster.ap-northeast-2.eksctl.io

CLUSTER
eks-work-cluster.ap-northeast-2.eksctl.io

AUTHINFO
k8sbook_admin@eks-work-cluster.ap-northeast-2.eksctl.io

NAMESPACE
```

마지막으로 kubectl에서 EKS 클러스터에 접속 가능 여부를 확인해본다. 다음 명령을 실행했을 때 정상적으로 EKS 클러스터에 접속할 수 있다면 노드 상태가 다음과 같이 표시된다.

```
$ kubectl get nodes
NAME                                             STATUS  ROLES   AGE  ERSION
ip-192-168-0-132.ap-northeast-2.compute.internal  Ready   <none>  40m  v1.19.6-eks-49a6c0
ip-192-168-2-219.ap-northeast-2.compute.internal  Ready   <none>  40m  v1.19.6-eks-49a6c0
```

2.2.3 EKS 클러스터 동작 확인

이상으로 EKS 클러스터 구축이 완료되었다. 구축한 클러스터가 정상적으로 동작하는지 확인해
보자.[16]

먼저 예제 소스 코드의 eks-env 디렉터리로 이동한 후 다음 명령을 실행한다. 실행하면 콘솔
에 다음과 같은 메시지가 출력된다.

```
$ kubectl apply -f 02_nginx_k8s.yaml
pod/nginx-pod created
```

그리고 다음 명령을 실행한다. 이 명령을 실행하면 다음과 같은 메시지가 출력되고 문제없이 파
드가 생성된 것을 확인할 수 있다.

```
$ kubectl get pods
NAME        READY   STATUS    RESTARTS   AGE
nginx-pod   1/1     Running   0          51s
```

여기서 다음 명령을 실행한다. 다음과 같은 메시지가 출력된다.

```
$ kubectl port-forward nginx-pod 8080:80
Forwarding from 127.0.0.1:8080 -> 80
Forwarding from [::1]:8080 -> 80
```

앞 명령은 쿠버네티스 클러스터에 대해 포트 포워딩하는 것이다. 즉, 이 명령을 여러분의 로컬
컴퓨터에서 실행한 상태로 8080번 포트에 접속하면 방금 실행한 nginx-pod의 80번 포트로
해당 정보를 전송한다. 따라서 nginx 서버에 접속할 수 있게 된다.

웹 브라우저를 실행해 http://localhost:8080에 접속해보자. EKS 클러스터가 정상적으로 동작
하고 있다면 그림 2.2.16과 같은 페이지가 표시된다.

---

16 여기서 사용한 명령어의 주요 내용은 다음 장에서 설명한다.

그림 2.2.16 EKS 클러스터 동작 확인(nginx 실행)

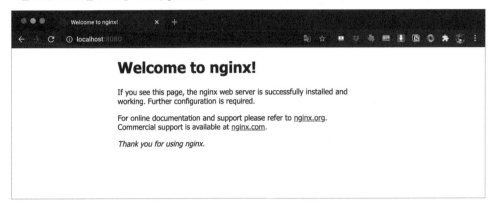

이상으로 구축한 EKS 클러스터가 정상적으로 동작하고 있는 것을 확인했다.

지금 실행 중인 nginx는 더 이상 사용하지 않으므로 종료시키자. 먼저 콘솔에서 [Ctrl] + [C]를 눌러 kubectl port-forward 관련 명령을 종료한다. 그리고 다음 명령을 실행하여 배포했던 nginx를 삭제한다.

```
$ kubectl delete pod nginx-pod
pod "nginx-pod" deleted
```

정상적으로 삭제되었다면 앞과 같은 메시지가 출력된다.

2.3 데이터베이스 설정

이 절에서는 예제 애플리케이션에서 사용하는 데이터베이스를 생성하고 DDL 적용 등 애플리케이션에서 사용하기 위한 설정을 수행한다.

이 절에서 수행할 작업은 다음과 같다.

- 데이터베이스와 배스천 호스트Bastion Host 구축
- 세선 관리자Session Manager를 이용한 배스천 호스트 접속

- 배스천 호스트에 필요한 도구 설치

- 배스천 호스트상에 깃 리포지터리 클론

- 데이터베이스 접속과 DDL 및 예제 데이터 불러오기[Import]

2.3.1 데이터베이스 환경 설정

예제 애플리케이션에서는 Amazon RDS로 오픈소스 관계형 데이터베이스인 PostgreSQL을 구축하여 사용한다. 서비스 환경에서 사용할 경우 데이터베이스는 가용 영역 여러 개로 다중화하여 구축하는 것이 일반적이지만, 여기서는 테스트 목적으로 사용하기 때문에 다중화 없이 무료 범위에서 사용할 수 있는 단일 가용 영역으로 구축한다.

Amazon RDS는 AWS가 제공하는 관계형 데이터베이스의 관리형 서비스다. RDS를 사용하면 AWS 관리 콘솔이나 AWS CLI, CloudFormation 등을 이용해 데이터베이스를 구축할 수 있을 뿐만 아니라 통상적인 데이터베이스 운영에 관련된 작업 부하를 줄일 수 있다.

한편 Amazon RDS에는 데이터베이스가 설치된 OS에 로그인할 수 없는 등 데이터베이스 환경 관련 제약 사항이 존재한다. 그래서 예제 애플리케이션과는 관계없지만 데이터베이스 관리용 서버로 배스천 호스트를 구축하여 사용한다. 배스천 호스트는 AWS 가상 서버인 EC2[Elastic Compute Cloud]로 구축한다.

2.3.2 데이터베이스 환경 구축

데이터베이스 환경(RDS와 배스천 호스트) 구축은 CloudFormation으로 수행한다. 예제 애플리케이션에 필요한 데이터베이스 환경을 구축하기 위한 CloudFormation 템플릿은 이 책의 깃허브 리포지터리의 EKS 클러스터 구축에서 사용했던 템플릿(2.2.1 참고)이 있는 eks-env 디렉터리에 저장되어 있다.

먼저 AWS 관리 콘솔에서 CloudFormation 페이지를 열어 〈스택 생성〉 버튼을 클릭하고 표시된 메뉴에서 [새 리소스 사용(표준)]을 선택하면 '스택 생성' 페이지가 표시된다. 다음으로 '준비된 템플릿' → '템플릿 파일 업로드'를 선택하고 〈파일 선택〉 버튼을 클릭하여 깃허브에서 클론한 k8s-aws-book/eks-env 폴더의 '10_rds_ope_cfn.yaml'을 선택한 후 〈다음〉 버튼을 클릭한다(그림 2.3.1 참고).

그림 2.3.1 CloudFormation에서 데이터베이스 구축 ①

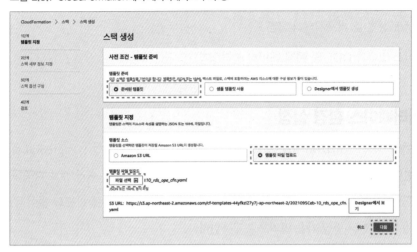

다음 페이지에서는 스택 이름과 파라미터를 설정한다. '스택 이름'에는 'eks-work-rds'라고 입력한다(그림 2.3.2 참고).

참고로 방금 업로드한 CloudFormation 템플릿에는 많은 파라미터가 정의되어 있지만 초깃값이 설정되어 있지 않아 별도의 항목을 입력해야 한다. 표 2.3.1과 같이 두 가지 항목을 설정한다.

표 2.3.1 데이터베이스 구축에서 설정하는 파라미터

No	항목명	설정값 선택 방법	값
1	EksWorkVPC	풀다운 메뉴	값 중에 'eks-work-vpc'가 포함된 행 선택
2	OpeServeRouteTable	CloudFormation → 'eks-work-base' 스택 → '출력' 탭 → 'RouteTable'값 입력[17]	(예) rtb-0xxxxxxxxxxxxxxxx

---

17 페이지 왼쪽 메뉴에서 '스택' 링크를 마우스 오른쪽 버튼으로 클릭해 브라우저의 다른 탭으로 열고 'eks-work-base' 스택에서 RouteTable값을 복사하면 현재 삭입 중인 페이지(RDS 구축용 스택 생성 페이지)는 남겨두고 작업할 수 있어 편리하다.

그림 2.3.2 CloudFormation에서 데이터베이스 구축 ②

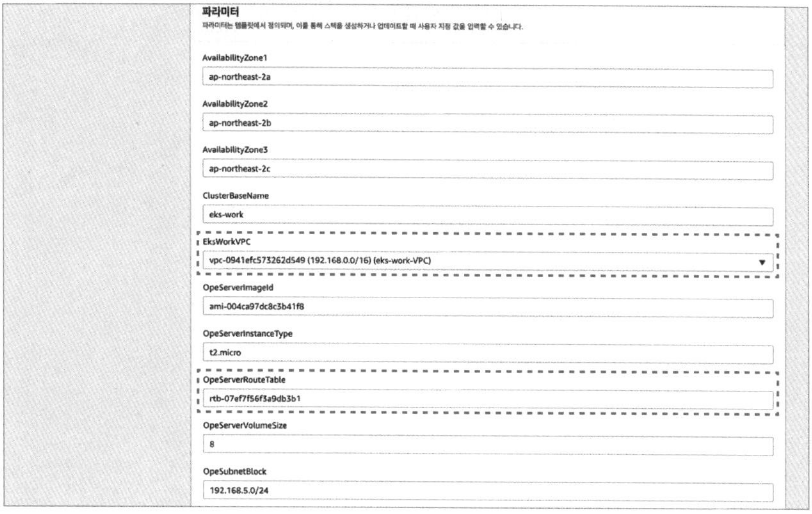

파라미터
파라미터는 템플릿에 정의되며, 이를 통해 스택을 생성하거나 업데이트할 때 사용자 지정 값을 입력할 수 있습니다.

AvailabilityZone1
ap-northeast-2a

AvailabilityZone2
ap-northeast-2b

AvailabilityZone3
ap-northeast-2c

ClusterBaseName
eks-work

EksWorkVPC
vpc-0941efc573262d549 (192.168.0.0/16) (eks-work-VPC) ▼

OpeServerImageId
ami-004ca97dc8c3b41f8

OpeServerInstanceType
t2.micro

OpeServerRouteTable
rtb-07ef7f56f5a9db3b1

OpeServerVolumeSize
8

OpeSubnetBlock
192.168.5.0/24

파라미터값을 입력하고 〈다음〉을 클릭하여 페이지를 이동한다.

'스택 옵션 구성'값은 변경하지 않고 그대로 〈다음〉을 클릭한다(그림 2.3.3 참고).

그림 2.3.3 CloudFormation에서 데이터베이스 구축 ③

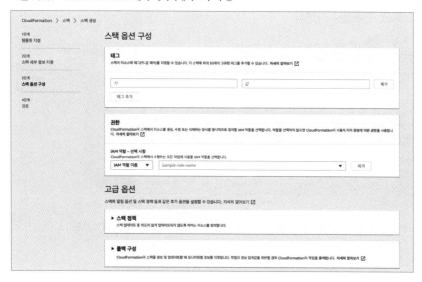

'eks-work-rds 검토' 페이지에서는 템플릿 이름과 표 2.3.1을 참고하여 입력한 파라미터
(EksWorkVPC, OpeServeRouteTable 항목)값을 확인한다(그림 2.3.4 참고).

그림 2.3.4 CloudFormation에서 데이터베이스 구축 ④

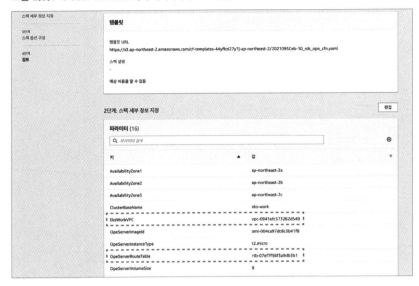

또한 이번에 생성하는 스택에는 IAM 리소스를 생성하기 위해 페이지 아래에 표시되는 'AWS CloudFormation에서 사용자 지정 이름으로 IAM 리소스를 생성할 수 있음을 승인합니다.'에 체크해야 한다(그림 2.3.5 참고). 값을 확인하고 체크 박스에 체크했다면 〈스택 생성〉을 클릭하여 데이터베이스 환경 구축을 시작한다.

그림 2.3.5 CloudFormation에서 데이터베이스 구축 ⑤

이제 CloudFormation에서 스택 생성 상황을 확인하고 상태가 'CREATE_COMPLETE'가 되기를 기다린다.

2.3.3 세션 관리자를 통한 배스천 호스트 접속

CloudFormation으로 데이터베이스 구축을 완료했으므로 이제 배스천 호스트에 접속해보자. 이 책에서는 세션 관리자^{Session Manager}를 이용해 배스천 호스트에 접속한다.

세션 관리자는 EC2 인스턴스 콘솔로 접속할 수 있는 서비스이며 AWS Systems Manager 기능의 하나로 제공된다. AWS 관리 콘솔에서는 [서비스] → [관리 및 거버넌스] → [Systems Manager]를 선택하면 접속할 수 있다(그림 2.3.6 참고).

그림 2.3.6 Systems Manager 선택

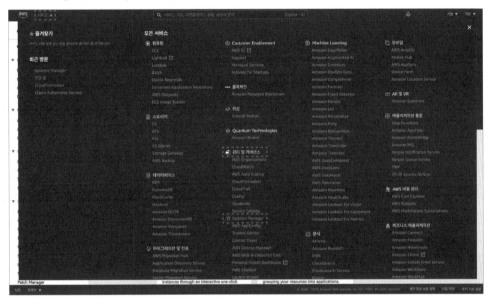

AWS Systems Manager 페이지에서 왼쪽 메뉴 중 'Session Manager'를 선택한다(그림 2.3.7 참고).

그림 2.3.7 Session Manager 선택

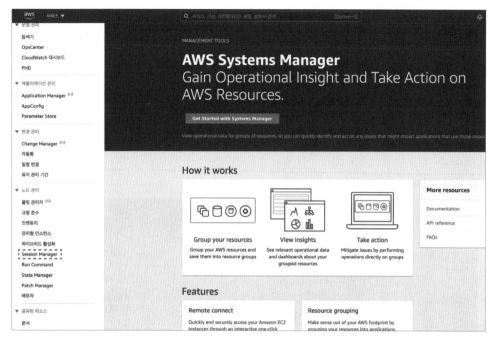

'세션 관리자' 페이지에서 〈세션 시작〉 버튼을 클릭(그림 2.3.8 참고)하면 대상 인스턴스(접속 대상 인스턴스)가 표시된다(그림 2.3.9 참고).

그림 2.3.8 세션 관리자 ①

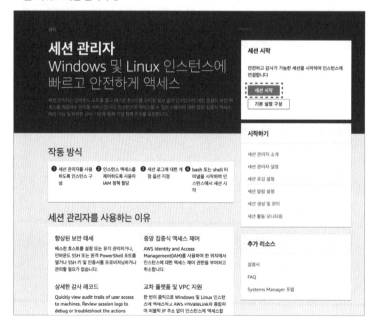

이 책에서 설명하는 구축 방법의 경우 대상 인스턴스는 배스천 호스트뿐이므로 목록에서 해당 인스턴스를 선택하고 〈세션 시작〉을 클릭한다.

그림 2.3.9 세션 관리자 ②

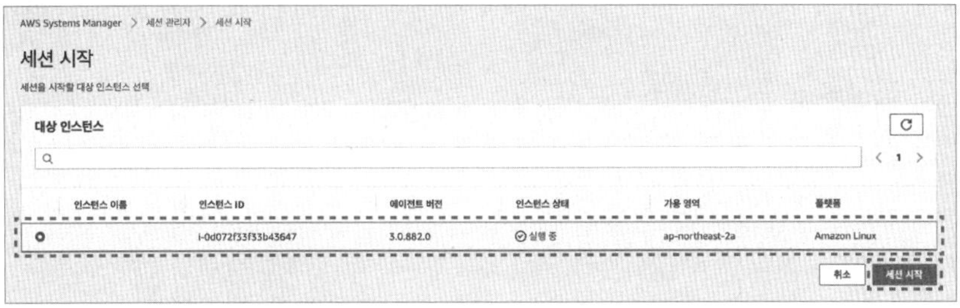

세션 관리자의 세션을 시작하면 그림 2.3.10과 같이 웹 브라우저에 배스천 호스트 콘솔이 표시된다.

그림 2.3.10 배스천 호스트 콘솔

2.3.4 배스천 호스트에 도구 설치

다음에는 배스천 호스트에서 사용할 도구를 설치한다. 배스천 호스트에서는 두 가지 도구를 사용한다.

- 깃(Git): 깃허브 리포지터리에서 소스 코드 등을 클론하는 데 사용
- PostgreSQL 클라이언트

깃 설치

깃은 yum을 이용하여 설치한다. 세션 관리자 콘솔에서 다음 명령을 실행한다.

```
$ sudo yum install -y git
```

앞 명령을 실행하면 동시에 설치되는 필요한 패키지 등이 표시된다. 정상적으로 설치가 완료되면 'Complete!'라고 표시되고 프롬프트로 돌아온다.

그림 2.3.11 깃(Git) 설치

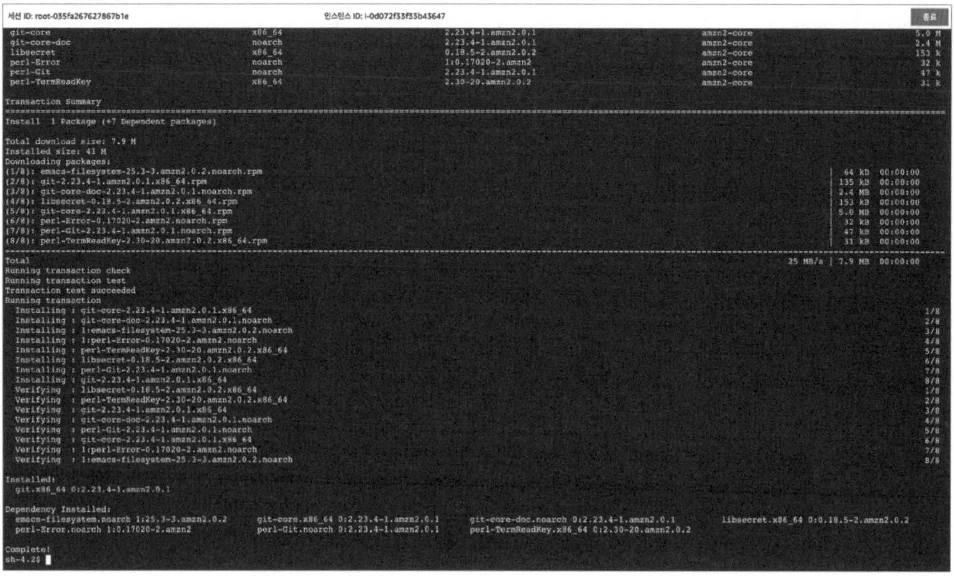

PostgreSQL 클라이언트 설치

계속해서 PostgreSQL 클라이언트를 설치한다. 배스천 호스트에서는 OS로 Amazon Linux 2 를 사용하는데, Amazon Linux 2에서는 amazon-linux-extra 명령어로 PostgreSQL 클라이언트를 설치할 수 있다. 세션 관리자 콘솔에서 다음 명령을 실행한다.

```
$ sudo amazon-linux-extras install -y postgresql11
```

정상적으로 설치되면 'Complete!'가 표시되고 그다음에 패키지와 상태 목록이 표시된다. 'postgresql11=latest'라는 행에 'enabled'라고 표시된 것을 확인할 수 있다(그림 2.3.12 참고).

그림 2.3.12 PostgreSQL 클라이언트 설치

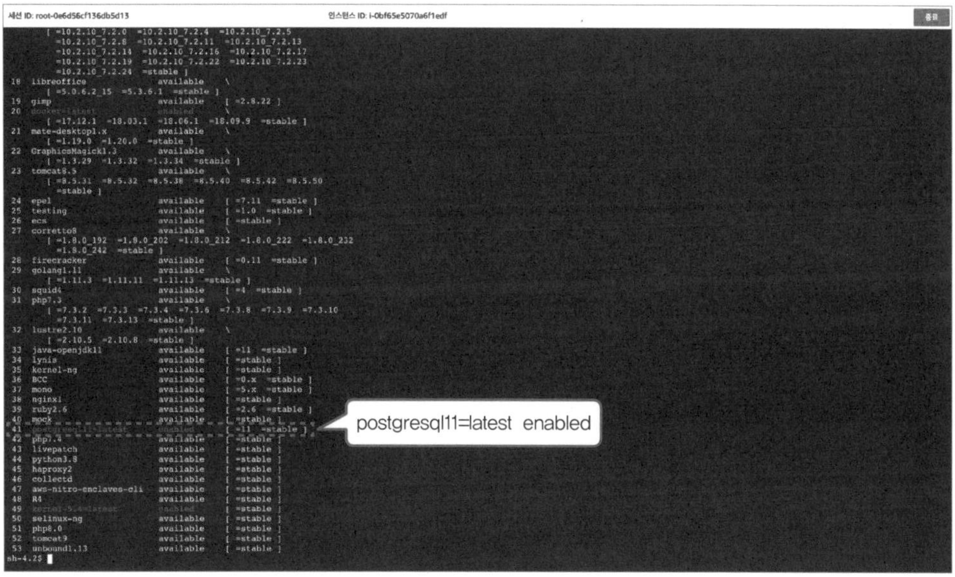

이상으로 배스천 호스트에서 사용하는 도구가 설치되었다.

2.3.5 깃허브에서 클론

계속해서 깃허브^{GitHub}에서 리포지터리를 클론^{Clone}한다. 세션 관리자 콘솔에서 다음 명령을 순서대로 실행한다.

먼저 다음 명령으로 홈 디렉터리로 이동한다(세션 관리자에서는 세션 시작 시 기본 디렉터리가 /usr/bin으로 되어 있다).

```
$ cd
```

현재 디렉터리를 확인해두자.

```
$ pwd
/home/ssm-user
```

이제 다음 명령을 실행해 깃 리포지터리를 클론한다.

```
$ git clone https://github.com/dybooksIT/k8s-aws-book.git
```

2.3.6 데이터베이스 엔드포인트 주소와 관리자 비밀번호 확인

이것으로 필요한 도구 설치와 필요한 소스 코드 다운로드가 완료되었다. 데이터베이스에 접속하여 작업을 진행하기 전에 또 하나 필요한 것이 있는데, 바로 데이터베이스에 접속하기 위한 정보 확인이다.

여기서는 CloudFormation을 이용해 다음 세 가지 정보를 확인한다. 모두 데이터베이스 환경을 구축할 때 CloudFormation이 생성, 등록한 것이다.

- 데이터베이스 엔드포인트 주소

- 데이터베이스 관리자 비밀번호

- 애플리케이션용 데이터베이스 사용자 비밀번호

데이터베이스 엔드포인트 주소 확인 – – – – – – – – – – – – – – – –

데이터베이스 엔드포인트 주소는 CloudFormation에서 'eks-work-rds' 스택을 선택한 후 '출력' 탭을 선택하면 'RDSEndpoint'라는 키 값으로 표시된다(그림 2.3.13 참고). 데이터베이스에 접속할 때는 이 주소를 이용한다.

그림 2.3.13 CloudFormation에서 데이터베이스 엔드포인트 확인

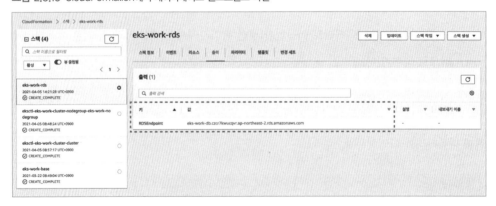

데이터베이스 관리자 비밀번호 확인 – – – – – – – – – – – – – – – –

다음에는 데이터베이스 관리자 비밀번호를 확인한다. CloudFormation으로 데이터베이스 (RDS 인스턴스)를 구축할 때는 AWS Secrets Manager가 RDS 관리자 비밀번호를 생성해 데

이터베이스에 등록한다. AWS Secrets Manager로 생성한 비밀번호는 '보안 암호'에서 확인할 수 있다.

AWS Secrets Manager의 '보안 암호'를 열기 위해 AWS 관리 콘솔에서 [서비스] → [보안, 자격 증명 및 규정 준수] → [Secrets Manager]를 선택한다(그림 2.3.14 참고).

그림 2.3.14 Secrets Manager 선택

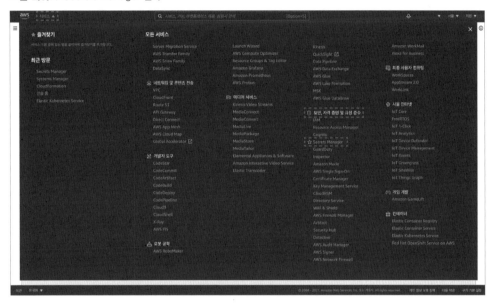

'보안 암호'에서는 등록된 보안 암호 목록이 표시된다(그림 2.3.15 참고). 데이터베이스용 CloudFormation 템플릿에는 'RdsMasterSecret'이라는 이름으로 데이터베이스 관리자 비밀 번호를 등록한다. 보안 암호 이름 아래의 'RdsMasterSecret' 링크를 클릭해 '보안 암호 세부 정 보를 표시해보자.

그림 2.3.15 시크릿 매니저에서 데이터베이스 관리자 비밀번호 확인 ①

'보안 암호 세부 정보'에서는 '보안 암호 값'의 〈보안 암호 값 검색〉 버튼을 클릭하여 보안 암호 값을 표시할 수 있다(그림 2.3.16 참고).

그림 2.3.16 시크릿 매니저에서 데이터베이스 관리자 비밀번호 확인 ②

데이터베이스 관리자 계정의 비밀번호는 '보안 암호 키'의 'password' 항목에 표시된다. 데이터베이스에 접속할 때 이 값을 이용하므로 복사 및 붙여넣기하여 입력한다.

애플리케이션용 데이터베이스 사용자 비밀번호 확인

이번에는 애플리케이션이 데이터베이스에 접속할 때 사용할 사용자의 비밀번호를 확인한다. 여기서도 CloudFormation으로 데이터베이스 환경을 구축할 때 AWS Secrets Manager로 생성했다. 단, 애플리케이션용 데이터베이스 사용자 자체는 생성되지 않고 비밀번호만 생성된 상태다. 이후 데이터베이스 사용자를 생성할 때 이 비밀번호를 등록한다.

애플리케이션용 데이터베이스 사용자 비밀번호는 데이터베이스 관리자 비밀번호와 마찬가지로 AWS Secrets Manager의 '보안 암호'에서 'RdsUserSecret'이라는 이름의 링크를 클릭해 열면 확인할 수 있다.

2.3.7 데이터베이스 작업

다음에는 데이터베이스에 대해 다음과 같은 작업을 진행한다. 지금부터 진행되는 작업은 세션 관리자의 콘솔로 돌아가서 한다.

- 애플리케이션용 데이터베이스 사용자 생성

- 애플리케이션용 데이터베이스 생성

- DDL 실행

- 예제 데이터 불러오기

애플리케이션용 데이터베이스 사용자 생성

애플리케이션용 데이터베이스 사용자 생성은 PostgreSQL 클라이언트의 createuser 명령어를 사용한다. 세션 관리자 콘솔에서 다음 명령을 실행한다.[18] 참고로 'RDS 엔드포인트 주소'에는 CloudFormation의 eks-work-rds 스택 '출력' 탭에서 확인한 RDSEndpoint값을 설정한다.

```
$ createuser -d -U eksdbadmin -P -h <RDS 엔드포인트 주소> mywork
```

실행하면 비밀번호를 입력할 프롬프트가 총 세 번 표시된다.

첫 두 번의 프롬프트는 다음과 같이 신규로 생성할 사용자 mywork의 비밀번호를 입력한다. 앞에서 AWS Secrets Manager의 '보안 암호'로 확인한 데이터베이스 사용자의 비밀번호('RdsUserSecret'값)를 사용한다.

```
Enter password for new role:
Enter it again:
```

세 번째 프롬프트는 다음과 같이 표시된다. 여기에는 데이터베이스 관리자인 eksdbadmin의 비밀번호('보안 암호'로 확인한 'RdsMasterSecret'값)를 입력한다.

```
Password:
```

에러 메시지 없이 명령 실행이 종료되면 데이터베이스 사용자 생성이 정상적으로 끝난 것이다.

---

18 createuser 명령어는 PostgreSQL 클라이언트에 포함된 데이터베이스 사용자를 생성하기 위한 것이다. 인수에 지정한 'eksdbadmin'은 RDS 구축 시 CloudFormation 안에 지정한 데이터베이스 관리자 계정 이름이고, 명령 끝에 있는 'mywork'는 여기서 생성할 데이터베이스 사용자 이름이다. '-d' 옵션으로는 생성한 사용자에게 데이터베이스 생성 권한을 부여한다. '-P' 옵션으로는 비밀번호를 설정한다.

애플리케이션용 데이터베이스 생성

애플리케이션용 데이터베이스 생성은 created 명령어를 사용한다.[19]

세션 관리자 콘솔에서 다음 명령을 실행한다. 'RDS 엔드포인트 주소' 부분은 createuser와 같이 CloudFormation의 eks-work-rds 스택 '출력' 탭에서 확인한 RDSEndpoint값을 설정한다.

```
$ createdb -U mywork -h <RDS 엔드포인트 주소> -E UTF8 myworkdb
```

앞 명령을 실행하면 비밀번호를 입력하라는 프롬프트(Password:)가 표시되므로 앞에서 등록한 mywork 사용자의 비밀번호를 입력한다.

에러 메시지 없이 명령이 종료되면 데이터베이스 생성이 정상적으로 끝난 것이다.

데이터베이스 접속

다음에는 DDL을 실행하고 예제 데이터를 불러오기 위해 PostgreSQL 클라이언트에서 데이터베이스에 접속한다. 데이터베이스 접속은 세션 관리자 콘솔에서 psql 명령어를 사용한다.[20]

세션 관리자 콘솔에서 다음 명령을 실행한다.

```
$ psql -U mywork -h <RDS 엔드포인트 주소> myworkdb
```

앞 명령을 실행하면 비밀번호를 입력하라고 요구하는 프롬프트(Password:)가 표시되므로 mywork 사용자의 비밀번호를 입력한다.

정상적으로 데이터베이스에 접속되면 다음과 같은 프롬프트가 표시된다.

```
myworkdb=>
```

---

19 createdb는 PostgreSQL 클라이언트에서 데이터베이스를 생성하기 위한 명령어다. 여기서는 사용자 mywork 권한으로 myworkdb라는 이름의 데이터베이스를 생성한다. '-h'는 접속 대상 서버, '-E'는 엔드포인트를 지정하는 옵션이다.
20 psql도 PostgreSQL 클라이언트에 포함된 데이터베이스를 대화형으로 관리하기 위한 명령어다. 여기서는 사용자 mywork 권한으로 데이터베이스 myworkdb에 접속한다.

DDL 실행과 예제 데이터 불러오기

데이터베이스에 접속했다면 DDL(데이터 정의 언어) 실행과 예제 데이터 불러오기를 실행한다. 이 책에서는 이러한 작업을 위해 SQL 스크립트 파일이 준비되어 있다.

먼저 'cd' 명령어로 /home/ssm-user 디렉터리로 이동하고 데이터베이스에 접속하여 작업을 수행한다(앞 과정을 실행했다면 따로 데이터베이스에 접속할 필요는 없다). 그리고 다음과 같은 명령을 실행하여 2.3.5와 같이 깃허브에서 클론한 SQL 스크립트를 실행한다.[21]

```
myworkdb=> \i k8s-aws-book/backend-app/scripts/10_ddl.sql
CREATE TABLE
CREATE TABLE
CREATE TABLE
CREATE TABLE
myworkdb=> \i k8s-aws-book/backend-app/scripts/20_insert_sample_data.sql
INSERT 0 1
INSERT 0 1
INSERT 0 1
INSERT 0 1
INSERT 0 1
INSERT 0 1
INSERT 0 1
INSERT 0 1
INSERT 0 1
INSERT 0 1
INSERT 0 1
INSERT 0 1
myworkdb=>
```

참고로 '\i'는 psql에서 외부 스크립트를 불러오는 명령어다.

에러 없이 종료되었다면 마지막으로 '\q'를 입력해 데이터베이스에서 로그아웃한다.

```
myworkdb=> \q
```

---

21 SQL 스크립트에서는 CREATE TABLE 및 INSERT를 실행한다. 모두 표준 SQL 구문이며 여기서는 설명을 생략한다.

2.4 API 애플리케이션 빌드와 배포

이 절에서는 예제 API 애플리케이션을 빌드하고 컨테이너 이미지를 생성하여 2.2절에서 생성한 EKS 클러스터에서 동작시킨다.

이 절에서 수행할 작업은 다음과 같다.

- API 애플리케이션 소스 코드 빌드
- 컨테이너 이미지를 저장할 컨테이너 레지스트리 준비
- API 애플리케이션 컨테이너 이미지를 생성하고 컨테이너 레지스트리에 푸시[push]
- 데이터베이스 접속용 비밀 정보를 보관하는 시크릿[Secret] 생성
- API 애플리케이션 배포

2.4.1 사전 준비

API 애플리케이션은 2.3절에서 구축한 데이터베이스에 접속하는 일반적인 3티어[3-tier] 애플리케이션[22]으로 되어 있다. 프로그래밍 언어로는 자바[Java]를 사용하고 자바에서 많이 사용되는 애플리케이션 프레임워크인 스프링 부트[Spring Boot]를 사용한다.

그래서 애플리케이션 빌드에는 자바 개발 도구인 오픈JDK[OpenJDK][23]를 로컬 작업 환경에 설치해야 한다. 이 책에서는 AWS에서 애플리케이션을 동작시키기 때문에 AWS에 친화적인 오픈JDK 배포판[distribution]인 Amazon Corretto[아마존 코레토]를 이용한다. 자바 버전은 LTS[Long-Term Support] 버전인 11을 이용한다.

애플리케이션을 EKS 클러스터에 배포하려면 컨테이너 이미지를 생성하고 그 이미지를 컨테이너 레지스트리라는 컨테이너 저장 장소에 저장(푸시)해야 한다. 이 책에서는 컨테이너 이미지를 빌드, 푸시하기 위해 도커 데스크톱[Docker Desktop](Docker Desktop for Windows 또는 Docker

---

22 인터페이스, 비즈니스 로직, 데이터베이스 및 데이터베이스 관리 프로그램이 네트워크의 다른 장소에 분산되어 실행하는 애플리케이션을 뜻한다.

23 JDK는 Java Development Kit의 약자로, 오픈 소스인 오픈JDK(OpenJDK)가 많이 사용되고 있다.

Desktop for Mac)을 설치한다. 해당 도구의 설치 방법은 부록 A(윈도우 사용자) 또는 부록 B(macOS 사용자)를 참고한다.

2.4.2 소스 코드 빌드와 컨테이너 이미지 생성

필요한 도구가 준비되면 소스 코드 빌드와 컨테이너 이미지를 생성한다.

소스 코드 빌드

이 책의 예제 애플리케이션 소스 코드는 2.2절에서 환경 구축에 사용한 파일과 같은 깃허브 리포지터리에 저장되어 있다. 그래서 2.2절 작업을 완료했다면 필요한 소스 코드는 이미 로컬 작업 환경에 다운로드되어 있을 것이다.

소스 코드 빌드는 자바 애플리케이션용 빌드 도구인 그래들^{Gradle}을 이용하는 구성이다. 그래들은 기본적으로 독립된 도구로 설치해서 사용하지만, 그래들 래퍼^{Gradle Wrapper}라는 구조를 사용하면 그래들이 미설치된 환경에서도 필요한 라이브러리를 자동적으로 다운로드하고 빌드할 수 있다. 예제 애플리케이션 소스 코드에는 그래들 래퍼가 활성화되어 있어 개별적으로 그래들을 설치할 필요가 없다.

애플리케이션 빌드는 로컬 환경의 셸에서 진행한다. 셸을 열어 다음 명령을 실행한다.

```
$ cd k8s-aws-book/backend-app
$ sudo chmod 755 ./gradlew
$ ./gradlew clean build
```

앞 명령을 실행하면 다음 작업이 수행된다.

- 의존성 라이브러리 다운로드
- 프로그램 컴파일
- 테스트 프로그램 컴파일
- 테스트 실행
- 프로그램 실행용 아카이브 파일(JAR 파일) 생성

정상적으로 빌드되면 콘솔에 'BUILD SUCCESSFUL'이라고 표시되고 작업 디렉터리 아래 build/libs에 'backend-app-1.0.0.jar'이라는 파일이 생성된다.[24]

컨테이너 이미지 생성

다음은 컨테이너 이미지를 생성한다. 컨테이너 이미지 생성은 컨테이너 이미지를 정의하는 Dockerfile을 생성하고 `docker build` 명령을 사용한다.

예제 API 애플리케이션에서 사용할 Dockerfile은 소스 코드와 함께 깃허브 리포지터리에 저장되어 있다. 로컬 환경에서 도커 데스크톱을 실행시킨 후 셸에서 다음 명령을 실행하면 컨테이너 이미지를 생성할 수 있다.

```
$ sudo docker build -t k8sbook/backend-app:1.0.0 --build-arg \
> JAR_FILE=build/libs/backend-app-1.0.0.jar .
```

2.4.3 컨테이너 레지스트리 준비

앞에서 컨테이너 이미지를 생성했는데, 이 이미지는 아직 로컬 작업 환경에 존재한다. 이미지를 EKS로 배포하려면 일단 컨테이너 이미지 저장 장소인 컨테이너 레지스트리에 푸시해야 한다.

AWS에서는 Amazon ECR^{Elastic Container Registry}이라는 컨테이너 레지스트리 서비스를 제공하므로 책에서는 이 서비스를 사용한다. ECR에서는 컨테이너 레지스트리를 허가된 사용자만 접속할 수 있도록 프라이빗 레지스트리로 운영할 수 있다.

ECR을 사용할 때는 컨테이너 이미지를 푸시하기 전에 컨테이너 이미지별로 '리포지터리'를 생성해야 한다. 이번에는 API 애플리케이션용 리포지터리를 생성해보자.

먼저 [서비스] → [컨테이너] → [Elastic Container Registry]를 선택한다(그림 2.4.1 참고).

---

24 JAR 파일의 이름 중 '1.0.0' 부분은 빌드 스크립트 안에 지정된 애플리케이션 버전이다. 이 책을 집필한 시점의 버전 번호는 '1.0.0'이지만 출간 이후 수정이 필요하면 버전 번호를 수정해도 된다. 클론한 시점의 버전 번호는 README.md 파일에 기재할 예정이며 이후의 작업에서는 버전 번호를 그 값으로 변경하여 명령을 실행한다.

그림 2.4.1 Elastic Container Registry에서 리포지터리 생성 ①

리포지터리를 하나도 생성하지 않은 상태에서 ECR 페이지를 열면 그림 2.4.2와 같은 페이지가 나타나므로 '리포지터리 생성'의 〈시작하기〉를 클릭한다.

그림 2.4.2 Elastic Container Registry에서 리포지터리 생성 ②

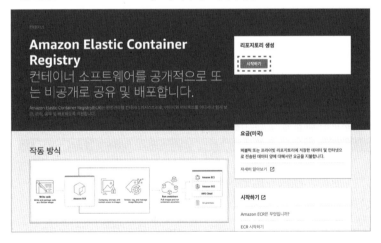

'리포지토리 생성' 페이지에서는 리포지터리 이름에 'k8sbook/backend-app'을 입력한다. '리 포지터리 이름'에는 네임스페이스를 넣을 수 있다(예를 들면 namespace/repo-name). 여기 서 설정한 'k8sbook/backend-app'이라는 리포지터리 이름은 'k8sbook'이라는 네임스페이 스에 속한 'backend-app'이라는 컨테이너 이미지'라는 의미다.

페이지 왼쪽에는 '〈AWS_ACCOUNT_ID〉.dkr.ecr.ap-northeast-2.amazonaws.com/' 이라고 쓰여 있는데 이는 AWS 계정별 ECR을 가리키는 주소다.[25] 리포지터리 이름과 함께 '〈AWS_ACCOUNT_ID〉.dkr.ecr.ap-northeast-2.amazonaws.com/k8sbook/backend-app'이라는 형태로 컨테이너 이미지를 푸시[push], 풀[pull](컨테이너 레지스트리에서 컨테이너 이미지를 다운로드)할 때 설정한다.

설정을 마쳤다면 〈리포지터리 생성〉을 클릭한다(그림 2.4.3 참고).

그림 2.4.3 Elastic Container Registry에서 리포지터리 생성 ③

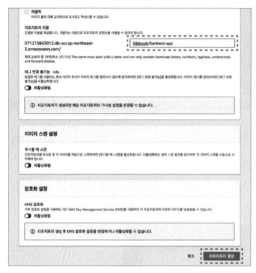

정상적으로 리포지터리가 생성되면 그림 2.4.4와 같이 완료 메시지가 표시된다.

그림 2.4.4 Elastic Container Registry에서 리포지터리 생성 ④

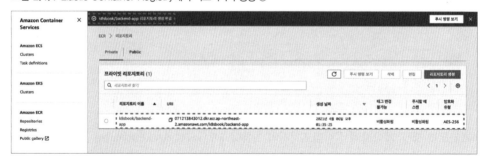

---

25 '〈AWS_ACCOUNT_ID〉' 부분은 계정 ID를 가리키며 AWS 관리 콘솔 오른쪽 위 [사용자 ID] → [내 계정] 옆에 있는 숫자다. 사용자마다 값이 다르다.

2.4.4 컨테이너 이미지 푸시

이제 컨테이너 이미지를 저장할 컨테이너 레지스트리 준비는 끝났고 여기서는 2.4.2에서 생성한 컨테이너 이미지를 저장한다. 컨테이너 이미지를 저장하는 데는 docker push 명령을 사용하며 그 전에 docker login 명령으로 ECR에 인증해야 한다.

ECR 로그인

ECR에 로그인하기 위해 로컬 작업 환경의 셸에서 다음 명령을 실행한다. '〈AWS_ACCOUNT_ID〉'에는 AWS 계정 번호를 입력한다. 정상적으로 로그인되었다면 'Login Succeeded'라는 메시지를 출력한다.

```
$ aws ecr get-login-password --region ap-northeast-2  | \
pipe> docker login --username AWS --password-stdin \
pipe> <AWS_ACCOUNT_ID>.dkr.ecr.ap-northeast-2.amazonaws.com
Login Succeeded
```

컨테이너 이미지 태그 설정과 푸시

ECR에 로그인되었다면 컨테이너 이미지를 저장한다. 컨테이너 이미지 푸시는 다음 두 가지 순서로 진행한다.

- docker tag 명령으로 컨테이너 이미지에 태그 설정
- 해당 태그에 대해 docker push 명령 실행

먼저 앞에서 생성한 API 애플리케이션 컨테이너 이미지(k8sbook/backendapp:1.0.0)에 ECR 주소를 포함한 형태의 태그를 설정한다.

```
$ docker tag k8sbook/backend-app:1.0.0 \
> <AWS_ACCOUNT_ID>.dkr.ecr.ap-northeast-2.amazonaws.com/k8sbook/backend-app:1.0.0
```

이 명령어는 첫 번째 인수에 설정한 컨테이너 이미지(k8sbook/backend-app:1.0.0)에 두 번째 인수에 설정한 이름(〈AWS_ACCOUNT_ID〉.dkr.ecr.ap-northeast-2.amazonaws.com/k8sbook/backend-app:1.0.0)을 설정하는 명령이다. 단, 로컬 작업 환경 안에서의 태그 설정 작업이고 아직 ECR에는 아무 작업도 이루어지지 않았다는 것은 기억하자.

태그 작업이 끝나면 설정한 태그에 대해 docker push 명령을 실행한다.

```
$ docker push <AWS_ACCOUNT_ID>.dkr.ecr.ap-northeast-2.amazonaws.com/ \
> k8sbook/backend-app:1.0.0
```

실행하면 설정한 태그에 따라 ECR에 컨테이너 이미지가 전송된다. 이것으로 API 애플리케이션 컨테이너 이미지가 ECR에 저장되었다.

2.4.5 EKS 클러스터에 API 애플리케이션 배포

계속해서 API 애플리케이션을 EKS 클러스터에 배포한다. EKS 클러스터에 배포하기 위해 다음과 같은 단계를 진행한다.

- 네임스페이스Namespace 생성
- kubeconfig에 네임스페이스 반영
- 데이터베이스 접속용 시크릿Secret 등록
- API 애플리케이션 배포
- API 애플리케이션 외부 공개

네임스페이스 생성

쿠버네티스에서는 클러스터 하나를 네임스페이스라는 논리적 구획으로 구분하여 관리할 수 있다(상세한 내용은 3.2.11에서 설명한다). 여기서는 예제 애플리케이션을 위해 eks-work라는 네임스페이스를 생성하고 그 네임스페이스에 API 애플리케이션을 배포한다.

네임스페이스는 쿠버네티스 오브젝트 설정 파일(매니페스트manifest라고 한다)을 kubectl apply 명령으로 적용하여 생성한다. 쿠버네티스 오브젝트는 kubectl create 명령으로도 생성 가능[26]하지만 보통 매니페스트 파일을 이용해서 생성한다. 그럼 원하는 인프라 환경 상태를 소스 코드와 비슷한 매니페스트 파일로 만든 후 깃 등의 버전 관리 도구로 관리할 수 있다. 이 관리 방법의 경우 인프라 환경을 한 번 구축해두면 그 설정 파일을 사용해 몇 번이고 같은 환경을 구축할 수 있다.[27]

---

26 예를 들어 네임스페이스는 'kubectl create namespace myns'라는 명령('myns'는 생성할 네임스페이스명)으로 생성할 수 있다.
27 기존 인프라 구성은 문서로 관리하며 그 문서를 보고 사람이 구축하는 형태가 일반적이었다. 최근에는 이와 같이 인프라 구성을 코드(설정 파일)로 정의하고 그 환경에 적용하는 환경 구축 방법을 선호한다. 이러한 개념을 IaC(Infrastructure as Code)라고 한다. 앞에서 AWS 리소스를 생성할 때 사용한 CloudFormation도 IaC 도구 중 하나다.

여기서는 eks-work라는 이름의 네임스페이스를 생성한다. 네임스페이스를 생성하기 위한 매니페스트 YAML 파일은 k8s-aws-book/eks-env 디렉터리의 20_create_namespace_k8s.yaml이다. 해당 디렉터리로 이동하여 다음 명령으로 클러스터에 적용한다.

정상적으로 생성되었다면 다음 메시지가 출력된다.

```
$ kubectl apply -f 20_create_namespace_k8s.yaml
namespace/eks-work created
```

kubeconfig에 네임스페이스 반영

Kubeconfig 파일에는 컨텍스트^{context}마다 네임스페이스를 지정할 수 있다. 따라서 2.2.2에서 업데이트한 kubeconfig에 앞에서 생성한 네임스페이스를 반영해야 한다.

2.2.2에서 AWS CLI로 생성한 컨텍스트에는 네임스페이스가 지정되지 않았다(NAMESPACE 열이 비어 있음). 이는 기본 네임스페이스(네임스페이스가 지정되지 않았을 때 사용되는 것은 'default'라는 이름이다)를 이용한다는 의미다. 여기서는 eks-work라는 새로운 네임스페이스를 이용할 것이므로 eks-work가 설정된 새로운 컨텍스트를 생성하고 활성화한다.

컨텍스트 생성은 kubectl config set-context 명령을 사용한다. 그 전에 명령어 인수에 설정할 값을 확인하기 위해 kubectl config get-contexts 명령으로 기존 컨텍스트 정보를 확인해보자.

```
$ kubectl config get-contexts
CURRENT   NAME
*         k8sbook_admin@eks-work-cluster.ap-northeast-2.eksctl.io


CLUSTER                                      AUTHINFO
eks-work-cluster.ap-northeast-2.eksctl.io    k8sbook_admin@eks-work-cluster.ap-
                                             northeast-2.eksctl.io


NAMESPACE
```

CURRENT 열에 '*'가 있는 행이 현재 활성화된 컨텍스트다. 이 행에 있는 CLUSTER 열의 값과 AUTHINFO 열의 값을 사용해 다음 명령을 실행한다.[28]

---

28 이러한 EKS 클러스터 관련 값들은 가독성이 떨어지는 긴 문자열이므로 셸 프로그램의 윈도우 크기를 키워서 값을 확인하면 좋다.

```
$ kubectl config set-context eks-work --cluster <CLUSTER값> \
> --user <AUTHINFO값> \
> --namespace eks-work
Context "eks-work" created.
$ kubectl config use-context eks-work
Switched to context "eks-work"
```

다음 명령을 실행하면 네임스페이스로 eks-work가 지정된 컨텍스트가 생성되어 활성화된 컨텍스트로 변경되었다는 것을 확인할 수 있다.

```
$ kubectl config get-contexts
CURRENT    NAME
*          eks-work
           k8sbook_admin@eks-work-cluster.ap-northeast-2.eksctl.io

CLUSTER                                      AUTHINFO
eks-work-cluster.ap-northeast-2.eksctl.io    k8sbook_admin@eks-work-cluster.ap-
                                             northeast-2.eksctl.io
eks-work-cluster.ap-northeast-2.eksctl.io.   k8sbook_admin@eks-work-cluster.ap-
                                             northeast-2.eksctl.io

NAMESPACE
eks-work
```

데이터베이스 접속용 시크릿 등록

계속해서 API 애플리케이션이 데이터베이스에 접속하기 위한 비밀번호 등을 저장하는 '시크릿'을 생성한다. 시크릿은 쿠버네티스 클러스터 안에 비밀번호 등의 비밀 정보를 보관하기 위한 구성 요소다(3.4절에서 자세히 설명한다).

시크릿 생성 시 앞에서도 사용한 정보가 필요하므로 CloudFormation과 Secrets Manager에서 각각의 정보를 확인한다(자세한 방법은 2.3.6 참고).

- RDS 엔드포인트 주소(CloudFormation의 'eks-work-rds' 스택 '출력' 탭에서 확인)
- 애플리케이션용 데이터베이스 사용자(mywork) 비밀번호(AWS Secrets Manager '보안 암호'의 RdsUserSecret 항목에서 확인)

두 값을 확인한 후 로컬 작업 환경의 셸에서 다음 명령을 실행해 시크릿을 등록한다.

```
$ DB_URL=jdbc:postgresql://<RDS 엔드포인트 주소>/myworkdb \
> DB_PASSWORD='<애플리케이션용 데이터베이스 사용자 비밀번호>' \
> envsubst < 21_db_config_k8s.yaml.template | \
pipe> kubectl apply -f -
secret/db-config created
```

여기서 <애플리케이션용 데이터베이스 사용자 비밀번호>는 작은따옴표를 사용해야 하는 것에 주의한다(비밀번호에 포함된 문자가 셸을 통해 해석되는 것을 방지하기 위해 사용함).

API 애플리케이션 배포

그럼 이제 API 애플리케이션을 배포하자. 예제에는 배포용 매니페스트 파일이 준비되어 있으므로 다음 명령으로 배포를 실행한다.

정상적으로 배포가 시작되면 deployment.apps/backend-app created라는 메시지가 출력된 것을 확인한다.

```
$ ECR_HOST=<AWS_ACCOUNT_ID>.dkr.ecr.ap-northeast-2.amazonaws.com \
> envsubst < 22_deployment_backend-app_k8s.yaml.template | \
pipe> kubectl apply -f -
deployment.apps/backend-app created
```

참고로 ECR_HOST에 설정한 값은 Amazon ECR에서 ECR 리포지터리 생성 시 표시된 URI다.[29]

이것으로 배포가 실행되었지만 이 작업으로 EKS 클러스터에 어떤 일이 발생했는지 조금 더 상세히 살펴보자. 다음 장에서 설명하겠지만 방금 kubectl apply 명령으로 적용한 매니페스트 파일은 디플로이먼트Deployment라는 종류의 오브젝트를 생성하기 위한 것이다. 디플로이먼트는 이름에서도 알 수 있듯이 컨테이너를 배포하는 것이고 디플로이먼트를 생성하면 그 뒤에 레플리카셋ReplicaSet이 생성되며 레플리카셋 뒤에는 파드Pod가 생성된다.[30]

---

29 ECR 주소는 [서비스] → [컨테이너] → [Elastic Container Registry]를 열어 리포지터리 목록의 'URI'에서 확인할 수 있다.
30 디플로이먼트, 레플리카셋, 파드의 관계에 대해서는 3.2절을 참고한다.

실제 kubectl 관련 명령을 이용해 구성 요소들이 생성되었는지 확인해보자. 로컬 작업 환경의 셸에서 다음 명령을 실행한다.

```
$ kubectl get all
NAME                                READY   STATUS    RESTARTS   AGE
pod/backend-app-75f87c96fb-26wm9    1/1     Running   0          10m
pod/backend-app-75f87c96fb-q4w9h    1/1     Running   0          10m


NAME                            READY   UP-TO-DATE   AVAILABLE   AGE
deployment.apps/backend-app     2/2     2            2           10m


NAME                                      DESIRED   CURRENT   READY   AGE
replicaset.apps/backend-app-75f87c96fb    2         2         2       10m
```

이 결과를 보면 디플로이먼트 외에 레플리카셋과 파드가 생성된 것을 알 수 있다.[31]

2.4.6 API 애플리케이션 외부 공개

API 애플리케이션 배포가 끝났지만 아직 클러스터 외부에서는 API 호출이 불가능하다.[32] 다음에는 배포한 API를 클러스터 외부에서 호출할 수 있게 해보자.

쿠버네티스에는 배포된 파드를 외부에 공개하기 위해 서비스^{Service}라는 리소스가 준비되어 있다. 서비스는 공개 범위에 따라 몇 가지 타입이 정의되어 있는데 여기서는 로드밸런서^{LoadBalancer}라는 서비스 타입을 이용한다. 배포한 파드 앞단에 로드밸런서를 위치시키고 인터넷에서 요청을 받으면 파드에서 동작 중인 애플리케이션을 호출할 수 있다.

이 책에서는 앞에서 배포한 API 애플리케이션에 서비스 리소스를 생성하기 위해 매니페스트 파일을 제공하고 있다.

다음 명령을 실행하여 생성해보자. 정상적으로 생성되면 다음과 같은 메시지가 출력된다.

```
$ kubectl apply -f 23_service_backend-app_k8s.yaml
service/backend-app-service created
```

---

31 파드, 레플리카셋의 이름은 동적으로 생성되어 환경에 따라 달라진다. 또 실행 타이밍에 따라 파드 상태가 Running이 아닐 가능성도 있는데 그때는 1분 정도 후 다시 실행해본다.

32 2.2.3에서 EKS 클러스터를 구축하고 nginx에 접속했던 것과 같이 kubectl의 포트 포워딩(kubectl port-forward 명령)을 이용하면 작업 환경에서 API를 호출할 수 있다. 그러나 작업 환경 외부에서는 API로 접속할 수 없다.

그리고 다음 명령을 실행해보자. 앞에서 명령을 실행했을 때의 결과에 추가하여 다음과 같은 서비스 항목이 표시된다.

```
$ kubectl get all
# …(이전 생략)…

NAME                           TYPE           CLUSTER-IP
service/backend-app-service    LoadBalancer   10.100.15.241

EXTERNAL-IP
xxxxxxxxxxxxxxxxxxxxxxxxxxxxxxxxx-xxxxxxxx.ap-northeast-2.elb.amazonaws.com

PORT(S)          AGE
8080:32661/TCP   3m22s
```

이것이 앞에서 생성한 서비스에 대한 정보다. EXTERNAL-IP에는 'elb.amazonaws.com'으로 끝나는 주소가 출력되고 API를 외부로 공개할 로드밸런서는 ELB^Elastic Load Balancing로 생성된 것을 알 수 있다.

이제 로드밸런서가 생성되었으니 API에 접속해보자. 그러나 서비스 리소스를 생성한 직후 바로 접속했을 때는 응답이 없을 가능성이 있다. 이런 현상이 발생하는 이유는 로드밸런서와 연결된 애플리케이션(여기서는 API 애플리케이션)의 상태를 확인하고 정상적인 응답이 있을 때만 받은 요청을 애플리케이션으로 전달하기 때문이다. 즉, 서비스 리소스가 생성된 직후(로드밸런서가 생성된 직후)에는 아직 상태 확인에 성공하지 못해 애플리케이션이 동작하지 않는 것으로 인식하는 것이다.

그럼 서비스 리소스와 연결된 로드밸런서가 어떻게 생성되어 있는지, 또 로드밸런서가 애플리케이션을 어떻게 인식하고 있는지에 대해 AWS 관리 콘솔로 확인해보자. [서비스] → [컴퓨팅] → [EC2]를 선택(그림 2.4.5 참고)한 후 페이지 왼쪽 메뉴에서 '로드밸런서'를 선택한다(그림 2.4.6 참고).

그림 2.4.5 로드밸런서 확인 ①

그림 2.4.6 로드밸런서 확인 ②

메뉴에서 '로드밸런서'를 선택하면 그림 2.4.7과 같은 페이지가 열린다. 앞에서 생성한 서비스
리소스에 연동되어 생성된 로드밸런서가 하나만 존재한다는 것을 알 수 있다.[33]

---

33 페이지와 같이 로드밸런서 타입의 서비스를 생성한 경우 로드밸런서는 Classic Load Balancer로 생성된다.

그림 2.4.7 로드밸런서 확인 ③

로드밸런서와 연결된 애플리케이션 상태를 어떻게 인식하고 있는지는 페이지 중앙 아래쪽 '인스턴스' 탭을 열었을 때 표시되는 인스턴스 목록의 '상태' 항목에서 확인할 수 있다. 그림 2.4.8에는 인스턴스 2개가 있으며 상태가 모두 'InService'(정상적으로 동작 중)로 되어 있다는 것을 알 수 있다.

그림 2.4.8 로드밸런서 확인 ④

서비스 리소스를 생성한 직후에는 상태가 'OutOfService'(정상적으로 동작하지 않음)로 되어 있다. 모든 인스턴스 상태가 'OutOfService'인 경우 정상적으로 동작하는 인스턴스가 없다는 의미이며 로드밸런서는 들어오는 요청에 대해 에러로 응답한다. 지금까지의 실습 과정을 순서대로 잘 실행했다면 실제로 예제 애플리케이션이 비정상으로 동작하는 경우는 거의 없을 것이다.

로드밸런서 생성 직후에는 'OutOfService' 상태지만 약 1분 정도 지난 후에는 모두 'InService'로 상태가 변경될 것이다.

이상으로 로드밸런서가 API 애플리케이션을 정상적으로 인식한다는 것을 알 수 있었다. 그럼 실제로 로드밸런서를 통해 API에 접속해보자. API로 접속할 때는 curl 명령어를 이용한다. 로컬 작업 환경의 셸에서 다음 명령을 실행한다.[34] <EXTERNAL-IP값>에는 kubectl get all에서 확인한 서비스의 EXTERNAL-IP값을 설정한다.

```
$ curl -s http://<EXTERNAL-IP값>:8080/health
{"status":"OK"}
```

앞 명령을 실행하면 {"status":"OK"}란 메시지가 출력될 것이다.

이상으로 EKS 클러스터에 배포한 API 애플리케이션에 실제로 접속할 수 있다는 것을 확인했다.

2.5 프런트엔드 애플리케이션 빌드와 배포

여기서는 API 애플리케이션에 접속해서 사용할 프런트엔드Front-End 애플리케이션을 빌드 및 배포한다. 이 절에서 수행할 작업은 다음과 같다.

- 프런트엔드 애플리케이션 빌드
- 프런트엔드 콘텐츠를 전송할 S3 버킷과 CloudFront 배포Distributions 생성
- 프런트엔드 콘텐츠를 S3에 저장
- CloudFront를 통해 접속하여 애플리케이션 동작 확인

---

34 서비스 환경에서는 평문으로 통신하는 HTTP가 아닌 HTTPS로 암호화 통신을 해야 하는데 ELB에서 HTTPS를 사용할 경우 도메인으로 인증서를 발행해야 한다. 이 책에서 소개하는 방법에 이런 전제를 두기가 어려우므로 여기서는 HTTP 통신을 전제로 설명한다. 로드밸런서 서비스 타입 리소스에서 HTTPS 통신을 하기 위한 방법은 3.3.3에 있는 칼럼 '로드밸런서로 HTTPS 지원' 부분에서 설명한다.

2.5.1 사전 준비

예제 애플리케이션 프런트엔드는 Nuxt.js로 구축된 싱글 페이지 애플리케이션^{Single Page Application, SPA}이다.

싱글 페이지 애플리케이션을 AWS로 공개하는 경우 S3에 콘텐츠를 저장하고 CloudFront를 통해 접속할 수 있도록 하는 것이 일반적이다. 물론 EKS 클러스터에 nginx 등의 웹 서버를 배포하고 싱글 페이지 애플리케이션의 콘텐츠를 공개할 수도 있지만 여기서는 심플한 S3+CloudFront 구성으로 구축한다.

프런트엔드 애플리케이션 빌드에는 Node.js를 사용한다. 부록 A(윈도우 사용자) 또는 부록 B(macOS 사용자)를 참고하여 Node.js를 미리 설치해두자.

2.5.2 프런트엔드 애플리케이션 빌드

프런트엔드 애플리케이션 소스 코드도 지금까지 사용했던 깃허브에서 클론한 디렉터리에 저장되어 있다. 먼저 로컬 작업 환경의 셸에서 다음 명령을 실행해 프런트엔드 애플리케이션 소스 코드가 있는 디렉터리로 이동한다.

```
$ cd k8s-aws-book/frontend-app
```

라이브러리 다운로드

먼저 프런트엔드 애플리케이션에서 사용할 라이브러리를 다운로드한다. 라이브러리 다운로드는 다음 명령을 실행한다. 많은 라이브러리를 다운로드하기 때문에 로컬 작업 환경의 인터넷 통신 속도에 따라 다소 시간이 걸릴 수도 있다. 다운로드가 끝나면 다음과 같은 메시지가 표시된다(로컬 작업 환경에 따라 결과가 다르게 표시될 수도 있다).

```
$ npm install
# …(중간 생략)…


added 1529 packages from 689 contributors and audited 1600 packages in 43.02s

# …(중간 생략)…


found 0 vulnerabilities
```

API 기본 URL 확인

필요한 라이브러리가 다운로드되면 바로 빌드를 하고 싶지만 예제 애플리케이션 프런트엔드에서는 빌드 시 API에 접속하기 위한 기본 URL을 설정하고 그 값을 프로그램에 적용하는 구조로 되어 있다.

2.4.6에서 API 동작을 확인할 때도 사용했던 다음 명령을 다시 실행해 출력 결과를 확인한다.

```
$ kubectl get all
```

'service/'로 시작하는 행의 EXTERNAL-IP값('elb.amazonaws.com'으로 끝나는 문자열이 있을 것이다)이 여기에 필요한 값이다.

빌드 실행

필요한 정보를 확인했다면 실제 프런트엔드 애플리케이션 빌드를 실행한다. 빌드는 다음 명령을 실행한다.

```
$ BASE_URL=http://<EXTERNAL-IP값>:8080 npm run build
```

빌드 결과 파일은 dist 디렉터리 아래에 출력된다. 이 디렉터리를 웹 서버에 저장하면 프런트엔드 애플리케이션을 공개할 수 있다.

2.5.3 S3 버킷과 CloudFront 배포 생성

이 절의 앞부분에서도 설명했듯이 예제 애플리케이션의 프런트엔드는 S3와 CloudFront를 웹 서버로 사용한다. 여기서는 콘텐츠 파일을 저장할 S3 버킷과 그 콘텐츠를 전송하기 위한 CloudFront 배포를 CloudFormation으로 생성한다.

CloudFormation에서 스택을 생성하는 방법은 지금까지와 과정이 같다. AWS 관리 콘솔에서 CloudFormation 페이지를 열어 [스택 생성] → [새 리소스 사용(표준)]을 선택하고 eks-env 폴더에서 '30_s3_cloudfront_cfn.yaml'이라는 템플릿 파일을 선택한 후 〈다음〉 버튼을 클릭한다(그림 2.5.1 참고).

그림 2.5.1 CloudFormation에서 프런트엔드 리소스 생성 ①

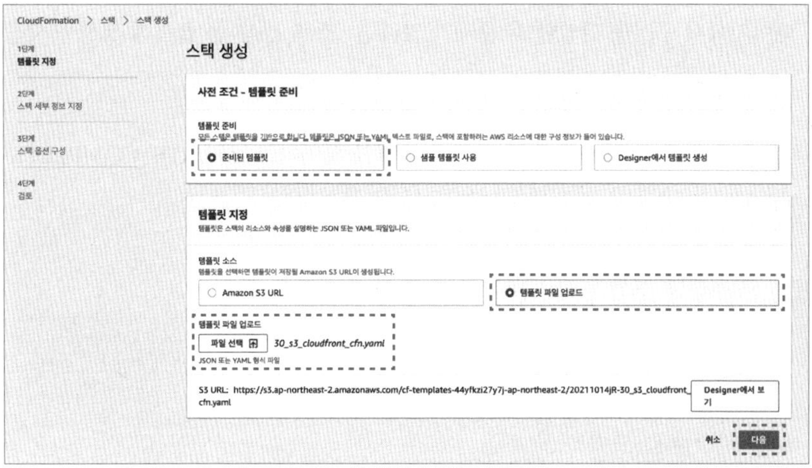

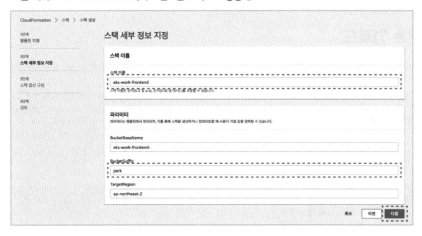

'스택 세부 정보 지정' 페이지에서는 스택 이름을 'eks-work-frontend'라고 설정하고 '파라미터'의 'BucketSuffix' 항목에 임의 문자열[35](사용 가능한 문자는 S3 버킷 이름에 사용할 수 있는 '영문 소문자', '숫자', '하이픈'이다. 여기서는 'park'을 사용했다. 여러분은 park 대신에 스스로 다른 임의 문자열을 설정해 사용해야 한다. 임의 문자열을 중복해서 사용할 수 없기 때문이다)을 입력하고 〈다음〉 버튼을 클릭한다(그림 2.5.2 참고).

그림 2.5.2 CloudFormation에서 프런트엔드 리소스 생성 ②

35 S3 버킷 이름은 모든 AWS 계정에서 고유 이름을 사용해야 하므로 버킷 이름에 접미사를 붙여 중복되지 않도록 한다. 버킷 이름은 63문자로 제한되며 'eks-work-'를 빼면 최대 54문자까지 설정할 수 있다.

'스택 옵션 구성' 페이지에서는 수정할 필요가 없으므로 〈다음〉 버튼을 클릭하고 'eks-work-frontend 검토' 페이지에서 구성을 확인한 후 문제가 없다면 〈스택 생성〉을 클릭해 생성을 시작한다.

스택 생성을 시작하면 CloudFormation 페이지에서 상태를 확인하고 'CREATE_COMPLETE'가 되기를 기다린다.

그림 2.5.3 CloudFormation에서 프런트엔드 리소스 생성 ③

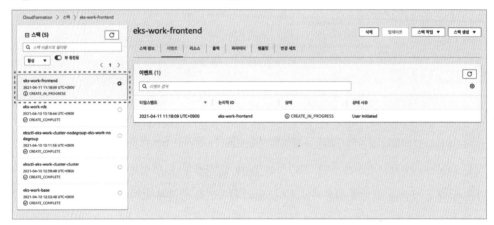

이것으로 S3 버킷과 CloudFront 배포가 생성되었다.

2.5.4 콘텐츠 업로드

그럼 이제 S3 버킷에 프런트엔드 애플리케이션의 콘텐츠를 업로드해보자. 업로드는 AWS CLI로 진행한다. S3 버킷에 파일을 업로드하는 것은 AWS 관리 콘솔에서도 가능하지만 AWS CLI에서는 로컬 디렉터리 상태와 동기화되어 차이가 나는 파일만 업로드할 수 있어 편리하다.

다음 명령을 실행한다. 정상적으로 업로드되었다면 다음과 같이 업로드 로그가 표시된다.[36]

```
$ aws s3 sync dist s3://eks-work-frontend-<BucketSuffix값> \
> --delete --include "*" --acl public-read
upload: dist/.nojekyll to s3://eks-work-frontend-park/.nojekyll
upload: dist/_nuxt/fffa4ee.js to s3://eks-work-frontend-park/_nuxt/fffa4ee.js
```

---

36 이 예제는 BucketSuffix에 'park'을 설정한 경우다. 또 출력된 파일 이름은 집필 당시의 애플리케이션 파일 이름이다. 최신 소스 코드를 받아 실행하면 파일이 증감할 수 있다

```
upload: dist/regionDetail/index.html to s3://eks-work-frontend-park/regionDetail/
        index.html
upload: dist/200.html to s3://eks-work-frontend-park/200.html
upload: dist/_nuxt/ebf8b6e.js to s3://eks-work-frontend-park/_nuxt/ebf8b6e.js
upload: dist/_nuxt/28c9950.js to s3://eks-work-frontend-park/_nuxt/28c9950.js
upload: dist/_nuxt/LICENSES to s3://eks-work-frontend-park/_nuxt/LICENSES
upload: dist/favicon.ico to s3://eks-work-frontend-park/favicon.ico
upload: dist/v.png to s3://eks-work-frontend-park/v.png
upload: dist/index.html to s3://eks-work-frontend-park/index.html
upload: dist/_nuxt/f3ca122.js to s3://eks-work-frontend-park/_nuxt/f3ca122.js
upload: dist/_nuxt/5361f9a.js to s3://eks-work-frontend-park/_nuxt/5361f9a.js
upload: dist/_nuxt/e3dbb75.js to s3://eks-work-frontend-park/_nuxt/e3dbb75.js
```

CloudFront 배포 캐시 무효화

CloudFront는 콘텐츠를 캐시하여 백엔드 스토리지인 S3에 접속하지 않고 요청에 응답할 수 있는 구조로 되어 있다. 그래서 S3에 콘텐츠를 업로드했을 때 CloudFront에 오래된 콘텐츠가 캐시되어 있을 경우, 캐시 활성화 기간이 끝나기 전에는 오래된 콘텐츠가 보이게 된다. 처음으로 CloudFront 배포를 생성한 경우에는 콘텐츠가 없어 문제가 없지만, 기존 배포에 콘텐츠를 업로드한 경우 바로 콘텐츠를 적용하려면 캐시 무효화를 해야 한다.[37]

캐시 무효화는 AWS 관리 콘솔이나 AWS CLI로 실행할 수 있다. AWS CLI를 이용할 때는 다음과 같은 명령을 실행한다. 참고로 인수로 설정하는 배포[Distributions] ID는 CloudFormation의 eks-work-frontend 스택 '출력' 탭의 'DistributionID' 항목에서 확인할 수 있다.

```
$ aws cloudfront create-invalidation --distribution-id <DistributionID값> \
> --paths "/*"
```

2.5.5 프런트엔드에서 애플리케이션 동작 확인

이상으로 프런트엔드 애플리케이션 배포가 끝났다. 예제 애플리케이션의 프런트엔드는 2.4절에서 배포한 API 애플리케이션에 접속하게 되어 있다. 그럼 웹 브라우저를 실행하여 애플리케이션

---

37 CloudFront 배포의 캐시 무효화는 일정 범위까지 무료지만 그 이상은 유료다. 집필 시점에는 월마다 최초 1000 경로(path)까지는 무료, 그 이상은 경로별로 US $0.005다.

동작을 확인해보자. 접속 대상 URL은 CloudFormation 페이지에서 'eks-work-frontend' 스택의 '출력' 탭을 열고 'URL' 항목을 살펴보면 알 수 있다.

URL을 웹 브라우저에 입력해서 열면 그림 2.5.4와 같은 페이지가 표시될 것이다. 여기에 표시되는 지역 이름은 API 애플리케이션에 접속하여 참조한 값이다. 이것으로 프런트엔드 애플리케이션-API 애플리케이션-데이터베이스가 연계되어 정상 동작한다는 것을 확인할 수 있다(S3 버킷 이름이 모든 리전에 배포되기까지는 최대 24시간이 소요된다. 그래서 그림 2.5.4와 같은 페이지를 보기까지 시간이 걸릴 수 있다. 404 Not Found가 표시될 경우 'Home Page' 링크를 클릭하면 된다).

그림 2.5.4 프런트엔드 애플리케이션 동작 확인

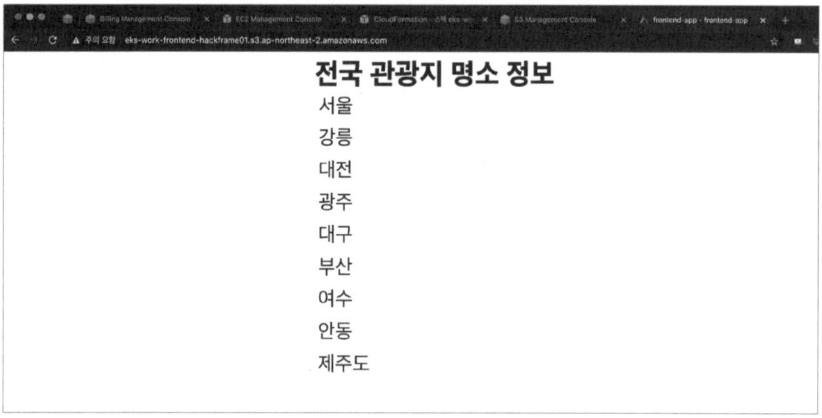

2.6 배치 애플리케이션 빌드와 배포

여기서는 스케줄링되는 배치 애플리케이션의 빌드와 배포를 실행한다. 이 절에서 진행하는 작업은 다음과 같다.

- 배치 애플리케이션 빌드
- 배치 애플리케이션용 ECR 리포지터리 생성

- 배치 애플리케이션 컨테이너 이미지 푸시

- 배치 애플리케이션 파일 다운로드를 위한 S3 버킷 생성

- 배치 애플리케이션용 컨피그맵^{ConfigMap} 생성

- 배치 애플리케이션용 시크릿^{Secret} 생성

- 배치 애플리케이션 입력 파일을 S3에 업로드

- 스케줄 실행을 위한 크론잡^{CronJob} 등록

2.6.1 사전 준비

배치 애플리케이션은 API 애플리케이션과 마찬가지로 자바와 스프링 부트를 사용하여 구축한 애플리케이션이다. 애플리케이션이 동작하면 환경 변수로 설정된 S3 버킷의 파일을 다운로드하고 파일 내용을 데이터베이스에 등록한다. 여기서 사용하는 버킷은 프런트엔드 콘텐츠 저장용으로 사용한 버킷과 달리 특정 사용자만 접속할 수 있도록 설정한다. 또한 이 애플리케이션을 쿠버네티스의 크론잡이라는 구조를 이용해 정기적으로(5분에 1번) 동작시키도록 설정한다.

애플리케이션 빌드, 배포에 사용되는 도구는 앞에서 사용했던 도구들을 그대로 사용하므로 특별히 다른 도구를 설치할 필요는 없다.

2.6.2 배치 애플리케이션 빌드와 컨테이너 이미지 생성

여기서는 배치 애플리케이션 소스 코드를 빌드하고 컨테이너 이미지를 생성한다.

소스 코드 빌드

배치 애플리케이션 소스 코드는 다른 예제 애플리케이션과 마찬가지로 2.2.1에서 다운로드한 k8s-aws-book 디렉터리에 저장되어 있으며, API 애플리케이션과 동일하게 그래들^{Gradle}로 빌드한다. 다음 명령을 실행하여 배치 애플리케이션의 프로젝트 디렉터리로 이동하고 빌드를 실행한다.

```
$ cd k8sbook/batch-app
$ ./gradlew clean build
```

API 애플리케이션의 경우와 마찬가지로 의존성 라이브러리 다운로드, 프로그램 컴파일, 테스트 프로그램 컴파일, 테스트 실행, JAR 파일을 생성한다.

빌드가 정상적으로 진행되면 'BUILD SUCCESSFUL'이라고 표시되고 작업 디렉터리 아래의 build/libs 디렉터리에 'batch-app-1.0.0.jar[38]' 파일이 생성된다.

컨테이너 이미지 생성

다음에는 컨테이너 이미지를 생성한다. API 애플리케이션과 마찬가지로 Dockerfile이 준비되어 있으며 다음 명령을 실행하면 컨테이너 이미지를 생성할 수 있다.

```
$ sudo docker build -t k8sbook/batch-app:1.0.0 --build-arg \
> JAR_FILE=build/libs/batch-app-1.0.0.jar .
```

2.6.3 ECR 리포지터리 생성

API 애플리케이션의 경우와 마찬가지로 생성한 컨테이너 이미지를 ECR$^{Elastic Container Registry}$에 저장하기 위해 배치 애플리케이션용 리포지터리를 생성한다.

AWS 관리 콘솔에서 [서비스] → [컨테이너] → [Elastic Container Registry]를 선택해 ECR 페이지를 열고 〈리포지터리 생성〉 버튼을 클릭한다(그림 2.6.1 참고).

그림 2.6.1 Elastic Container Registry에서 리포지터리 생성 ①

다음 페이지에서는 '리포지터리 이름'에 'k8sbook/batch-app'이라고 입력하고 〈리포지터리 생성〉 버튼을 클릭한다(그림 2.6.2 참고).

---

38 API 애플리케이션과 마찬가지로 JAR 파일 이름에서 '1.0.0' 부분은 빌드 테스트 중에 지정된 애플리케이션 버전을 표시한다. 다른 이름이 표시되는 경우도 있다.

그림 2.6.2 Elastic Container Registry에서 리포지터리 생성 ②

정상적으로 생성되었다면 그림 2.6.3과 같이 표시된다.

그림 2.6.3 Elastic Container Registry에서 리포지터리 생성 ③

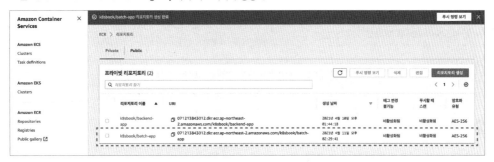

2.6.4 컨테이너 이미지 푸시

다음에는 컨테이너 이미지를 ECR로 푸시[push]한다.

ECR 로그인

2.4.4에서 API 애플리케이션 컨테이너 이미지를 푸시할 때 ECR에 로그인했다. ECR 인증 토큰은 유효기간이 12시간으로 설정되어 있으므로, 로그인한 지 12시간이 지나지 않았다면 다시 로그인하지 않아도 된다.

하지만 로그인 후 12시간 이상이 지났다면 다시 다음 명령을 실행하여 로그인한다. 12시간이 지나지 않은 상태에서 이 명령을 실행해도 상관없다. 정상적으로 로그인되었다면 'Login Succeeded'라는 메시지가 출력된다. '〈AWS_ACCOUNT_ID〉' 부분은 사용자의 AWS 계정 번호로 수정한다.

```
$ aws ecr get-login-password --region ap-northeast-2 | \
pipe> docker login --username AWS --password-stdin \
pipe> <AWS_ACCOUNT_ID>.dkr.ecr.ap-northeast-2.amazonaws.com
```

컨테이너 이미지 태그 생성과 푸시

계속해서 다음과 같은 명령을 실행해 컨테이너 이미지의 태그를 설정하고 푸시한다. '〈AWS_ACCOUNT_ID〉.dkr~'로 된 부분은 사용자의 URI값으로 수정하여 진행한다.

```
$ docker tag k8sbook/batch-app:1.0.0 \
> <AWS_ACCOUNT_ID>.dkr.ecr.ap-northeast-2.amazonaws.com/ \
> k8sbook/batch-app:1.0.0

$ docker push <AWS_ACCOUNT_ID>.dkr.ecr.ap-northeast-2.amazonaws.com/ \
> k8sbook/batch-app:1.0.0
```

이것으로 배치 애플리케이션 컨테이너 이미지가 ECR에 저장되었다.

2.6.5 S3 버킷 생성

다음은 배치 애플리케이션이 사용할 S3 버킷을 생성한다. 여기에도 CloudFormation 템플릿이 준비되어 있으므로 AWS CloudFormation 페이지에서 [스택 생성] → [새 리소스 사용(표준)]을 선택해 스택 생성을 시작한다. '스택 생성' 페이지에서는 '준비된 템플릿', '템플릿 파일 업로드'를 선택하고 '40_s3_batch_cfn.yaml'이라는 템플릿 파일을 지정한 후 〈다음〉을 클릭한다 (그림 2.6.4 참고).

그림 2.6.4 CloudFormation에서 배치 애플리케이션 리소스 생성 ①

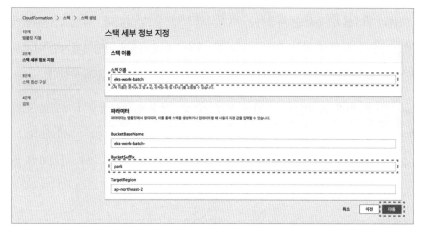

다음 '스택 세부 정보 지정' 페이지에서는 스택 이름을 'eks-work-batch'로 설정하고 '파라미터'의 'BucketSuffix' 항목에 임의의 문자열(사용 가능한 문자는 S3 버킷 이름에 사용할 수 있는 '영문 소문자', '숫자', '하이픈'이다. 여기서는 'park'을 이용했다. 여러분은 park 대신 스스로 다른 임의 문자열을 설정해서 사용해야 한다. 임의 문자열을 중복해서 사용할 수 없기 때문이다)을 입력하고 〈다음〉 버튼을 클릭한다(그림 2.6.5 참고).

그림 2.6.5 CloudFormation에서 배치 애플리케이션 리소스 생성 ②

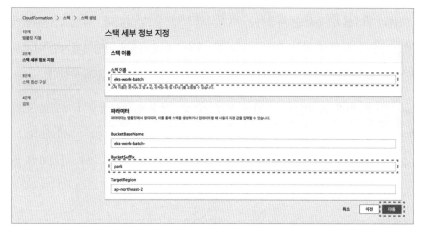

'스택 옵션 구성' 페이지는 변경할 내용이 없으므로 〈다음〉 버튼을 클릭하고 진행한다. 'eks-work-batch 검토' 페이지에서는 구성을 확인하고 문제가 없다면 'AWS CloudFormation에서 사용자 지정 이름으로 IAM 리소스를 생성할 수 있음을 승인합니다.'에 체크하고 〈스택 생성〉

버튼을 클릭한다. 스택 생성이 시작되면 CloudFormation의 '스택' 페이지에서 상태를 확인하고 CREATE_COMPLETE 상태가 되기를 기다린다(그림 2.6.6 참고).

그림 2.6.6 CloudFormation에서 배치 애플리케이션 리소스 생성 ③

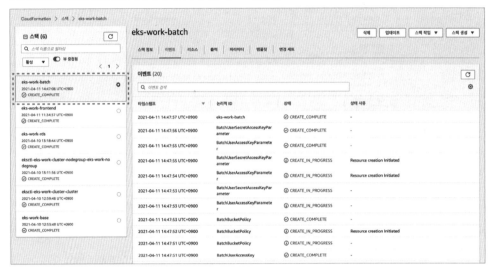

이것으로 배치 애플리케이션용 S3 버킷이 생성되었다.

2.6.6 컨피그맵 생성

다음에는 배치 애플리케이션 설정값을 저장하는 컨피그맵^{ConfigMap}을 생성한다. 컨피그맵은 쿠버네티스에서 설정값 등을 보관하기 위한 구조다. 자세한 내용은 3.4.4에서 설명하겠지만 여기서는 앞에서 생성한 S3 버킷 이름과 S3의 디렉터리 이름 등을 보관할 컨피그맵을 등록한다.

컨피그맵은 kubectl 명령어로 설정할 수 있지만 버킷 이름의 접미사를 설정해야 하므로 로컬 작업 환경의 셸에서 envsubst를 사용한 다음 명령을 실행한다. 명령을 실행하는 디렉터리는 k8s-aws-book/eks-env다. 컨피그맵이 정상적으로 생성되었다면 다음과 같은 메시지가 출력된다.

```
$ BUCKET_SUFFIX=<eks-work-batch 스택의 BucketSuffix값> \
> envsubst < 41_config_map_batch_k8s.yaml.template | kubectl apply -f -
configmap/batch-app-config created
```

2.6.7 S3 접속용 액세스 키 확인과 시크릿 생성

배치 애플리케이션에서는 S3에서 파일을 가져와 이용한다. 배치 애플리케이션이 접속할 S3 버킷은 허가된 특정 사용자만 접속할 수 있도록 설정하므로, 배치 애플리케이션에는 S3에 접속하기 위한 인증 정보를 전달해야 한다.

API 애플리케이션의 경우와 마찬가지로 비밀 정보를 관리하기 위한 쿠버네티스 리소스인 시크릿Secret을 이용한다.

액세스 키 확인

시크릿을 생성하기 전에 중요한 인증 정보를 확인해야 한다. 2.6.5에서 CloudFormation으로 S3 버킷을 생성했을 때 배치 프로그램에서 S3 버킷에 접속하기 위한 IAM 사용자도 생성했고 그 IAM 사용자의 액세스 키Access Key, 비밀 액세스 키를 AWS Systems Manager의 Parameter Store에 저장해두었다.

그럼 Parameter Store를 열어 액세스 키, 비밀 액세스 키를 확인해보자. Parameter Store 는 AWS 관리 콘솔에서 [서비스] → [관리 및 거버넌스] → [Systems Manager]의 하위 메뉴인 'Parameter Store'를 선택해 접속할 수 있다(앞에서 사용한 세션 관리자도 같은 메뉴에 있었다).

Parameter Store의 오른쪽에는 'BatchUserAccessKey', 'BatchUserSecretAccessKey'라는 두 가지 값이 등록된 것을 확인할 수 있다(그림 2.6.7 참고).

그림 2.6.7 Parameter Store에서 액세스 키 확인 ①

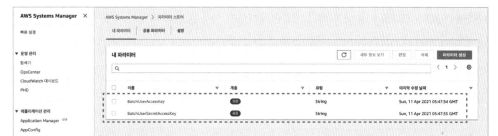

각 항목의 링크를 클릭하면 상세 정보를 알려주는 페이지가 열리고 '값' 항목에 등록된 키를 확인할 수 있다(그림 2.6.8 참고).

그림 2.6.8 Parameter Store에서 액세스 키 확인 ②

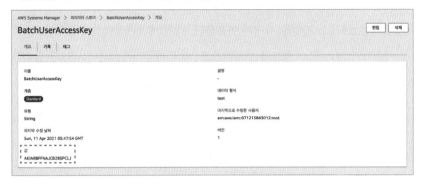

그림 2.6.8 Parameter Store에서 액세스 키 확인 ②

시크릿 생성

계속해서 시크릿을 생성한다. 시크릿은 API 애플리케이션에서도 사용했던 비밀번호 등의 비밀 정보를 쿠버네티스에서 사용하기 위한 리소스다. Parameter Store에서 확인한 액세스 키, 비밀 액세스 키를 설정하는 다음 명령을 실행한다. 정상적으로 시크릿이 생성되었다면 다음과 같은 메시지가 출력된다.

```
$ AWS_ACCESSKEY=<액세스 키> \
> AWS_SECRETKEY=<비밀 액세스 키> \
> envsubst < 42_batch_secrets_k8s.yaml.template | kubectl apply -f -
secret/batch-secret-config created
```

2.6.8 입력 파일 업로드

다음에는 AWS CLI를 이용하여 배치 애플리케이션이 사용할 입력 파일을 버킷에 업로드한다. 입력 파일로 이용할 CSV 데이터는 깃허브에서 클론한 디렉터리에 포함되어 있다. 다음 명령을 실행해 이 파일을 업로드한다. <BucketSuffix값>은 배치용 S3 버킷인 eks-work-batch 스택에 있는 값을 설정한다. 정상적으로 입력 파일이 업로드되었다면 다음과 같은 메시지가 출력된다.

```
$ aws s3 sync ../batch-app/sample_data/normal \
> s3://eks-work-batch-<BucketSuffix값>/locationData
> --delete --include "*" --acl public-read
upload: ../batch-app/sample_data/normal/sample_location2.csv to s3://eks-work-
batch-park/locationData/sample_location2.csv
upload: ../batch-app/sample_data/normal/sample_location1.csv to s3://eks-work-
batch-park/locationData/sample_location1.csv
```

2.6.9 배치 애플리케이션 배포

이것으로 배치 프로그램을 동작시키기 위한 준비가 끝났다. 그럼 이제 배치 애플리케이션을 배포해보자. 배포하기 전에는 애플리케이션 동작 확인 작업을 위해 배치 애플리케이션 실행 전의 데이터베이스 내용과 S3 버킷 상태를 확인할 것이다.

또 배치 프로그램 실행 후 다시 데이터베이스와 S3 버킷을 확인하기 위해 해당 페이지를 닫지 말고 그대로 열어두어야 한다.

데이터베이스 내용 확인

데이터베이스 내용을 확인할 때는 2.3절의 'DDL 실행과 예제 데이터 불러오기' 때와 마찬가지로 세션 관리자로 배스천 호스트에 접속한다. AWS 관리 콘솔에서 [서비스] → [관리 및 거버넌스] → [Systems Manager]의 왼쪽 하위 메뉴인 'Session Manager'를 선택한다(그림 2.6.9 참고).

그림 2.6.9 세션 관리자에서 데이터베이스 내용 확인 ①

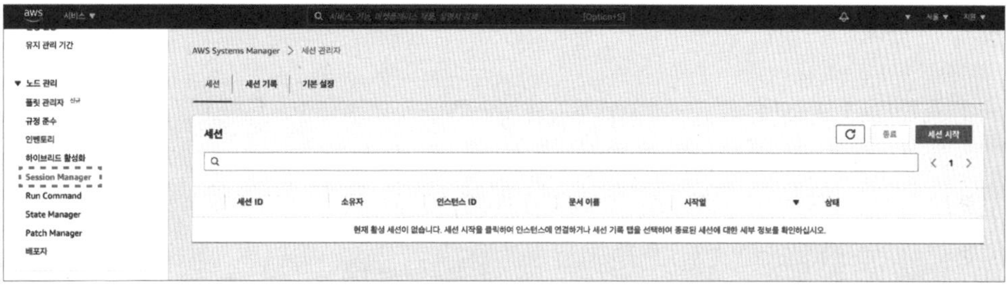

페이지 오른쪽에 있는 〈세션 시작〉 버튼을 클릭하고 '세션 시작' 페이지에서 대상 인스턴스(이 책에서 설명한 방법으로 구축했다면 하나만 표시됨)를 선택한 후 〈세션 시작〉 버튼을 클릭한다(그림 2.6.10 참고).

그림 2.6.10 세션 관리자에서 데이터베이스 내용 확인 ②

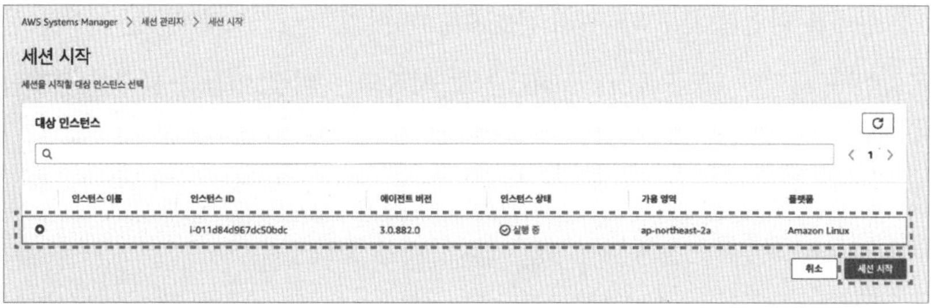

105

세션 관리자 콘솔 페이지가 표시되면 다음과 같은 명령을 입력한다. RDS 엔드포인트 주소는 RDS 구축에 사용한 CloudFormation의 eks-work-rds 스택 '출력' 탭에서 확인할 수 있다.

```
$ psql -U mywork -h <RDS 엔드포인트 주소> myworkdb
```

앞 명령을 실행하면 다음과 같이 비밀번호 입력 메시지가 나오는데, AWS 관리 콘솔에서 Secrets Manager를 열어 애플리케이션용 데이터베이스 사용자 비밀번호(RdsUserSecret에 등록된 비밀번호)를 입력한다.

```
Password for user mywork:
```

비밀번호를 입력하면 다음과 같이 PostgreSQL 프롬프트가 표시된다.

```
myworkdb=>
```

이제 다음과 같은 쿼리문을 입력해 location 테이블의 내용을 확인한다. 정보 2건이 포함된 것을 알 수 있다.

```
myworkdb=> select * from location limit 50;
location_id | location_name | region_id |                note
------------+---------------+-----------+-------------------------------------
          1 | 테디베어 뮤지엄 |         9 | 테디베어의 역사는 물론 예술, 세계여행
            |               |           | 등의 테마를~.
          2 | 성산 일출봉    |         9 | 유네스코 세계자연유산에 등재된 제주도
            |               |           | 의 랜드마크.
(2 rows)
```

S3 버킷 상태 확인

여기서는 S3 버킷 상태를 확인한다. AWS 관리 콘솔에서 [서비스] → [스토리지] → [S3]를 선택한다. 버킷 목록이 표시되면 'eks-work-batch-'로 시작되는 버킷 이름을 클릭한다(그림 2.6.11 참고).

그림 2.6.11 S3 버킷 상태 확인 ①

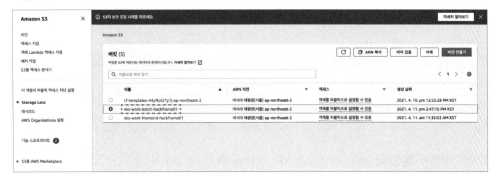

그림 2.6.12와 같이 'locationData' 폴더가 표시된다.

그림 2.6.12 S3 버킷 상태 확인 ②

여기서 locationData 폴더의 폴더 이름을 클릭하면 폴더 안 내용을 확인할 수 있다. 'sample_location1.csv', 'sample_location2.csv' 파일이 표시된다(그림 2.6.13 참고).

그림 2.6.13 S3 버킷 상태 확인 ③

배치 애플리케이션 배포

이제 배치 애플리케이션을 배포한다. 배치 애플리케이션은 크론잡이라는 쿠버네티스 리소스를 이용하여 5분, 10분, 15분과 같이 '분'에 해당하는 값이 5의 배수인 시점에 동작되도록 설정한다.[39]

---

39 크론잡에 대한 자세한 내용은 3.2절을 참고한다.

로컬 작업 환경의 셸에서 다음 명령을 실행한다. 정상적으로 등록되었다면 다음과 같은 메시지가 출력된다.

```
$ ECR_HOST=<AWS_ACCOUNT_ID>.dkr.ecr.ap-northeast-2.amazonaws.com \
> envsubst < 43_cronjob_k8s.yaml.template | \
pipe> kubectl apply -f -
cronjob.batch/batch-app created
```

참고로 여기서 설정하는 ECR_HOST값은 API 애플리케이션의 경우와 마찬가지로 ECR 리포지터리 목록의 배치 애플리케이션용 리포지터리(k8sbook/batch-app)에서 확인할 수 있다. 여러분은 해당 값으로 바꿔 명령을 실행해야 한다.

명령을 실행한 후에는 쿠버네티스에 구성된 리소스를 확인해보자. 다음 명령을 실행한다. 2.5.2에서는 없었던 항목이 다음과 같이 출력되는 것을 확인할 수 있다.

```
$ kubectl get all
# …(중간 생략)…

NAME                     SCHEDULE     SUSPEND   ACTIVE   LAST SCHEDULE   AGE
cronjob.batch/batch-app  */5 * * * *  False     1        74s             4m51s
```

그리고 약 90초 이상 시간이 지난 후 파드의 상태를 보면 다음과 같이 API 애플리케이션 파드와 함께 batch-app과 관련된 파드도 함께 실행되는 것을 확인할 수 있다.

```
NAME                               READY   STATUS    RESTARTS   AGE
pod/backend-app-75f87c96fb-26wm9   1/1     Running   0          2d1h
pod/backend-app-75f87c96fb-q4w9h   1/1     Running   0          2d1h
pod/batch-app-1602318900-hbmpw     1/1     Running   0          15s
```

잠시 후 5의 배수 분만큼 시간이 지나면 다음과 같이 배치 애플리케이션이 생성된 후 파드 상태가 완료(Completed)되는 것을 확인할 수 있다.

```
NAME                               READY   STATUS      RESTARTS   AGE
pod/backend-app-75f87c96fb-26wm9   1/1     Running     0          2d2h
pod/backend-app-75f87c96fb-q4w9h   1/1     Running     0          2d2h
pod/batch-app-1602318900-hbmpw     0/1     Completed   0          28s
```

이렇게 'pod/batch-app-'라는 이름으로 시작되는 파드는 5의 배수 분만큼의 시간이 지날 때마다 하나씩 생성되고 완료된다.

배치 애플리케이션 실행 후 확인

마지막으로 배치 애플리케이션 실행 후 데이터베이스와 S3 버킷을 확인한다. 먼저 데이터베이스를 확인한다. 앞에서 SQL로 데이터베이스 내용을 확인한 세션 관리자 페이지를 열고 PostgreSQL 프롬프트에서 다음 쿼리문을 실행한다. 현재 저장된 데이터베이스 내용을 출력한다.

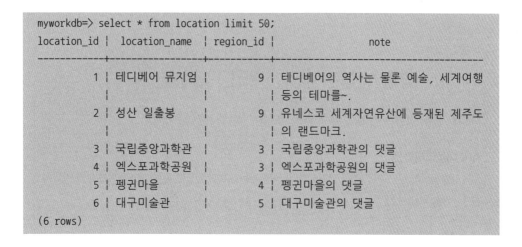

```
myworkdb=> select * from location limit 50;
 location_id | location_name | region_id |                 note
-------------+---------------+-----------+---------------------------------------
           1 | 테디베어 뮤지엄 |         9 | 테디베어의 역사는 물론 예술, 세계여행
             |               |           | 등의 테마를~.
           2 | 성산 일출봉    |         9 | 유네스코 세계자연유산에 등재된 제주도
             |               |           | 의 랜드마크.
           3 | 국립중앙과학관 |         3 | 국립중앙과학관의 댓글
           4 | 엑스포과학공원 |         3 | 엑스포과학공원의 댓글
           5 | 펭귄마을      |         4 | 펭귄마을의 댓글
           6 | 대구미술관    |         5 | 대구미술관의 댓글
(6 rows)
```

배치 애플리케이션 실행 전과 비교하면 데이터의 행(row) 수가 증가한 것을 알 수 있다.

다음은 S3 버킷이다. CSV 파일 2개가 존재하는 것을 확인한 페이지(그림 2.6.13)에서 왼쪽의 〈새로고침〉 버튼을 클릭한다(그림 2.6.14 참고).

그림 2.6.14 배치 애플리케이션 실행 후의 S3 버킷 상태 확인 ①

그림 2.6.15와 같이 '이 버킷에 객체가 없습니다.'라는 메시지가 표시된다. 배치 애플리케이션에서 사용된 CSV 파일이 삭제된 것을 알 수 있다.

그림 2.6.15 배치 애플리케이션 실행 후의 S3 버킷 상태 확인 ②

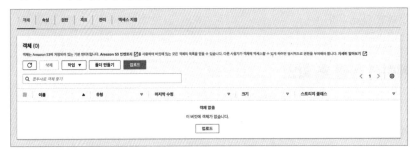

이것으로 배치 애플리케이션 실행 후의 동작 확인이 완료되었다.

Column 예제 애플리케이션 좀 더 알아보기

이 칼럼에서는 이 책에서 사용한 예제 애플리케이션의 개요에 대해 설명한다.

API 애플리케이션

API 애플리케이션은 프로그래밍 언어로 자바Java를 사용하고 애플리케이션의 프레임워크로 스프링 부트Spring Boot를 사용한다.

• API 엔드포인트

API 엔드포인트는 HTTP로 수신하는 REST API와 스프링 부트에서 사용 가능한 웹 애플리케이션 프레임워크인 스프링 MVC(Spring MVC)를 이용한다.

스프링 MVC에서는 엔드포인트에 해당하는 클래스를 생성하고 HTTP 메소드에 대응하는 자바 메소드를 생성하여 API 엔드포인트를 생성할 수 있다. 이 책의 애플리케이션은 RegionApi, LocationApi, HealthApi라는 총 3개의 클래스를 생성하고 있다.

• 데이터베이스 접속

데이터베이스 접속은 자바 영속성 API(Java Persistence API, JPA)를 사용하기 편하게 만든 스프링 데이터 JPA(Spring Data JPA)를 이용한다. 자바 데이터베이스 접속의 기본은 JDBC(Java Database Connectivity)지만 JPA에서는 자바 객체(엔티티 클래스)와 관계형 데이터베이스(테이블) 사이의 데이터 구조 변환을 자동으로 해준다. 또 스프링 데이터 JPA를 이용하면 컬럼값을 설정하는 기본적인 쿼리인 insert나 update, select 등을 명시적으로 쓰지 않아도 된다. 규약에 따른 인터페이스의 메소드 정의로 대신해 구현할 수 있다.

- **CORS 고려**

이 책에서 사용하는 애플리케이션에서는 API 엔드포인트(EKS 클러스터에 배포하여 ELB를 경유해 접속)와 프런트엔드 콘텐츠(CloudFront를 경유해 접속)를 다른 URL로 제공한다. 일반적으로 웹 브라우저는 콘텐츠 저장소와 그 안에 호출할 API의 호스트(프로토콜, 호스트 이름, IP 주소)가 다르면 보안상의 이유로 접속할 수 없는 구조다. 그러나 API 쪽에서 CORS^{Cross-Origin Resource Sharing} 설정이 되어 있다면 설정 범위에 따라 다른 URL의 콘텐츠에서 API에 접속할 수 있다. 이 책의 애플리케이션은 프런트엔드 콘텐츠에서 접속하는 API에 대해 @CrossOrigin 애너테이션을 이용하여 CORS 설정을 실행한다.

프런트엔드 애플리케이션

프런트엔드 애플리케이션은 Vue.js에 구축된 Nuxt.js라는 프레임워크를 이용한다. Vue.js는 원래 싱글 페이지 애플리케이션을 생성하기 위한 프레임워크다. 그런데 Nuxt.js를 함께 사용하면서 규약에 따라 코딩하면 Vue.js에서 필요한 여러 가지 설정을 간략화할 수 있다.

Nuxt.js는 서버 사이드 렌더링도 지원하지만 이 책은 쿠버네티스가 중심 주제인 책이고, 프런트엔드 애플리케이션은 쿠버네티스 클러스터상의 API 애플리케이션과 연계하기 위한 목적으로 사용할 뿐이다. 배포를 간략화하기 위해서도 싱글 페이지 애플리케이션으로 구축했다.

배치 애플리케이션

배치 애플리케이션도 자바와 스프링 부트로 개발했다. 기본적인 아키텍처는 API 애플리케이션과 같지만 웹 애플리케이션이 아니기 때문에 CommandLineRunner라는 main 메소드에서 처리를 호출하는 형식으로 생성한다.

S3 접속

배치 애플리케이션 안에서는 S3의 파일을 읽어오기 위해 S3 버킷에 접속한다. S3 접속은 스프링 클라우드(Spring Cloud)라는 라이브러리를 통해 이루어진다. S3 등 AWS 리소스에 자바 프로그램으로 접속하기 위해 AWS SDK for Java를 이용할 수도 있지만 스프링 클라우드를 이용하는 편이 더 간편하다. 그러나 일부 스프링 클라우드가 지원하지 않는 동작을 실행하기 위해 AWS SDK를 직접 사용하는 부분도 있다.

2.7 예제 애플리케이션 환경 삭제

마지막으로 예제 애플리케이션 환경을 삭제하는 방법에 대해 설명한다. AWS에서는 사용하지 않는 리소스를 그대로 남겨두면 비용이 발생하므로 사용하지 않는 리소스는 확실하게 삭제해야 한다. 또 2.7.2의 방법대로 환경 삭제 작업을 실행하면 지금까지 구축한 내용이 모두 삭제된다. 만약 작업을 일시적으로 중단하고 나중에 다시 시작하고 싶은 경우에는 EKS 클러스터만 삭제 하는 것이 편하다. 그 방법은 2.7.3을 참고하기 바란다.

2.7.1 리소스 삭제 순서

리소스 삭제 순서는 기본적으로 환경 구축 과정의 반대다. 그러나 쿠버네티스상의 리소스는 한 번에 모아 먼저 삭제하기로 한다. 구체적으로는 다음과 같은 순서로 작업을 진행한다.

- 쿠버네티스상의 애플리케이션과 서비스 삭제
- EKS 클러스터 삭제
- 배치 애플리케이션용 S3 버킷 비우기
- 프런트엔드 애플리케이션용 S3 버킷 비우기
- 배치 애플리케이션용 S3 버킷 삭제
- 프런트엔드 애플리케이션용 S3 버킷과 CloudFront 배포 삭제
- 데이터베이스와 배스천 호스트 삭제
- 기본 리소스 삭제

2.7.2 리소스 삭제 방법

쿠버네티스상의 애플리케이션과 서비스 삭제

먼저 쿠버네티스에 배포된 애플리케이션(API 애플리케이션, 배치 애플리케이션)과 서비스(API 애플리케이션을 공개하기 위해 생성한 것)을 삭제한다.

쿠버네티스상의 리소스 삭제는 kubectl delete 명령을 이용한다. 먼저 서비스를 삭제하는 다음 명령을 실행한다.

```
$ kubectl delete service backend-app-service
service "backend-app-service" deleted
```

다음에는 API 애플리케이션을 삭제한다. 다음 명령을 실행하자.

```
$ kubectl delete deployment backend-app
deployment.apps "backend-app" deleted
```

마지막으로 배치 애플리케이션을 삭제한다. 다음 명령을 실행하자.

```
$ kubectl delete cronjob batch-app
cronjob.batch "batch-app" deleted
```

여기서 다음 명령을 실행해 리소스 목록을 살펴본다. 정상적으로 리소스가 삭제되었다면 다음과 같이 표시된다.[40]

```
$ kubectl get all
No resources found in eks-work namespace.
```

이것으로 쿠버네티스상의 리소스가 삭제되었다. 그리고 시크릿과 컨피그맵 리소스도 생성했지만 이 리소스는 데이터를 저장하는 역할만 하므로 클러스터를 삭제할 때 같이 삭제되어 명시적으로 삭제하지 않아도 된다.[41]

EKS 클러스터 삭제

쿠버네티스에 배포한 애플리케이션과 서비스는 삭제했으므로 다음에는 EKS 클러스터를 삭제한다. EKS 클러스터 삭제는 eksctl 명령어를 이용한다. 다음 명령을 실행하자.

```
$ eksctl delete cluster --name eks-work-cluster
```

---

40 시점에 따라서는 파드가 삭제 중인 상태로 나타낼 수 있다. 그런 경우 다시 kubectl get all 명령을 실행하여 확인한다.
41 EKS 클러스터를 삭제하기 전 서비스를 명시적으로 삭제하지 않으면 서비스를 생성할 때 구축된 로드밸런서(EKS 외부에 생성됨)가 삭제되지 않는다. 그럼 마지막 기본 리소스 삭제 시 VPC를 삭제할 수 없어 에러가 발생한다.

EKS 클러스터 삭제 명령을 실행하면 워커 노드와 컨트롤 플레인의 삭제가 실행된다. 삭제는 몇 분 정도 소요된다.

클러스터를 구축할 때와 마찬가지로 로컬 작업 환경의 셸에 진행 상황이 표시된다. 정상적으로 삭제가 끝나면 그림 2.7.1과 같은 메시지가 출력된다.

그림 2.7.1 클러스터 삭제

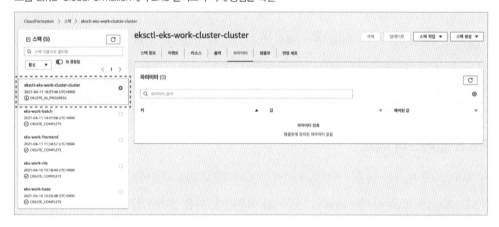

또 eksctl로 클러스터를 삭제하면 워커 노드 삭제가 끝나고 컨트롤 플레인 삭제 처리를 시작한 시점에 프롬프트가 입력 가능한 상태로 돌아온다. 즉, 프롬프트가 다시 표시된 후에도 CloudFormation 스택 상태를 보면 'DELETE_IN_PROGRESS'라고 되어 있다(그림 2.7.2 참고).

그림 2.7.2 CloudFormation에서 EKS 클러스터 삭제 중임을 확인

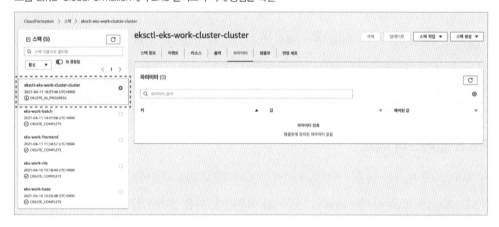

이후 처리 중 기본 리소스(eks-work-base 스택) 삭제 외에는 컨트롤 플레인 삭제 중('eksctl-eks-work-cluster-cluster' 스택이 DELETE_IN_PROGRESS 상태인 상황)에도 문제없이 삭제 과정이 진행된다. 하지만 기본 리소스 삭제는 컨트롤 플레인 삭제가 끝나지 않으면 정상적으로 실행할 수 없으므로 주의하기 바란다.

배치 애플리케이션용 S3 버킷 비우기

다음에는 배치 애플리케이션용 S3 버킷을 비운다. S3 버킷은 CloudFormation으로 생성했기 때문에 삭제도 CloudFormation 스택을 삭제하여 실행하면 된다. 하지만 S3 버킷 안에 콘텐츠가 남아 있으면 에러가 발생하므로 미리 버킷 내부에 남은 콘텐츠를 삭제한다.

버킷을 비우는 처리는 AWS CLI로 수행한다. 다음 명령을 실행하자. 〈BucketSuffix값〉에는 배치 애플리케이션용 버킷을 생성할 때 설정한 값을 입력한다.

```
$ aws s3 rm s3://eks-work-batch-<BucketSuffix값> --recursive
```

실행하면 삭제 대상 파일 이름이 표시된다(삭제 대상이 디렉터리뿐이면 아무것도 표시되지 않는다). 에러 메시지 없이 프롬프트가 돌아오면 정상적으로 끝난 것이다.

프런트엔드 애플리케이션용 S3 버킷 비우기

계속해서 프런트엔드 애플리케이션용 S3 버킷을 비운다. 여기서도 AWS CLI를 실행한다. 다음과 같이 실행하자. 〈BucketSuffix값〉에는 프런트엔드 애플리케이션용 S3 버킷을 생성할 때 설정한 값을 입력한다.

```
$ aws s3 rm s3://eks-work-frontend-<BucketSuffix값> --recursive
delete: s3://eks-work-frontend-hackframe01/.nojekyll
delete: s3://eks-work-frontend-hackframe01/_nuxt/90a1ad0.js
delete: s3://eks-work-frontend-hackframe01/_nuxt/9706ccb.js
delete: s3://eks-work-frontend-hackframe01/index.html
delete: s3://eks-work-frontend-hackframe01/_nuxt/f78402f.js
delete: s3://eks-work-frontend-hackframe01/_nuxt/e1df7d1.js
delete: s3://eks-work-frontend-hackframe01/regionDetail/index.html
delete: s3://eks-work-frontend-hackframe01/favicon.ico
delete: s3://eks-work-frontend-hackframe01/_nuxt/d8c27c2.js
delete: s3://eks-work-frontend-hackframe01/200.html
delete: s3://eks-work-frontend-hackframe01/v.png
delete: s3://eks-work-frontend-hackframe01/_nuxt/LICENSES
delete: s3://eks-work-frontend-hackframe01/_nuxt/7c7edf5.js
```

배치 애플리케이션용 버킷과 마찬가지로, 실행하면 삭제 대상 파일 이름이 표시된다(삭제 대상이 디렉터리뿐이면 아무것도 표시되지 않는다). 에러 메시지 없이 프롬프트가 돌아오면 정상적으로 끝난 것이다.

배치 애플리케이션용 S3 버킷 삭제

계속해서 배치 애플리케이션용 S3 버킷을 삭제한다. 버킷 생성은 CloudFormation을 이용했기 때문에 버킷 삭제도 CloudFormation에서 스택을 삭제하면 된다.

AWS 관리 콘솔에서 [서비스] → [관리 및 거버넌스] → [CloudFormation]을 선택한다. 스택 목록이 표시되면 'eks-work-batch'를 선택하고 페이지 오른쪽에 있는 〈삭제〉를 클릭한다(그림 2.7.3 참고).

그림 2.7.3 CloudFormation에서 배치 애플리케이션용 스택 삭제 ①

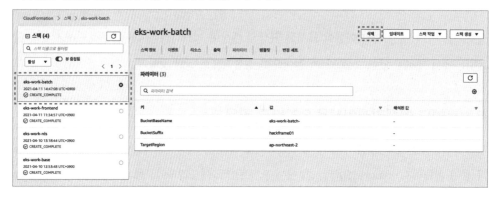

그림 2.7.4와 같은 대화 상자가 열리면 삭제 대상 스택 이름을 확인하고 문제가 없다면 〈스택 삭제〉를 클릭한다.

그림 2.7.4 CloudFormation의 스택 삭제 확인 대화 상자

스택 목록 페이지로 돌아오면 'eks-work-batch' 스택의 상태가 'DELETE_IN_PROGRESS'로 변경되어 있다(그림 2.7.5 참고).

그림 2.7.5 CloudFormation에서 배치 애플리케이션용 스택 삭제 ②

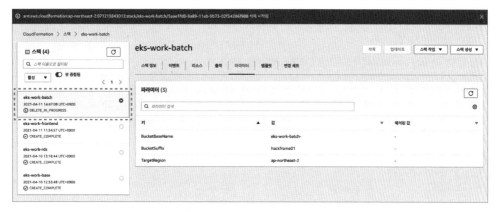

잠시 후 스택 삭제가 끝나면 스택 목록에서 'eks-work-batch'가 없어진다.

그러나 계속 기다려도 페이지가 바뀌지 않는다면 스택 목록 위에 있는 〈새로고침〉 버튼과 페이지 오른쪽에 있는 〈새로고침〉 버튼을 클릭해 상태를 확인한다. 페이지 왼쪽에 있는 〈새로고침〉 버튼은 스택 목록, 페이지 오른쪽에 있는 〈새로고침〉 버튼은 선택한 스택 상태 표시를 새로고침한다.

그림 2.7.6 CloudFormation에서 배치 애플리케이션용 스택 삭제 ③

프런트엔드 애플리케이션용 S3 버킷과 CloudFront 배포 삭제

같은 방법으로 프런트엔드 애플리케이션용 S3 버킷도 삭제한다. 참고로 CloudFormation의 eks-work-frontend 스택에서 CloudFront 배포도 생성되었기 때문에 이것도 함께 삭제된다.

앞에서와 같이 CloudFormation 페이지에서 'eks-work-frontend' 스택을 선택하고 페이지 오른쪽에 있는 〈삭제〉 버튼을 클릭한다(그림 2.7.7 참고).

그림 2.7.7 CloudFormation에서 프런트엔드 애플리케이션용 스택 삭제

앞에서와 마찬가지로 그림 2.7.8과 같은 대화 상자가 표시되면 스택 이름을 확인하고 〈스택 삭제〉를 클릭한다.

그림 2.7.8 CloudFormation의 스택 삭제 확인 대화 상자

스택 목록으로 돌아간 후 일정 시간이 지나면 'eks-work-frontend'가 스택 목록에서 보이지 않게 된다.

데이터베이스와 배스천 호스트 삭제

다음에는 데이터베이스와 배스천 호스트를 삭제한다. 앞에서와 마찬가지로 CloudFormation에서 'eks-work-rds' 스택을 삭제한다(그림 2.7.9 참고). 〈삭제〉 버튼을 클릭한 후의 작업은 지금까지와 동일하다.

그림 2.7.9 CloudFormation에서 데이터베이스와 배스천 호스트 삭제

기본 리소스 삭제

마지막으로 기본 리소스를 삭제한다. 여기서도 앞에서와 마찬가지로 CloudFormation에서 'eks-work-base'를 선택하고 〈삭제〉 버튼을 클릭한다(그림 2.7.10 참고).

그림 2.7.10 CloudFormation에서 기본 리소스 삭제

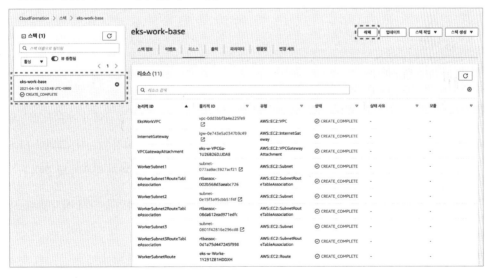

이제 이 책에서 구축한 CloudFormation 스택이 모두 삭제되었다.

2.7.3 EKS 클러스터만 삭제하기

2.7.1과 2.7.2에서 설명한 작업을 수행했다면 모든 리소스가 삭제되었을 것이다. 여기서는 지금까지 설명한 것과는 다르게 EKS 클러스터만 삭제하는 방법에 대해 설명한다.

이 장의 방법대로 쿠버네티스 환경을 구축할 경우 EKS 클러스터 구축 이후 시간이 없어서 다른 환경을 구축하지 못할 수도 있다. 그러나 구축한 EKS 클러스터 환경을 그대로 남겨두면 계속 과금이 발생한다. 그렇다고 모든 리소스를 삭제하고 다시 처음부터 쿠버네티스 환경을 구축하는 방법은 매번 준비하는 데 많은 시간이 필요하며 효율적이지도 않다.

이 장에서 구축한 여러 가지 환경 중에서 다음 두 가지를 삭제하지 않고 정지시켜두면 과금을 피할 수 있다.[42]

- 데이터베이스
- 배스천 호스트

작업이 중단될 때 삭제하고 작업이 시작될 때 다시 구축하는 것보다 '정지' → '시작'하는 편이 작업 시간을 절약할 수 있다.

또 다음 두 가지 환경은 리소스 생성 비용이 발생하지 않는다는 사실도 기억해두자(접속하면 작업 내용에 따라 과금된다).

- S3 버킷
- CloudFront 배포

S3 버킷은 저장된 파일 용량에 대해서도 과금되지만 이 책의 이용 범위라면 금액이 아주 작고[43] 계정 생성으로부터 12개월 동안 프리 티어 범위에 포함되어 과금이 발생하지 않는다. 그러나 EKS 클러스터는 리소스가 생성되는 것만으로 과금 대상이 되며 삭제하기 전까지 비용이 발생한다.

그래서 다음과 같은 과정을 실행하면 발생 비용을 최소화할 수 있고 작업을 다시 시작할 때 시간을 단축할 수 있다.

---

42 데이터베이스(eks-work-rds 스택)는 정지 후 7일이 지나면 자동적으로 재시작된다. 7일 이상 작업하지 않을 경우 일단 삭제하고 다시 작업할 때 구축하는 것을 추천한다.

43 2021년 5월 서울 리전 기준 1GB에 US $0.025다(50TB/월까지 해당함).

- S3나 CloudFront와 같이 생성만으로는 비용이 발생하지 않는 리소스는 그대로 둔다.

- 데이터베이스나 배스천 호스트와 같이 '정지'하면 과금을 피할 수 있는 리소스는 정지시킨다.

- EKS 클러스터와 같이 생성만 해도 비용이 발생하는 리소스는 삭제한다.

또 쿠버네티스의 서비스 리소스를 생성할 때 구축한 로드밸런서는 로드밸런서만 남겨둔다고 해도 필요 없는 리소스이므로 EKS 클러스터 삭제 전에 서비스 리소스를 삭제한다.

이제 구체적인 방법을 살펴본다. 쿠버네티스상의 애플리케이션과 서비스 삭제, EKS 클러스터 삭제에 사용하는 명령은 앞에서 사용한 것과 같다.

쿠버네티스상의 애플리케이션과 서비스 삭제

먼저 다음 명령으로 쿠버네티스상에 배포된 애플리케이션(API 애플리케이션, 배치 애플리케이션)과 서비스(API 애플리케이션을 공개하기 위해 생성한 리소스)를 삭제한다.

```
$ kubectl delete service backend-app-service
service "backend-app-service" deleted
```

다음에는 API 애플리케이션을 삭제한다. 다음 명령을 실행하자.

```
$ kubectl delete deployment backend-app
deployment.apps "backend-app" deleted
```

마지막으로 배치 애플리케이션을 삭제한다. 다음 명령을 실행하자.

```
$ kubectl delete cronjob batch-app
cronjob.batch "batch-app" deleted
```

EKS 클러스터 삭제

쿠버네티스에 배포한 애플리케이션과 서비스를 삭제했으므로 다음 명령으로 EKS 클러스터를 삭제한다.

```
$ eksctl delete cluster --name eks-work-cluster
```

로컬 작업 환경의 셸에 진행 상황이 표시되고 프롬프트가 돌아오면 삭제가 완료된 것이다.

데이터베이스 정지

데이터베이스 정지는 AWS 관리 콘솔에서 할 수 있다. 먼저 데이터베이스를 정지시킨다. AWS 관리 콘솔에서 [서비스] → [데이터베이스] → [RDS]를 선택한다(그림 2.7.11 참고).

그림 2.7.11 AWS 관리 콘솔에서 RDS 선택

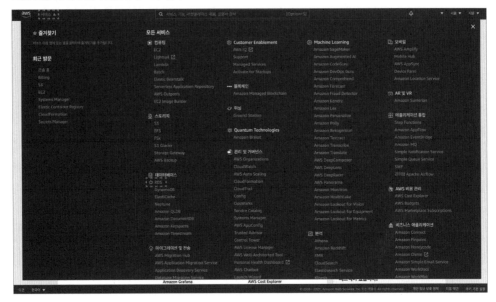

AWS RDS 관리 페이지가 표시되면 페이지 왼쪽 메뉴에서 '데이터베이스'를 선택해 RDS 인스턴스 목록을 표시한다(그림 2.7.12 참고).

그림 2.7.12 RDS 인스턴스 목록

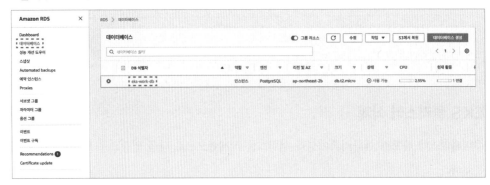

목록에서 대상 인스턴스의 DB 식별자(여기서는 'eks-work-db')를 클릭하고 인스턴스 상세 정보를 알려주는 페이지를 표시한다(그림 2.7.13 참고).

그림 2.7.13 RDS 인스턴스 상세 정보 페이지

이 페이지의 오른쪽 위에 있는 [작업] 메뉴에서 [중지]를 선택하면 RDS 인스턴스를 중지시킬 수 있다. [중지]를 선택하면 그림 2.7.14와 같은 메시지가 표시된다.

그림 2.7.14 'DB 인스턴스 중지' 확인 대화 상자

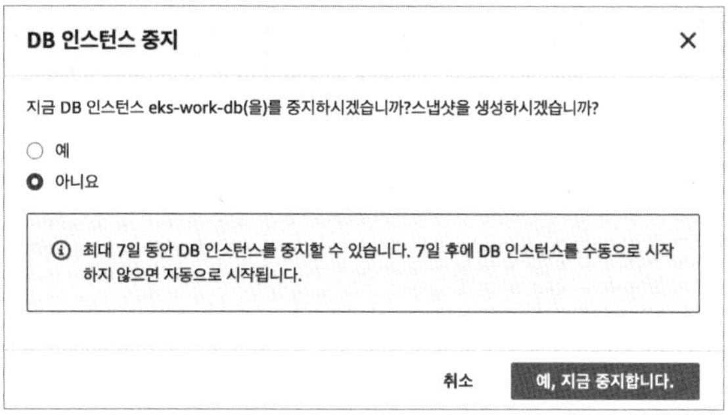

이 메시지에서는 다음 두 가지 부분에 대한 확인을 요청한다.

- 데이터베이스의 데이터 스냅샷(데이터 디스크 백업) 생성 여부
- DB 인스턴스는 최대 7일까지만 중지가 가능하고 그 기간을 넘으면 자동으로 재시작됨

스냅샷의 경우 여기서는 필요 없으므로 '아니요'를 선택하면 된다. 중지 기간의 경우 2.7.3의 주석 42에서 설명했던 내용과 같다.

배스천 호스트 정지

배스천 호스트의 실체는 EC2 인스턴스이므로 AWS 관리 콘솔에서 [서비스] → [컴퓨팅] → [EC2]를 선택한다. 다음으로 페이지 왼쪽 메뉴에서 '인스턴스'를 선택한다.

그림 2.7.15 EC2 인스턴스 목록

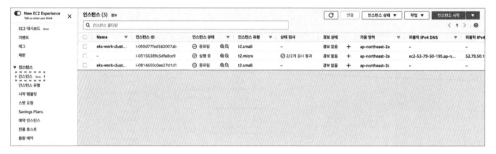

그림 2.7.15와 같이 인스턴스 목록이 표시되면 인스턴스 상태가 '실행 중'인 인스턴스(EKS 클러스터가 삭제되었다면 '실행 중' 상태의 인스턴스는 하나일 것이다)를 선택하고 오른쪽 위 [인스턴스 상태] → [인스턴스 중지]를 선택한다(그림 2.7.16 참고).

그림 2.7.16 EC2 인스턴스 중지

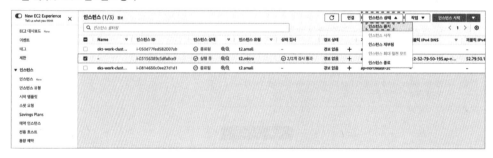

참고로 메뉴에 [인스턴스 중지]와 [인스턴스 종료]라는 비슷한 항목을 볼 수 있다. 이때 실수로 [인스턴스 종료]를 선택하지 않도록 주의하자. 해당 항목을 선택하면 인스턴스가 삭제되어 버린다.

인스턴스를 중지하면 그림 2.7.17과 같은 메시지가 표시된다.

그림 2.7.17 '인스턴스 중지' 확인 대화 상자

〈중지〉 버튼을 클릭하면 해당 인스턴스를 중지할 수 있다.

2.7.4 EKS 클러스터를 재구축하고 데이터베이스와 배스천 호스트 다시 시작시키기

여기서는 EKS 클러스터 삭제와 데이터베이스, 배스천 호스트를 중지한 후 다시 환경 구축을 시작할 때 복원하는 방법에 대해 설명한다.

먼저 EKS 클러스터를 생성한다. 해당 명령은 EKS 클러스터를 새로 구축할 때 사용한 명령과 같다. 인수에 설정할 〈WorkerSubnets값〉은 CloudFormation 기본 리소스(eks-work-base 스택)의 '출력' 탭에서 확인한다.

```
$ eksctl create cluster \
> --vpc-public-subnets <eks-work-base의 WorkerSubnets값> \
> --name eks-work-cluster \
> --region ap-northeast-2 \
> --version 1.19 \
> --nodegroup-name eks-work-nodegroup \
> --node-type t2.small \
> --nodes 2 \
> --nodes-min 2 \
> --nodes-max 5
```

데이터베이스 다시 시작

데이터베이스를 다시 시작시킬 때는 중지와 마찬가지로 AWS RDS에서 '데이터베이스'를 선택한 후 'DB 식별자' 아래 'eks-work-db'를 선택한다.

중지 중인 인스턴스에서 [작업] → [시작]을 선택하면 데이터베이스 인스턴스를 다시 실행시킬
수 있다(그림 2.7.18 참고).

그림 2.7.18 RDS 인스턴스 다시 시작

배스천 호스트 다시 시작

배스천 호스트를 다시 시작시킬 때는 정지와 마찬가지로 AWS EC2의 [인스턴스]를 이용한다.
인스턴스 목록에서 중지된 인스턴스를 선택하고 [인스턴스 상태] → [인스턴스 시작]을 선택하
면 배스천 호스트 인스턴스를 다시 시작시킬 수 있다(그림 2.7.19 참고).

그림 2.7.19 EC2 인스턴스 다시 시작

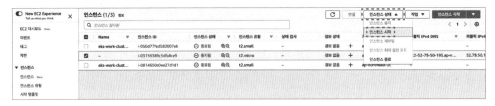

이상으로 쿠버네티스 구축 환경이 복원되었다. 단, 쿠버네티스 클러스터에는 아무것도 배포되
지 않은 상태이므로 애플리케이션 배포와 관련된 작업은 다시 해야 한다.

또 서비스 리소스를 다시 생성하면 로드밸런서 URL이 변경된다. 프런트엔드 콘텐츠에는 접속
하는 로드밸런서 URL이 포함되어 있기 때문에 빌드부터 다시 해야 한다. 각각의 작업 방법은
해당 작업 항목을 참고하여 다시 수행하기 바란다.

2.8 마치며

이 장에서는 EKS 클러스터를 이용한 예제 애플리케이션 배포 방법에 대해 소개했다. VPC, 서브넷과 같은 기본 리소스 생성부터 EKS 클러스터 구축, RDS를 이용한 데이터베이스 구축, EC2를 이용한 배스천 호스트 구축 과정 등을 살펴봤다. 그리고 다음 세 가지 애플리케이션을 배포했다.

- 데이터베이스에 접속해서 처리하는 API 애플리케이션을 EKS 클러스터에 배포
- 앞 API 애플리케이션에 접속하여 동작하는 프런트엔드 애플리케이션을 S3와 CloudFront로 배포
- S3에서 파일을 읽어 데이터베이스에 반영하는 배치 애플리케이션을 EKS 클러스터에서 스케줄러에 따라 실행되도록 배포

이 장에서는 예제 애플리케이션을 동작시키는 방법을 설명했는데, 이때 사용한 매니페스트 파일(yaml 혹은 yaml.template)의 주요 설정 내용은 설명하지 않았다. 3장에서는 예제 애플리케이션에서 사용한 쿠버네티스 구조와 함께 매니페스트 파일의 주요 설정에 대해 설명한다.

Column 예제 애플리케이션에서 CloudFormation으로 구축하는 리소스

이 책에서는 예제 애플리케이션 환경을 구축할 때 CloudFormation과 eksctl 명령어를 같이 사용한다. eksctl 역시 이 장에서 살펴본 것처럼 CloudFormation 스택을 만들고 EKS 클러스터와 관련 리소스를 구축한다.

이 책은 기본적으로 애플리케이션 엔지니어를 위한 책이다. 그런데 애플리케이션 엔지니어 중에는 이와 같은 인프라 설정에 익숙한 분도 있을 것이고 그렇지 않은 분도 있을 것이다. 하지만 애플리케이션 엔지니어라면 이 책에서 구축되는 환경의 특징을 알아두는 것이 아주 중요하다. 특히 이 책에서 이용하는 환경은 인터넷에서 접속 가능한 퍼블릭 클라우드에 구축하므로 보안 관련 설정에 대한 이해 없이 구축 및 이용하면 보안 측면에서 예상치 못한 문제가 발생할 수도 있다.

이 칼럼에서는 eksctl이 생성하는 스택을 포함해 이 책에서 이용하는 CloudFormation 스택에서 어떤 리소스를 생성하는지 살펴보면서 예제 애플리케이션 환경 구성을 이해해본다.

먼저 이 책에서 구축한 예제 애플리케이션 환경 구성을 다시 확인해보자. 예제 애플리케이션 구성은 그림 2.1.2에서 이미 소개했다. 예제 애플리케이션 전용 VPC를 준비하고, 그 안에 EKS 워커 노드용 서브넷, 배스천 호스트용 서브넷, RDS용 서브넷을 생성하고 워커 노드, 배스천 호스트, RDS 인스턴스를 각각 생성한다.

또 VPC 이외의 리소스로 ECR 리포지터리, S3 버킷(프런트엔드 콘텐츠용, 배치 입력 파일용), CloudFront 배포를 구성한다.

기본 리소스(eks-work-base)

애플리케이션 환경을 구축할 때의 첫 번째 순서는 기본 리소스를 생성하는 것이었다. 기본 리소스에 해당하는 CloudFormation의 eks-work-base 스택에는 표 A의 리소스가 포함되어 있다.

표 A eks-work-base에 포함된 리소스

No	명칭	종류	설명
1	EksWorkVPC	AWS::EC2::VPC	이 환경에서 사용할 VPC다.
2	WorkerSubnet1	AWS::EC2::Subnet	워커 노드를 배치할 서브넷이다. 서울 리전에는 4개의 AZ가 있고 그중 3개를 사용하도록 정의한다.
3	WorkerSubnet2		
4	WorkerSubnet3		

No	명칭	종류	설명
5	InternetGateway	AWS::EC2::Internet Gateway	인터넷과 통신하는 리소스인 인터넷 게이트웨이를 정의하고 VPC와 연결한다.
6	VPCGateway Attachment	AWS::EC2::VPCGateway Attachment	
7	WorkerSubnetRoute Table	AWS::EC2::RouteTable	워커 노드가 이용할 라우팅 정보가 있는 라우트 테이블을 설정한다. WorkerSubnetRoute가 실제 라우트 정보이고 기본 라우트는 인터넷 게이트웨이로 되어 있다.
8	WorkerSubnetRoute	AWS::EC2::Route AWS::EC2::SubnetRoute TableAssociation	워커 노드의 서브넷과 라우트 테이블을 연결한다.
9	WorkerSubnet1Route TableAssociation		
10	WorkerSubnet2Route TableAssociation		
11	WorkerSubnet3Route TableAssociation		

eksctl 컨트롤 플레인(eksctl-eks-work-cluster-cluster)

다음에는 eksctl 명령어로 EKS 클러스터를 구축했다. eksctl을 이용하는 쿠버네티스 환경은 CloudFormation 스택 2개로 구성되어 있다.

첫 번째 스택에서는 컨트롤 플레인에 대한 리소스를 생성한다. 이 스택에서는 컨트롤 플레인 생성 외에도 컨트롤 플레인과 연관된 AWS 리소스의 권한 설정을 위해 IAM 역할(role)을 생성한다. 또 워커 노드가 사용할 보안 그룹도 생성한다.

eksctl에서는 설정한 인수에 따라 서브넷 구성 등이 변경된다. 표 B의 구성은 이 책에서 사용한 인수에 무엇이 있는지 설명한다.

표 B eksctl-eks-work-cluster-cluster에 포함된 리소스

No	명칭	종류	설명
1	ControlPlane	AWS::EKS::Cluster	EKS 컨트롤 플레인이다. `eksctl` 명령어의 인수에 설정한 서브넷과 EKS 버전을 클러스터를 구축할 때의 파라미터로 사용한다.
2	ClusterSharedNode SecurityGroup	AWS::EC2::Security Group	워커 노드에 설정할 보안 그룹과 그 인바운드 정책이다. 워커 노드 사이에는 모든 프로토콜 통신이 가능하도록 설정한다.
3	IngressInterNode GroupSG	AWS::EC2::Security GroupIngress	
4	ControlPlane SecurityGroup	AWS::EC2::Security Group	컨트롤 플레인과 워커 노드 사이의 통신에 대한 보안 그룹이다. 이 스택에서는 구체적인 정책은 정의하지 않는다.
5	ServiceRole	AWS::IAM::Role	컨트롤 플레인에 설정한 IAM 역할이다. AmazonEKSServicePolicy, AmazonEKS ClusterPolicy라는 IAM 정책이 있으며 EKS 클러스터가 필요로 하는 AWS 리소스를 조작할 수 있도록 한다.
6	PolicyCloudWatch Metrics	AWS::IAM::Policy	Amazon CloudWatch에 메트릭을 등록할 수 있도록 한다. IAM 정책을 ServiceRole에 설정한다.
7	PolicyNLB	AWS::IAM::Policy	ELB 관련 조작을 가능하게 하는 IAM 정책을 ServiceRole에 설정한다.

eksctl 워커 노드(eksctl-eks-work-cluster-nodegroup-eks-nodegroup)

eksctl로 생성하는 두 번째 CloudFormation 스택에는 워커 노드를 생성하기 위한 리소스(오토스케일링^AutoScaling 그룹, 시작 템플릿)와 워커 노드 관련 통신 설정을 하는 보안 그룹이 포함되어 있다(표 C 참고).

표 C eksctl-eks-work-cluster-nodegroup-eks-nodegroup에 포함된 리소스

No	명칭	종류	설명
1	NodeGroup	AWS::AutoScaling:: AutoScalingGroup	워커 노드를 위한 오토스케일링(Auto Scaling) 그룹이다. `eksctl` 명령어의 인수에 설정한 값이 노드 수(최소 수, 최대 수, 희망 수)로 설정되어 있다.
2	NodeGroupLaunch Template	AWS::EC2::Launch Template	워커 노드를 위한 템플릿이다. 워커 노드는 EKS 클러스터의 매우 중요한 구성 요소이며 특성을 결정하는 리소스이므로 다음 항목에서 상세히 설명한다.
3	NodeInstanceProfile	AWS::IAM::Instance Profile	워커 노드 EC2 인스턴스에 할당할 IAM 역할 설정이다.
4	NodeInstanceRole	AWS::IAM::Role	AmazonEKSWorkerNodePolicy, AmazonEKS_CNI_Policy라는 EKS 관련 IAM 정책과 AmazonEC2Container RegistryReadOnly라는 ECR에 대한 읽기 권한을 가진 IAM 정책을 설정한다.[44]
5	SG	AWS::EC2::Security Group	워커 노드에 설정할 보안 그룹이다. No.8, No.9라는 인바운드 정책이 설정된다.
6	EgressInterCluster	AWS::EC2::Security GroupEgress	컨트롤 플레인에서 워커 노드로 TCP/ 433 포트와 TCP/1025-65535 포트 통신을 가능하게 하는 보안 그룹 인바운드, 아웃바운드 정책 설정이다.
7	EgressInterCluster API	AWS::EC2::Security GroupEgress	
8	IngressInterCluster	AWS::EC2::Security GroupIngress	
9	IngressInterCluster API	AWS::EC2::Security GroupIngress	
10	IngressInterCluster CP	AWS::EC2::Security GroupIngress	워커 노드에서 컨트롤 플레인으로 TCP/ 433 포트 통신을 허가하는 보안 그룹의 인바운드 정책 설정이다.

---

[44] 예제 애플리케이션용 디플로이먼트(Deployment) 매니페스트에는 ECR의 컨테이너 이미지를 사용하도록 설정되었지만 ECR용 인증 정보를 설정하지 않았다. 이 상태에서도 컨테이너 이미지를 풀(Pull)할 수 있는 이유는 워커 노드에 ECR 읽기 접속을 허가하는 IAM 정책이 설정되어 있기 때문이다.

워커 노드용 시작 템플릿 내용

계속해서 워커 노드에서 사용되는 시작 템플릿(Launch Template)에 대해 설명한다. 시작 템플릿이란 EC2 인스턴스를 생성할 때 사용할 수 있는 템플릿이다. EC2 인스턴스에는 다양한 파라미터가 있고 사용하는 AMI(Amazon Machine Image, EC2 인스턴스를 구축할 때 사용할 수 있는 가상 머신 이미지)에 따라 다양한 인스턴스를 구축할 수 있다.

그러나 인스턴스를 매번 설정하는 것은 힘든 일이다. 그래서 AWS는 인스턴스 구성을 사전에 템플릿으로 만들어두고 인스턴스를 구축할 때 해당 템플릿을 지정해 같은 구성의 인스턴스를 쉽게 생성할 수 있도록 하는 구조를 갖고 있다.

워커 노드용 시작 템플릿은 CloudFormation에 다음과 같이 정의되어 있다.

코드 A 워커 노드용 시작 템플릿

```
"NodeGroupLaunchTemplate": {
  "Type": "AWS::EC2::LaunchTemplate",
  "Properties": {
    "LaunchTemplateData": {
      "BlockDeviceMappings": [{
        "DeviceName": "/dev/xvda", ----------------- ❶
        "Ebs": {
          "Encrypted " : false,
          "Iops": 3000,
          "Throughput": 125,
          "VolumeSize": 80,
          "VolumeType": "gp3"
        }
      }],
      "IamInstanceProfile": {
        "Arn": {
          "Fn::GetAtt": [ -------------------------- ❷
            "NodeInstanceProfile",
            "Arn"
          ]
        }
      },
      "ImageId": "ami-0733b4f6db8fc55a3", --------- ❸
      "InstanceType": "t2.small", ------------------ ❹
      "MetadataOptions": {
        "HttpPutResponseHopLimit": 2,
        "HttpTokens": "optional"
```

```
      },
      "NetworkInterfaces": [{
        "DeviceIndex": 0,
        "Groups": [{
          "Fn::ImportValue": "eksctl-eks-work-cluster-cluster::SharedNodeSecu
          rityGroup" ----------------------- ❺
        }, {
          "Ref": "SG" ----------------------- ❻
        }],
        "NetworkCardIndex": 0
      }],
      "UserData": {
        # (중략) --------------------------- ❼
      },
      "LaunchTemplateName": {
        "Fn::Sub": "${AWS::StackName}" -------- ❽
      }
    }
  }
}
```

❶은 워커 노드에 디스크를 80GiB로 지정한다. ❷는 같은 CloudFormation 스택에 정의한 인스턴스 프로파일에 대한 참조다(표 C의 No.3). ❸은 인스턴스를 생성할 때 사용하는 AMI의 ID다. ❹는 인스턴스 타입이며 eksctl 명령어 인수로 설정한 값이 사용되고 있다. ❺와 ❻은 이 인스턴스에 설정할 보안 그룹이다. ❺에서는 컨트롤 플레인용 CloudFormation 스택에서 생성한 보안 그룹을 참조하고 있다. ❼은 사용자 데이터 항목이며 인스턴스 생성 후 실행되는 스크립트가 정의되어 있다(스크립트를 base64로 인코딩한 문자열이 기재되어 있지만 내용이 길어 여기서는 생략한다). ❽은 이 시작 템플릿의 이름이다.

AMI 사용하기

eksctl에서는 명시적으로 AMI의 ID를 지정해 EKS 클러스터를 구성할 수 있지만 표준은 AWS가 제공하는 EKS용 AMI다. EKS용 AMI에는 컨테이너를 실행하기 위한 도커, 쿠버네티스의 워커 노드로 동작하기 위한 컴포넌트인 kubelet, IAM을 이용해 인증하기 위한 AWS IAM Authenticator가 포함되어 있다.

EKS용 AMI는 EKS 버전(이 책에서는 1.19), 구축 대상 리전(이 책에서는 서울 리전인 ap-northeast-2), 이미지 종류(기본값은 Amazon Linux 2지만 Ubuntu 이미지도 제공한다), 사용할 노드 종류(GPU 노드용 Amazon Linux 2 이미지도 제공된다)에 따라 다양한 것이 제공된다. eksctl에서는 클러스터를 구축할 때의 조건에 맞게 적절한 AMI를 사용하도록 되어 있다.

그럼 앞 코드 A에서 사용된 'ami-0733b4f6db8fc55a3'은 무엇일까? AWS CLI를 사용하여 다음
명령을 실행하면 AMI ID를 지정한 이미지 속성을 확인할 수 있고 다음과 같은 응답을 받을 수 있다.[45]

```
$ aws ec2 describe-images --image-ids ami-0733b4f6db8fc55a3
{
    "Images": [{
        "Architecture": "x86_64",
        "CreationDate": "2021-03-31T01:04:46.000Z",
        "ImageId": "ami-0733b4f6db8fc55a3",
        "ImageLocation": "amazon/amazon-eks-node-1.19-v20210329",
        "ImageType": "machine",
        "Public": true,
        "OwnerId": "602401143452",
        "PlatformDetails": "Linux/UNIX",
        "UsageOperation": "RunInstances",
        "State": "available",
        "BlockDeviceMappings": [{
            "DeviceName": "/dev/xvda",
            "Ebs": {
                "DeleteOnTermination": true,
                "SnapshotId": "snap-02fd6802578bfb7b1",
                "VolumeSize": 20,
                "VolumeType": "gp2",
                "Encrypted": false
            }
        }],
        "Description": "EKS Kubernetes Worker AMI with AmazonLinux2 image,
                        (k8s: 1.19.6, docker: 19.03.13ce-1.amzn2,
                        containerd: 1.4.1-2.amzn2)", --------- ❶
        "EnaSupport": true,
        "Hypervisor": "xen",
        "ImageOwnerAlias": "amazon",
        "Name": "amazon-eks-node-1.19-v20210329",
        "RootDeviceName": "/dev/xvda",
        "RootDeviceType": "ebs",
        "SriovNetSupport": "simple",
        "VirtualizationType": "hvm"
```

---

45 옮긴이: 이 책에서 소개하는 AMI ID는 번역하는 시점에 사용된 이미지로 현재는 사용할 수 없을 수도 있다. 그럴 경우 실제 구축
할 때 사용한 이미지 ID로 확인해보자.

```
        }]
    }
```

❶이 주목해서 살펴봐야 할 부분이다. Description에서 EKS 워커 노드용 Amazon Linux 2 이미지를 설정했고 쿠버네티스 1.19.6과 도커 19.03을 사용하고 있다는 것을 알 수 있다.

eksctl은 기본적으로 소스 코드 내부에 저장된 AMI ID값을 사용하여 클러스터를 구축하게 되어 있다. 여기서 사용하는 EKS용 AMI ID는 AWS 문서[46]를 참고하기 바란다. 또한 이 책에서는 출간 시점의 최신 이미지에 해당하는 AMI ID를 소개했는데 eksctl 업데이트 시점에 따라 최신 이미지를 사용하지 못하는 상황도 생긴다. 이때는 조금 오래된 이미지를 사용해 호환성을 맞추기 바란다.

RDS와 배스천 호스트(eks-work-rds)

RDS와 배스천 호스트를 구축하기 위한 CloudFormation 스택에는 표 D의 리소스가 포함되어 있다.

표 D eks-work-rds에 포함된 리소스

No	명칭	종류	설명
1	RdsSubnet1	AWS::EC2::Subnet	RDS용 서브넷을 정의한다. RDS는 단일 구성인 경우에도 서브넷 여러 개를 묶은 '서브넷 그룹'을 만들어야 하므로 서브넷 2개(서로 다른 AZ(Availability Zone)에 존재하는 서브넷)을 생성한다.
2	RdsSubnet2		
3	RdsSecurityGroup	AWS::EC2::SecurityGroup	RDS용 보안 그룹을 정의하며 인바운드 정책으로 워커 노드용 서브넷(3개)과 배스천 호스트용 서브넷에서의 PostgreSQL 포트(TCP/5432)를 허가한다.
4	RdsIngressPostgreSQLWorker1	AWS::EC2::SecurityGroupIngress	
5	RdsIngressPostgreSQLWorker2		
6	RdsIngressPostgreSQLWorker3		
7	RdsIngressPostgreSQLOpe		

---

46 https://docs.aws.amazon.com/ko_kr/eks/latest/userguide/eks-optimized-ami.html

No	명칭	종류	설명
8	EksWorkDB	AWS::RDS::DBInstance	RDS 인스턴스를 정의한다. 단일 구성의 PostgreSQL 11, 인스턴스 타입은 db.t2.micro를 지정했다. RDS에서는 데이터베이스 제품 설정값을 지정하기 위해 '파라미터 그룹'을 사용한다. 여기서는 PostgreSQL 11용 기본 설정을 이용한다.
9	EksWorkDBParameter Group	AWS::RDS::DBParameter Group	
10	RdsMasterSecret	AWS::SecretsManager:: Secret	Secrets Manager로 데이터베이스용 비밀번호(관리자용, 애플리케이션용)를 생성한다. 관리자용 비밀번호는 RDS 인스턴스에 설정한다.
11	RdsUserSecret		
12	RdsSecretAttachment	AWS::SecretsManager:: SecretTargetAttachment	
13	OpeServerSubnet	AWS::EC2::Subnet	배스천 호스트 서브넷을 정의하고 기본 리소스로 생성한 라우트 테이블에 배스천 호스트 서브넷을 설정한다.
14	OpeServerSubnet RouteTableAssociation	AWS::EC2::Subnet RouteTableAssociation	
15	OpeServerSecurity Group	AWS::EC2::Security Group	배스천 호스트용 보안 그룹이다. RDS로 접속을 허가하는 인바운드 정책 중 배스천 호스트용 정책이기도 하다. 발신지를 식별하기 위해 사용된다.
16	OpeServerRole	AWS::IAM::Role	배스천 호스트용 IAM 역할 설정이다. 세션 관리자로 접속할 수 있도록 하기 위해 AmazonEC2RoleforSSM 정책을 설정한다.
17	OpeServerInstance Profile	AWS::IAM::Instance Profile	
18	OpeServerEIP	AWS::EC2::EIP	배스천 호스트용 EC2 인스턴스다. 탄력적 IP 주소를 이용해 퍼블릭 IP를 설정한다.
19	OpeServerEIP Association	AWS::EC2::EIP Association	
20	OpeServerInstance	AWS::EC2::Instance	

프런트엔드 애플리케이션(eks-work-front)

프런트엔드 애플리케이션용 CloudFormation 스택에는 표 E의 리소스가 포함되어 있다. 프런트엔드 콘텐츠를 배포하기 위한 S3 버킷과 그 콘텐츠를 CloudFront로 전송하기 위한 설정이 있다.

표 E eks-work-front에 포함된 리소스

No	명칭	종류	설명
1	ContentsBucket	AWS::S3::Bucket	프런트엔드 콘텐츠용 S3 버킷의 정의다. 액세스 권한은 프라이빗이지만 퍼블릭의 ACL 설정은 차단하지 않게 되어 있다(프런트엔드 콘텐츠 자체는 퍼블릭 액세스 설정이 필요하기 때문이다).
2	ContentsDistribution	AWS::CloudFront::Distribution	프런트엔드 콘텐츠용 CloudFront 배포 정의다. 콘텐츠 소스로 1번에서 정의한 S3 버킷을 지정한다.

배치 애플리케이션(eks-work-batch)

배치 애플리케이션용 CloudFront 스택은 표 F의 리소스가 포함되어 있다.

표 F eks-work-batch에 포함된 리소스

No	명칭	종류	설명
1	BatchBucket	AWS::S3::Bucket	배치용 S3 버킷 정의다. 버킷 정책으로 배치용 IAM 사용자가 접속 가능하도록 설정한다.
2	BatchBucketPolicy	AWS::S3::BucketPolicy	
3	BatchUser	AWS::IAM::User	배치용 IAM 사용자를 생성하고 액세스 키를 정의한다.
4	BatchUserAccessKey	AWS::IAM::AccessKey	
5	BatchUserAccessKey Parameter	AWS::SSM::Parameter	배치용 액세스 키, 비밀 액세스 키를 Parameter Store에 저장하기 위한 설정이다.
6	BatchUserSecretAccess KeyParameter		

3 쿠버네티스에서 애플리케이션을 동작시키는 구조

예제 애플리케이션의 배포는 성공적으로 완료되었는가? 2장의 방법대로 진행했다면 분명 독자 여러분의 환경에도 실제로 동작하는 쿠버네티스 애플리케이션이 준비됐을 것이다. 그럼 이제 쿠버네티스 구조에 대해 공부해보자. 이 장에서는 예제에서 사용한 리소스를 예로 들어 쿠버네티스에서 애플리케이션을 동작시키기 위해 꼭 필요한 요소와 그 역할에 대해 설명한다.

3.1 이 장의 목적과 내용

3.1.1 예제 애플리케이션 환경 구축 순서와의 관계

이 장의 전반부(3.1절~3.4절)에서는 쿠버네티스에서 애플리케이션을 동작시키는 구조를 2장에서 구축한 예제 애플리케이션 환경과 비교하면서 설명한다. 그림 3.1.2에 예제 애플리케이션 환경 구축 순서에 대한 설명이 있다. 이 그림에는 구축 순서 각각에 대한 설명과 그 내용에 맞는 목차가 작성되어 있다. 또 여기서 설명할 리소스 관계는 그림 3.1.1과 같다.

그리고 이 장의 후반부(3.5절~3.7절)에서는 파드를 안정적으로 동작시키기 위한 필수 요소로 파드 라이프사이클(3.5절, 3.6절)과 리소스 관리(3.7절)에 대해 설명한다.

또한 그림 3.1.2의 설명에 없는 구축 순서에 대해서는 쿠버네티스와 직접적으로 관계없는 것(AWS 서비스 관련 항목 등)이므로 여기서는 다루지 않는다. 구축한 환경에 포함된 AWS 리소스에 대해서는 2장 마지막 부분의 칼럼을 참고하기 바란다.

그럼 리소스에 대한 상세 내용을 하나씩 살펴보자.

그림 3.1.1 이 장에서 설명할 리소스 사이의 관계

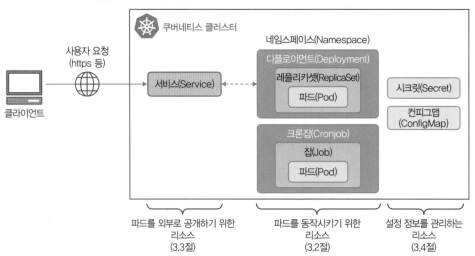

그림 3.1.2 예제 애플리케이션 배포 순서와 사용하고 있는 쿠버네티스 리소스

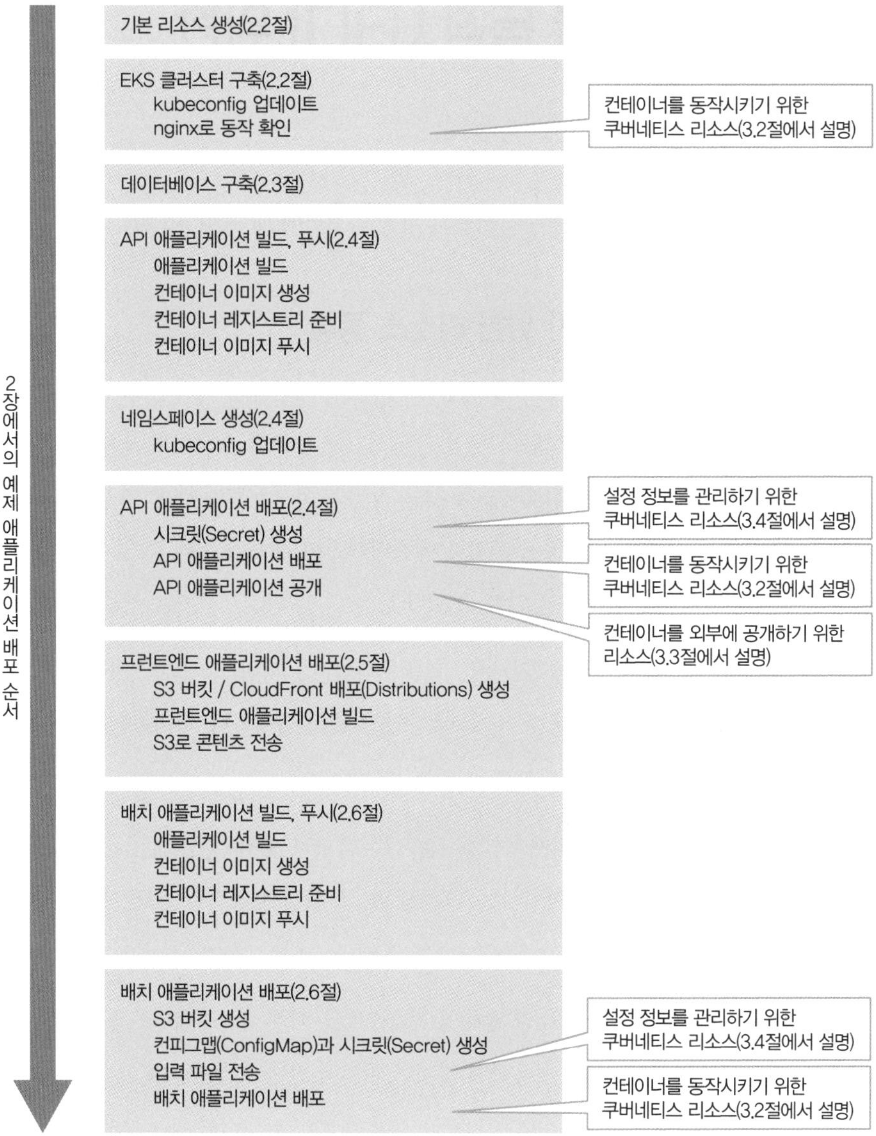

2장에서의 예제 애플리케이션 배포 순서

기본 리소스 생성(2.2절)

EKS 클러스터 구축(2.2절)
 kubeconfig 업데이트
 nginx로 동작 확인

> 컨테이너를 동작시키기 위한
> 쿠버네티스 리소스(3.2절에서 설명)

데이터베이스 구축(2.3절)

API 애플리케이션 빌드, 푸시(2.4절)
 애플리케이션 빌드
 컨테이너 이미지 생성
 컨테이너 레지스트리 준비
 컨테이너 이미지 푸시

네임스페이스 생성(2.4절)
 kubeconfig 업데이트

API 애플리케이션 배포(2.4절)
 시크릿(Secret) 생성
 API 애플리케이션 배포
 API 애플리케이션 공개

> 설정 정보를 관리하기 위한
> 쿠버네티스 리소스(3.4절에서 설명)

> 컨테이너를 동작시키기 위한
> 쿠버네티스 리소스(3.2절에서 설명)

> 컨테이너를 외부에 공개하기 위한
> 리소스(3.3절에서 설명)

프런트엔드 애플리케이션 배포(2.5절)
 S3 버킷 / CloudFront 배포(Distributions) 생성
 프런트엔드 애플리케이션 빌드
 S3로 콘텐츠 전송

배치 애플리케이션 빌드, 푸시(2.6절)
 애플리케이션 빌드
 컨테이너 이미지 생성
 컨테이너 레지스트리 준비
 컨테이너 이미지 푸시

배치 애플리케이션 배포(2.6절)
 S3 버킷 생성
 컨피그맵(ConfigMap)과 시크릿(Secret) 생성
 입력 파일 전송
 배치 애플리케이션 배포

> 설정 정보를 관리하기 위한
> 쿠버네티스 리소스(3.4절에서 설명)

> 컨테이너를 동작시키기 위한
> 쿠버네티스 리소스(3.2절에서 설명)

3.2 컨테이너를 동작시키기 위한 리소스

이 절에서는 쿠버네티스에서 컨테이너를 동작시키기 위한 리스소에 대해 설명한다.

3.2.1 컨테이너를 동작시키기 위한 리소스 종류

1장에서 '쿠버네티스의 기본 오브젝트'에 대해 설명하면서 쿠버네티스는 여러 가지 오브젝트로 표현된다고 했다. 쿠버네티스의 장점은 프로그램을 동작시키는 구조를 추상화된 오브젝트로 표현하고 프로그램 추가, 삭제나 버전 업그레이드와 같은 작업을 오브젝트에 대한 설정으로 표현한다는 것이다. 이에 따라 기존의 인프라 구축이나 애플리케이션 배포와 달리 '작업'이 아닌 '오브젝트 상태 선언'이라는 형태로 환경을 정의할 수 있다.[1]

1장에서는 기본 오브젝트로 '파드', '레플리카셋[2]', '디플로이먼트', '서비스' 네 가지를 소개했다. 여기서는 그중 '파드', '레플리카셋', '디플로이먼트'에 대해 자세히 설명한다('서비스'는 다음 절에서 설명한다).

또 2장에서 구축한 환경 중 배치 애플리케이션에서는 '크론잡'을 이용해 일정 시간 간격으로 프로그램을 실행하는 구조를 만들었다. 여기서는 '크론잡'과 그 뒤에서 동작하는 '잡'에 대해서도 설명한다.

그 외에 컨테이너를 동작시키기 위한 특수한 형태의 리소스로는 '데몬셋', '스테이트풀셋'이 있다. 이 구성 요소는 예제 애플리케이션에서 사용하지 않지만 여기서 간단히 설명한다.

---

1 이러한 컴퓨팅 리소스 추상화가 쿠버네티스의 강점이라고 할 수 있다. 단, 개념이나 구조가 복잡하여 설정, 관리가 어렵다는 점이 쿠버네티스를 배우기 어려운 이유다.

2 레플리카셋과 비슷한 역할을 하는 레플리케이션 컨트롤(ReplicationController)이라는 리소스도 있다. 현재는 디플로이먼트를 통해 레플리카셋을 이용하는 것을 추천하고 있어 이 절에서는 설명을 생략한다.

3.2.2 쿠버네티스에서 프로그램을 동작시키는 기본 단위 '파드'

먼저 쿠버네티스에서 프로그램을 동작시킬 때 사용하는 오브젝트에 대해 작은 단위부터 순서대로 이해해보자.

1장에서 설명했듯이 쿠버네티스는 컨테이너 오케스트레이션 도구이며 쿠버네티스에서 동작하는 프로그램은 컨테이너로 생성된다. 그러나 쿠버네티스에서 프로그램을 동작시킬 때 생성되는 오브젝트의 최소 단위는 컨테이너가 아닌 파드Pod다.

그럼 파드란 무엇인가? 파드는 서로 관련성이 있는 하나 이상의 컨테이너를 합쳐놓은 오브젝트다. 그러나 이 설명은 추상적이고 이해하기 어려울 수 있으므로 조금 더 구체적인 예제로 설명한다.

nginx 컨테이너 단독 구성

2장에서 EKS 클러스터를 구축한 후 nginx를 배포하고 동작하는지 확인한 기억이 있을 것이다(2.2.3 'EKS 클러스터 동작 확인' 참고). 이때 nginx 컨테이너 하나만 있는 파드를 정의하여 EKS 클러스터에 배포했다. 이와 같이 컨테이너를 하나만 포함한 파드가 쿠버네티스에서 프로그램을 동작시키는 가장 단순한 형태다.

그럼 이때 어떤 정의로 파드를 동작시키는지 살펴보자. nginx를 동작시키기 위해 다음과 같은 명령을 실행했다.

```
$ kubectl apply -f 02_nginx_k8s.yaml
```

앞 명령은 kubectl이라는 쿠버네티스 클러스터 관리 도구를 이용해 YAML 형식으로 작성된 매니페스트를 클러스터에 적용(kubectl apply)하는 명령이다. 이것으로 '02_nginx_k8s.yaml'이라는 파일에 정의된 오브젝트가 쿠버네티스 위에 생성(생성된 경우 업데이트)된다. 즉 이 매니페스트 파일에 파드가 정의된 것이다.

그럼 실제 매니페스트 파일의 내용을 살펴보자. 코드 3.2.1은 'eks-env/02_nginx_k8s.yaml'의 내용이다.

코드 3.2.1 가장 단순한 매니페스트 파일 예제(02_nginx_k8s.yaml)

```
apiVersion: v1 ----------------------- ❶
kind: Pod ---------------------------- ❷
metadata:
  name: nginx-pod ------------------- ❸
  labels:
    app: nginx-app ------------------ ❹
spec:
  containers:
  - name: nginx-container ----------- ❺
    image: nginx -------------------- ❻
    ports:
    - containerPort: 80 ------------- ❼
```

쿠버네티스에서는 오브젝트 정의를 나타내는 매니페스트 파일을 보통 YAML 형식으로 작성한다. 앞의 매니페스트는 다음과 같은 내용으로 구성되어 있다.

❶ apiVersion: v1은 이 매니페스트 파일에서 정의된 오브젝트가 준수해야 하는 사양의 버전을 설정한다. 여기서는 apiVersion에 대해 상세히 설명하지 않지만 파드를 정의하는 사양에는 v1이라는 버전이 있고 그것을 설정한다고 보면 된다.[3]

❷ kind: Pod는 이 매니페스트 파일이 파드라는 종류의 오브젝트라는 것을 의미한다.

다음 행부터는 metadata이다. 여기서는 파드 메타데이터를 정의한다.

❸ name: nginx-pod는 파드 이름을 설정하는 것으로 nginx-pod라는 이름을 선언한다.

❹ app: nginx-app는 labels 아래에 있는 내용으로 파드에 레이블을 설정한다. 키-값[key-value] 형식으로 app이라는 키에 대해 nginx-app라는 값을 설정한다.

다음 행부터는 spec이다. spec 아래에는 containers가 있으며 여기에 이 파드에 생성할 컨테이너를 정의한다. containers라고 복수형으로 표현한 이유는 컨테이너를 여러 개 설정할 수 있기 때문인데 그 경우 배열로 설정한다. ❺행처럼 '-'으로 시작하면 배열을 의미한다. 이 파드에서는 nginx 컨테이너만 이용하므로 containers는 1개뿐이다.

---

3 API 버전 정의에 대해서는 칼럼 '쿠버네티스 매니페스트와 공식 문서'를 참고하기 바란다.

그럼 구체적인 컨테이너 정의를 살펴보자.

❺ name: nginx-container는 컨테이너의 이름이다.

❻ image: nginx는 어떤 컨테이너 이미지를 사용할지 설정한다. 여기서는 nginx 컨테이너 이미지를 태그 없이 설정했다.

❼ containerPort: 80은 이 컨테이너를 공개할 포트를 설정한다. 여기서는 컨테이너 내부의 80번 포트를 그대로 80번으로 공개한다.[4]

여기까지가 nginx 컨테이너를 동작시키기 위한 파드의 정의다. 바로 YAML 파일을 만들라고 하면 쉽지 않겠지만, 이와 같은 내용을 이해한다면 앞으로 YAML 파일을 만드는 데 도움이 될 것이다.

쿠버네티스의 레이블

앞의 매니페스트에서는 파드에 app: nginx-app(app이라는 키에 nginx-app이라는 값을 설정한 다는 의미)이라는 레이블을 설정했다. 이 레이블은 무엇을 위해 설정하는 것일까?

실제 쿠버네티스에서는 나중에 설명할 디플로이먼트나 서비스 같은 다양한 리소스를 식별하기 위해 레이블을 사용한다. 즉, 리소스들이 대상으로 하는 파드를 특정 짓기 위해 레이블을 이용하는 것이다(디플로이먼트나 서비스 매니페스트의 셀렉터 항목에 대상 파드의 레이블을 설정한다).

또 이 책에서는 자세히 설명하지 않지만 파드의 매니페스트 항목 중에는 파드를 동작시키는 노드를 설정하기 위한 노드셀렉터^{nodeSelector}가 있다. 여기에 대상 노드에 설정된 레이블을 함께 설정할 수도 있다.

컨테이너 여러 개를 포함한 파드

계속해서 여러 개의 컨테이너를 포함하는 파드에 대해 설명한다. 이 책의 예제 애플리케이션에서는 여러 개 컨테이너를 포함하는 파드를 이용하지 않았다. 따라서 예제 애플리케이션 이외의 예제를 사용해 설명한다.

---

4 쿠버네티스는 파드별로 다른 IP 주소를 할당하며 그 IP 주소에서 설정한 포트로 접속하는 네트워크 구조다. 그래서 클러스터 또는 노드 하나 안에서 파드 여러 개가 같은 포트 번호를 사용해도 문제가 발생하지 않는다.

파드 하나에 컨테이너 여러 개를 올리는 상황은 언제일까? 일반적으로는 컨테이너 여러 개가 모여 하나의 통합된 서비스를 제공하는 경우다.

파드 하나에 포함되는 컨테이너에는 다음과 같은 특징이 있다.

- 로컬 호스트localhost로 서로 통신 가능
- 스토리지(볼륨) 공유 가능

그리고 그 컨테이너들은 반드시 함께 동작 및 정지된다.

다시 말해 어떤 컨테이너가 다른 컨테이너와 네트워크나 스토리지를 공유하여 밀접하게 처리해야 하는 작업이 있고, 컨테이너끼리 1대 1로 대응해야 한다면 컨테이너들이 파드 하나에 포함되어야 한다.

구체적으로 다음과 같은 경우가 있다.

- 메인 처리를 실행하는 컨테이너가 출력한 로그를 다른 컨테이너가 읽어 들여 로그 수집 서버나 메트릭 수집 서버에 전송[5]
- 메인 처리를 실행하는 컨테이너가 외부 시스템에 접속할 경우, 또 다른 컨테이너가 프록시로 되어 목적지[6]를 할당하거나 요청이 제대로 처리되지 않았을 때 재시도 수행

이처럼 메인 처리를 실행하는 컨테이너 옆에 보조 역할을 하는 컨테이너를 배치하는 구성을 사이드카Sidecar 패턴이라고 한다. 특히 2번처럼 파드 외부와의 통신 구조 사이에 프록시가 배치되어 통신에 대한 보조적인 역할을 하는 구성을 앰버서더Ambassador 패턴이라고 한다. 그림 3.2.1에 사용 방법을 개략적으로 나타냈다.

---

5 4.2절에서 애플리케이션이 출력하는 로그를 AWS가 제공하는 로그 수집 서비스인 CloudWatch Logs에 전송하는 방법을 설명한다. 하지만 그 내용은 로그 전송 기능을 사이드카로 파드에 생성하는 것이 아니라 데몬셋을 사용해 구현하는 방식으로 되어 있다.
6 옮긴이: 여기에서는 외부 시스템에 엑세스 요청을 하는 컨테이너를 의미한다.

그림 3.2.1 사이드카 패턴과 앰버서더 패턴

① 사이드카 패턴

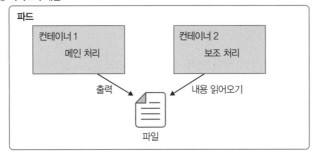

② 앰버서더 패턴

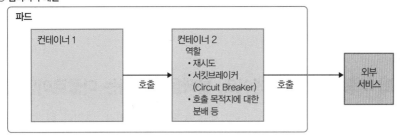

두 패턴 모두 메인 처리하는 컨테이너 안에 보조 기능을 구현할 수도 있다. 애플리케이션 프레임워크가 보조 기능을 제공하는 경우도 많아 비교적 쉽게 구현할 수 있을 것이다. 그러나 메인처리하는 애플리케이션 안에 보조 기능을 구현하면 애플리케이션이 복잡해진다. 이때 사이드카패턴을 사용하면 메인 처리하는 컨테이너에서 보조 기능을 분리할 수 있어 메인 처리를 단순화해 구현할 수 있다. 또 보조 기능을 다른 컨테이너로 분리하면 사이드카 부분의 재사용이 쉬워진다는 장점도 있다.

파드 초기화 컨테이너

파드의 메인 컨테이너를 생성하기 전에 초기화 컨테이너를 실행하도록 설정할 수도 있다. 초기화 컨테이너는 이름 그대로 메인 컨테이너를 동작시키기 위해 초기화 처리를 하는 것이 주된 사용 목적이다. 초기화 컨테이너는 여러 개를 설정할 수도 있다.

초기화 컨테이너에 의한 처리는 메인 컨테이너 안에 포함시킬 수도 있다. 하지만 초기화 컨테이너로 분리해 처리하면 다음과 같은 장점을 얻을 수 있다.

- 애플리케이션 자체에 필요 없는 도구를 사용하여 초기화 처리 가능

- 메인 컨테이너의 보안성을 낮추는 도구를 초기화 컨테이너에 분리시키면 안전하게 초기화 처리 가능

- 초기화 처리와 애플리케이션을 서로 독립시켜 빌드, 배포 가능

- 초기화 컨테이너에서는 참조할 수 있지만 메인 컨테이너에서는 참조할 수 없는 시크릿을 설정하면 초기화 처리에만 필요하고 애플리케이션 처리에는 필요 없는 비밀 정보를 메인 컨테이너에서 제외 가능

- 초기화 컨테이너가 모두 종료될 때까지 메인 컨테이너가 시작되지 않으므로, 메인 컨테이너를 생성시키는 어떤 조건을 설정하고 그 조건이 성립될 때까지 메인 컨테이너 생성 차단 가능

3.2.3 파드의 다중화, 버전 업데이트, 롤백을 구현하는 디플로이먼트

파드를 이용하면 쿠버네티스 클러스터에서 프로그램을 동작시킬 수 있다. 그러나 웹 애플리케이션 등을 동작시키는 경우 일반적으로 파드를 직접 배포하지 않는다. 실제 2.4절에서 예제 API 애플리케이션을 배포할 때도 직접 파드를 배포하지 않고 디플로이먼트^{Deployment}라는 오브젝트를 만들어 간접적으로 파드를 배포했다.

쿠버네티스 클러스터에서 애플리케이션을 동작시킬 경우에는 요청량과 처리 부하에 따라 파드 수를 늘리고 줄이면서 대응해가는 것이 일반적이다. 또 파드가 비정상 종료된 경우 별도의 파드를 생성해 유효한 파드 수를 유지한다. 디플로이먼트를 이용하여 애플리케이션을 배포하면 이런 처리를 쿠버네티스가 자동으로 해준다. 또 생성한 디플로이먼트에 구성할 파드 버전(컨테이너 이미지 태그)을 변경하도록 지시하면 자동으로 새로운 버전의 컨테이너 이미지를 확인하고 동작 중인 파드를 다음 버전으로 변경한다.

이처럼 디플로이먼트를 사용해 직접 파드를 배포하면 어떤 기능으로 구현할 수 없는 다양한 처리를 쿠버네티스 구조로 구현할 수 있게 된다. 이것은 쿠버네티스와 같은 컨테이너 오케스트레이션 도구의 큰 장점이다. 그래서 쿠버네티스 클러스터에 애플리케이션을 배포하는 경우 일반적으로 파드를 직접 설정하지 않고 디플로이먼트 형태를 사용한다.

디플로이먼트 정의

2.4.5 'EKS 클러스터에 API 애플리케이션 배포'에서는 다음 명령으로 API 애플리케이션 배포를 실행했다.

```
$ ECR_HOST=<AWS_ACCOUNT_ID>.dkr.ecr.ap-northeast-2.amazonaws.com \
> envsubst < 22_deployment_backend-app_k8s.yaml.template | \
pipe> kubectl apply -f -
```

앞에서 설명한 nginx의 경우와 비교하면 복잡하지만, ECR 주소를 envsubst 명령어로 치환하는 것을 빼면 nginx의 경우와 같이 YAML 형식의 매니페스트 파일을 kubectl apply 명령으로 쿠버네티스 클러스터에 적용하고 있다.

그럼 여기서 사용하는 매니페스트 파일(eks-env/22_deployment_backend-app_k8s.yaml.template)은 어떻게 구성되어 있을까? 실제 파일 내용을 살펴보자. 참고로 코드 3.2.2의 매니페스트는 ECR 주소를 치환한 후를 기준으로 삼는다.

코드 3.2.2 22_deployment_backend-app_k8s.yaml.template(ECR 주소 치환 후)

```
apiVersion: apps/v1 --------------------- ❶
kind: Deployment ----------------------- ❷
metadata:
  name: backend-app --------------------- ❸
  labels:
    app: backend-app ------------------- ❹
spec:
  replicas: 2 ----------------------- ❺
  selector: ------------------------- ❻
    matchLabels:
      app: backend-app
  template: ------------------------- ❼
    metadata:
      labels:
        app: backend-app --------------- ❽
    spec:
      containers:
      - name: backend-app -------------- ❾
        image: 999988887777.dkr.ecr.ap-northeast-2.amazonaws.com/k8sbook/backend-
               app:1.0.0 --------------- ❿
        imagePullPolicy: Always
```

```yaml
    ports:
    - containerPort: 8080 ----------- ⑪
    env: --------------------------- ⑫
    - name: DB_URL
      valueFrom:
        secretKeyRef:
          key: db-url
          name: db-config
    - name: DB_USERNAME
      valueFrom:
        secretKeyRef:
          key: db-username
          name: db-config
    - name: DB_PASSWORD
      valueFrom:
        secretKeyRef:
          key: db-password
          name: db-config
    readinessProbe: ----------------- ⑬
      httpGet:
        port: 8080
        path: /health
      initialDelaySeconds: 15
      periodSeconds: 30
    livenessProbe: ------------------ ⑭
      httpGet:
        port: 8080
        path: /health
      initialDelaySeconds: 30
      periodSeconds: 30
    resources: ---------------------- ⑮
      requests:
        cpu: 100m
        memory: 512Mi
      limits:
        cpu: 250m
        memory: 768Mi
    lifecycle:
      preStop:
        exec:
          command: ["/bin/sh", "-c", "sleep 2"]
```

코드 3.2.1의 nginx의 파드와 달리 꽤 긴 설정 내용이 담겨 있다. 여기서도 순서대로 정의된 내용을 살펴보자.

❶의 apiVersion은 apps/v1, ❷의 kind는 Deployment로 되어 있다. 즉, 이 매니페스트 파일에서는 디플로이먼트라는 오브젝트를 apps/v1이라는 버전 정의에 따라 선언하는 것이다.

다음으로 ❸, ❹를 살펴보자. 이것은 metadata 아래에 설정되어 있다. ❸은 디플로이먼트 이름, ❹는 레이블 정의다.

❺ 이후는 spec 아래에 정의되어 있다. 이것은 디플로이먼트의 상세 정의 부분이다. ❺의 replicas: 2라는 정의는 디플로이먼트를 통해 클러스터 내부에 배포된 파드 수를 설정하는 것이다. 따라서 이 디플로이먼트를 쿠버네티스 클러스터에 생성하면 클러스터 전체에 파드 2개가 생성된다.

❻ selector 아래에는 matchLabels가 있고 그 안에 app: backend-app이라고 설정되어 있다. 여기서는 디플로이먼트를 구성하는 파드 레이블 정의와 일치하는 내용을 설정한다.

❼ 이후는 template 정의다. 이것은 이 디플로이먼트를 통해 배포할 파드의 정의를 설정하는 부분으로 '파드 템플릿'이라고도 한다. ❽에는 레이블, ❾에는 컨테이너 이름, ❿에는 컨테이너 이미지 이름을 정의하며, ⓫ 포트 번호에는 코드 3.2.1에서 설명한 nginx의 파드와 값이 다르지만 같은 내용을 정의한다.

⓬ 이후는 nginx 매니페스트에 존재하지 않았던 설정이다. ⓬의 env는 이 파드에서 사용할 환경 변수를 시크릿이라는 오브젝트로 설정하기 위한 부분이다(자세한 내용은 3.4절 참고). ⓭, ⓮ 는 readinessProbe, livenessProbe는 컨테이너가 동작했는지, 정상 동작하는지 확인하는 정의 구조다(자세한 내용은 3.5절 참고). ⓯의 resources는 파드가 사용할 메모리나 CPU 등의 리소스양에 대한 정의다(자세한 내용은 3.7절 참고).

디플로이먼트 목록 표시

이번에는 예제 애플리케이션이 동작 중인 쿠버네티스 클러스터에서 kubectl 명령어를 사용해 디플로이먼트 목록을 출력해보자. 2장에서는 쿠버네티스상의 리소스를 확인하기 위해 kubectl get all 명령을 사용했지만 all 대신 리소스의 종류를 설정하면 특정 종류의 리소스 정보만 출력할 수 있다.

여기서는 디플로이먼트 목록을 확인하기 위해 다음 명령을 실행한다.[7]

```
$ kubectl get deployment
NAME          READY    UP-TO-DATE    AVAILABLE    AGE
backend-app   2/2      2             2            127m
```

이 결과에서 NAME은 이름 그대로 디플로이먼트의 이름이다. 앞 YAML 파일에서 ③에 설정한 값이 표시된다. READY는 이 디플로이먼트에서 설정한 파드 수와 실제 동작하고 있는 파드 수가 분수 형태로 표시된다. UP-TO-DATE에는 디플로이먼트에서 정의된 상태(파드에서 사용할 컨테이너 버전, 리소스 제약 상태 등)를 만족하는 파드 수, AVAILABLE에는 실제 사용 가능한 파드 수, AGE에는 디플로이먼트가 생성된 이후의 경과 시간을 각각 나타낸다.

3.2.4 디플로이먼트 하위에서 생성되는 레플리카셋

애플리케이션 배포는 앞에서도 설명한 디플로이먼트를 이용하는데, 디플로이먼트가 직접 파드를 배포하지 않고 그 중간에 레플리카셋ReplicaSet이라는 다른 오브젝트를 생성해 배포한다. 앞에서 디플로이먼트의 역할로 파드 수 증감과 파드에 장애가 발생했을 때 자동 재시작하는 것을 설명했는데, 이 역할을 실질적으로 담당하는 것은 레플리카셋이다. 여기서는 레플리카셋의 역할에 대해 설명한다.

실제 API 애플리케이션의 디플로이먼트로 생성된 레플리카셋 상태를 살펴보자. 디플로이먼트와 같이 kubectl get 명령으로 리소스의 종류를 설정하여 확인한다. 여기서는 레플리카셋 상태를 확인하기 위해 다음과 같은 명령을 사용한다.

```
$ kubectl get replicaset
NAME                    DESIRED    CURRENT    READY    AGE
backend-app-75f87c96fb  2          2          2        127m
```

여기서 NAME에 'backend-app-75f87c96fb'라고 명시되어 있다. 디플로이먼트의 이름인 'backend-app' 뒤에 랜덤으로 생성된 문자열이 부여되어 있음을 알 수 있을 것이다. DESIRED

---

7 kubectl get deploy와 kubectl get deployments에서도 같은 결과를 얻을 수 있다. kubectl에서 리소스의 종류를 입력할 때는 일반적으로 단수형(deployment), 단축형(deploy), 복수형(deployments)을 사용할 수 있다. 리소스 각각에 정의된 단축형 표현에 대해서는 'kubectl 개요(https://kubernetes.io/ko/docs/reference/kubectl/overview)'를 참고하기 바란다.

는 레플리카셋에서 설정한 파드 수, CURRENT는 현재 동작하고 있는 파드 수, READY는 준비 완료 상태인 파드 수, AGE는 레플리카셋이 생성된 이후 경과된 시간이다. 이렇게 직접 생성한 디플로이먼트 뒤에 레플리카셋이 생성된 것을 확인할 수 있다.

레플리카셋의 이름에 랜덤 문자열이 부여되는 것은 디플로이먼트 하나에 레플리카셋 여러 개가 생성될 수 있기 때문이다. 컨테이너 이미지 버전과 리소스 제약 등 디플로이먼트 정의를 변경한 경우에는 내부적으로 새로운 디플로이먼트 정의에 맞는 레플리카셋이 생성되고, 새로운 레플리카셋의 파드가 생성되면 이전 레플리카셋의 파드를 정지시키는 동작을 한다.

레플리카셋으로 생성된 파드

레플리카셋에서 생성된 파드에 대해서도 살펴보자. 다음 명령으로 파드 목록을 볼 수 있다.

```
$ kubectl get pod
NAME                            READY   STATUS      RESTARTS   AGE
backend-app-75f87c96fb-rtzfw    1/1     Running     0          155m
backend-app-75f87c96fb-rvx6h    1/1     Running     0          155m
batch-app-1602916800-vzmnn      0/1     Completed   0          11m
batch-app-1602917100-kltpt      0/1     Completed   0          6m54s
batch-app-1602917400-svl7t      0/1     Completed   0          113s
```

파드 목록에서는 'batch-app-'으로 시작하는 배치 애플리케이션 파드도 볼 수 있지만 이 파드에 대해서는 나중에 설명하기로 하고 우선 API 애플리케이션 쪽을 살펴보자.

파드 이름이 'backend-app-'으로 시작하는 파드는 API 애플리케이션 관련 파드다. 뒤에 붙은 문자열을 보면 모두 'backend-app-75f87c96fb-'으로 시작하는 것을 알 수 있다. 'backend-app-75f87c96fb'는 앞에서 확인한 레플리카셋의 이름이며 파드 이름은 레플리카셋 이름에 랜덤 문자열을 추가한 형태라는 것을 알 수 있다. 즉 디플로이먼트, 레플리카셋, 파드 이름이라는 순서는 디플로이먼트를 선언(매니페스트 YAML 파일을 생성하고 kubectl apply 명령을 실행)하면 그 뒤에 레플리카셋이 생성되고 또 그 뒤에 레플리카셋 때문에 파드가 생성되는 흐름을 뜻하는 것이기도 하다.

디플로이먼트에서 레플리카셋, 파드가 생성되는 흐름은 그림 3.2.2와 같다.

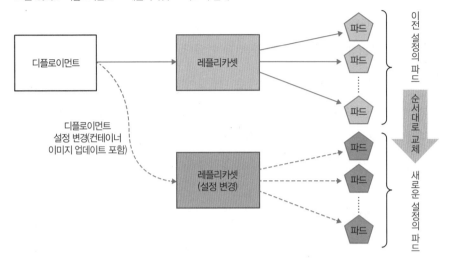

그림 3.2.2 디플로이먼트 → 레플리카셋 → 파드의 관계

3.2.5 kubectl describe 명령으로 상세 정보 수집

지금까지 쿠버네티스 클러스터에 생성된 디플로이먼트, 레플리카셋, 파드를 확인할 때 kubectl get 명령을 사용했다. kubectl get 명령은 뒤에 설정한 리소스에 대한 목록을 보여주며 그 시점의 상태, 생성 이후 경과 시간 및 기본적인 정보(파드라면 서비스 제공이 가능한 상태 수와 재시작 횟수)를 표시해주기 때문에 상태를 파악하는 데 매우 유용하게 사용한다.

그러나 실제 쿠버네티스 클러스터에서 애플리케이션을 동작시키면 더 상세한 정보를 확인해야 하는 상황이 많아진다. 또 정상적으로 동작하면 좋겠지만 때로는 설정에 따라 파드가 동작하지 않는 경우를 해결해야 할 수도 있다. 이 경우 쿠버네티스 클러스터의 리소스 상세 정보를 보기 위한 명령으로 kubectl describe가 있다. kubectl describe는 어떤 리소스를 대상으로도 실행 가능하고 리소스의 종류에 따른 상세 정보가 출력된다.

kubectl describe 명령 형식은 다음과 같다.

```
$ kubectl describe <리소스 종류> <오브젝트 이름>
```

예를 들어 앞에서 설명한 목록에서 파드의 상세 정보를 나타내면 다음과 같다.

```
$ kubectl describe pod backend-app-75f87c96fb-rvx6h
```

오브젝트 이름은 완전히 일치하는 것 또는 앞의 일정 부분이 일치하는 것이 검색된다.

파드 상세 정보 내용

여기서는 kubectl describe 명령의 출력 내용을 예로 들어 파드를 설명한다. 다음 출력 내용은 API 애플리케이션의 파드에 대해 kubectl describe를 실행한 결과다. 출력 내용 중 중요한 내용에 대해 설명한다.

```
Name:            backend-app-75f87c96fb-rvx6h ---------- ❶
Namespace:       eks-work --------------------------- ❷
Priority:        0
Node:            ip-192-168-2-155.ap-northeast-2.compute.internal/192.168.2.155 --- ❸
Start Time:      Sat, 17 Oct 2020 13:16:12 +0900 -------- ❹
Labels:          app=backend-app ------------------- ❺
                 pod-template-hash=75f87c96fb
Annotations:     kubernetes.io/psp: eks.privileged
Status:          Running --------------------------- ❻
IP:              192.168.2.124 --------------------- ❼
IPs:
  IP:            192.168.2.124
Controlled By:   ReplicaSet/backend-app-75f87c96fb ----- ❽
Containers: --------------------------------------- ❾
  backend-app:
    Container ID:  docker://dcc5d66d56094f2eef41f3b6148e4eac0c3eea4a7380cef6faf7
                   2a639b844b2f
    Image:         588305784594.dkr.ecr.ap-northeast-2.amazonaws.com/
                   k8sbook/backend-app:1.0.0 -------- ❿
    Image ID:      docker-pullable://588305784594.dkr.ecr.ap-northeast-2.
                   amazonaws.com/k8sbook/backend-app@sha256:6db6ee8807c2a66e9885
                   e0f2b5fa0ce65ae0649fea4dbfd2b32f5b725631ad09
    Port:          8080/TCP --------------------------- ⓫
    Host Port:     0/TCP
    State:         Running
      Started:     Sat, 17 Oct 2020 13:16:27 +0900
    Ready:         True
    Restart Count: 0
    Limits: ------------------------------------------- ⓬
      cpu:       250m
      memory:    768Mi
    Requests: ----------------------------------------- ⓭
      cpu:       100m
      memory:    512Mi
```

```
      Liveness:     http-get http://:8080/health delay=30s timeout=1s period=30s
                    #success=1 #failure=3 ----------------- ⑭
     Readiness:     http-get http://:8080/health delay=15s timeout=1s period=30s
                    #success=1 #failure=3 ----------------- ⑮
   Environment: ------------------------------------------ ⑯
     DB_URL:       <set to the key 'db-url' in secret 'db-config'>
                   Optional: false
     DB_USERNAME:  <set to the key 'db-username' in secret 'db-config'>
                   Optional: false
     DB_PASSWORD:  <set to the key 'db-password' in secret 'db-config'>
                   Optional: false
   Mounts:
     /var/run/secrets/kubernetes.io/serviceaccount from default-token-z9vb2 (ro)
Conditions:
  Type              Status
  Initialized       True
  Ready             True
  ContainersReady   True
  PodScheduled      True
Volumes: --------------------------------------- ⑰
  default-token-z9vb2:
    Type:         Secret (a volume populated by a Secret)
    SecretName:   default-token-z9vb2
    Optional:     false
QoS Class:        Burstable
Node-Selectors:   <none>
Tolerations:      node.kubernetes.io/not-ready:NoExecute for 300s
                  node.kubernetes.io/unreachable:NoExecute for 300s

# …(이후 생략)…
```

❶은 파드 이름, ❷는 파드가 생성된 네임스페이스 이름이다. ❸은 이 파드가 배치되어 동작하
는 노드 이름이다. kubectl get nodes로 표시되는 노드 중 하나에 배치된 것을 알 수 있다. ❹
는 파드 생성 일시, ❺는 파드에 설정된 레이블이다. 디플로이먼트의 매니페스트에 설정한 레이
블(app=backend-app) 외에 쿠버네티스 내부에 설정된 레이블(pod-template-hash)도 표
시하고 있다. ❻은 파드 상태, ❼은 파드에 할당된 IP 주소, ❽은 이 파드를 제어하는 상위 오브
젝트다(이 예제에서는 디플로이먼트 → 레플리카셋 → 파드 순서로 생성되기 때문에 레플리카
셋이 표시되어 있다).

⑨~⑯은 컨테이너 단위의 상태를 나타낸다. 이 파드는 backend-app 컨테이너 하나로 구성되어 있어 그에 해당하는 내용만 보여주지만 컨테이너 여러 개로 구성된 파드에서는 각각의 내용이 표시된다.

⑩은 컨테이너 이미지 이름, **⑪**은 컨테이너가 사용하는 프로토콜과 포트 번호다. **⑫**, **⑬**은 리소스 제한에 대한 limits와 requests값(3.7절 참고), **⑭**, **⑮**는 파드의 헬스 체크인 Liveness Probe와 Readiness Probe 설정 및 상태(3.5절 참고), **⑯**은 쿠버네티스가 이 파드에 설정하는 환경 변수다. 여기서는 모두 db-config라는 시크릿에서 할당되어 있는 것을 알 수 있다(3.4절 참고).

⑰은 다시 파드 레벨의 항목으로 마운트되어 있는 볼륨 정보다. 볼륨이란 파드용으로 할당된 디스크 영역으로, 이 예제에서는 시크릿이 볼륨으로 마운트되어 있다(단, 예제 애플리케이션에서는 시크릿에 환경 변수로만 접속한다).

3.2.6 크론잡으로 스케줄 동작

다음에는 배치 애플리케이션에서 사용한 크론잡^{CronJob}에 대해 설명한다. 크론잡은 쿠버네티스에서 시작 간격 또는 시간 간격을 설정하여 프로그램을 동작시키기 위한 구조다. 리눅스 등의 OS에서 사용하는 크론^{cron}을 아는 분이 많을 것이다. 크론잡은 이 크론과 같은 개념이다.

물론 쿠버네티스 클러스터에서 동작하기 때문에 크론잡이 동작시키는 대상은 컨테이너다. 여기서는 예제 애플리케이션에서 사용한 매니페스트 파일의 설명을 시작으로 쿠버네티스 클러스터 내부에서 어떻게 컨테이너가 동작되는지에 대해 중간에서 생성되는 오브젝트를 포함하여 설명한다.

크론잡의 정의

2.6.9에서 크론잡을 생성할 때 실행한 명령은 다음과 같다.

```
$ ECR_HOST=<AWS_ACCOUNT_ID>.dkr.ecr.ap-northeast-2.amazonaws.com \
> envsubst < 43_cronjob_k8s.yaml.template | \
pipe> kubectl apply -f -
```

API 애플리케이션처럼 ECR 주소를 envsubst 명령어로 치환한 매니페스트를 kubectl apply 명령으로 적용한다.

그럼 예제 애플리케이션에서 사용한 매니페스트 파일(eks-env/43_cronjob_k8s.yaml)을 살펴보자. 참고로 코드 3.2.3의 매니페스트는 ECR 주소를 치환한 후의 내용이다.

코드 3.2.3 43_cronjob_k8s.yaml(ECR 주소 치환 후)

```
apiVersion: batch/v1beta1 ----------------------------------------- ❶
kind: CronJob ----------------------------------------------------- ❷
metadata:
  name: batch-app ------------------------------------------------- ❸
spec:
  schedule: "*/5 * * * *" # min hour day-of-month month day-of-week ---- ❹
  jobTemplate: ---------------------------------------------------- ❺
    spec:
      template:
        spec:
          containers: ------------------------------------------- ❻
          - name: batch-app ------------------------------------- ❼
            image: 999988887777.dkr.ecr.ap-northeast-2.amazonaws.com/k8sbook/batch-
                   app:0.1.0 ------------------------------------ ❽
            imagePullPolicy: Always
            env: --------------------------------------------------- ❾
            - name: DB_URL
              valueFrom:
                secretKeyRef:
                  key: db-url
                  name: db-config
            - name: DB_USERNAME
              valueFrom:
                secretKeyRef:
                  key: db-username
                  name: db-config
            - name: DB_PASSWORD
              valueFrom:
                secretKeyRef:
                  key: db-password
                  name: db-config
            - name: CLOUD_AWS_CREDENTIALS_ACCESSKEY
              valueFrom:
                secretKeyRef:
                  key: aws-accesskey
                  name: batch-secret-config
            - name: CLOUD_AWS_CREDENTIALS_SECRETKEY
              valueFrom:
```

```
              secretKeyRef:
                key: aws-secretkey
                name: batch-secret-config
          - name: CLOUD_AWS_REGION_STATIC
            valueFrom:
              configMapKeyRef:
                key: aws-region
                name: batch-app-config
          - name: SAMPLE_APP_BATCH_BUCKET_NAME
            valueFrom:
              configMapKeyRef:
                key: bucket-name
                name: batch-app-config
          - name: SAMPLE_APP_BATCH_FOLDER_NAME
            valueFrom:
              configMapKeyRef:
                key: folder-name
                name: batch-app-config
          - name: SAMPLE_APP_BATCH_RUN
            valueFrom:
              configMapKeyRef:
                key: batch-run
                name: batch-app-config
          restartPolicy: OnFailure ---------------------- ❿
```

디플로이먼트와 마찬가지로 순서대로 설명한다. ❶은 크론잡에 대한 API 버전, ❷는 크론잡이라는 리소스 타입을 설정한다. ❸은 크론잡의 이름이다. ❹는 크론잡의 스케줄 정의로 5분마다 실행한다는 것을 의미한다(❹에 대한 내용은 3.2.9에서 자세히 설명한다). ❺부터 그 이하는 jobTemplate이라고 하는 내용이며 이 부분이 매번 실행되는 내용(잡)이다.

❻에서 ❿ 직전까지의 내용은 실행할 컨테이너의 정의다. ❼, ❽, ❾는 디플로이먼트 때와 같이 각각의 컨테이너 이름, 이미지, 실행할 때 설정할 환경 변수와 값의 저장소를 설정한다.

그러나 ❾의 환경 변수는 디플로이먼트 때와 달리 여러 개의 시크릿과 컨피그맵에서 값을 가져온다(시크릿과 컨피그맵에 대해서는 3.4절에서 설명한다). 마지막으로 ❿은 크론잡을 재시작하는 조건을 설정한다.

이와 같이 크론잡의 정의는 스케줄 설정 등 크론잡 고유의 설정 부분을 제외하면 디플로이먼트의 경우와 매우 유사하다.

3.2.7 크론잡에서의 실행 내용

크론잡에서 프로그램 실행이 어떻게 이루어지는지 살펴보자. 앞에 나온 API 애플리케이션의 경우 디플로이먼트를 쿠버네티스 클러스터에 등록하면 그 후에 레플리카셋이 생성되고 레플리카셋에서 파드가 생성되어 파드 안에서 컨테이너가 동작하는 구조로 되어 있었다. 크론잡의 경우는 어떻게 될까?

크론잡은 쿠버네티스 클러스터에 등록한 경우 설정한 실행 시각이 되면 내부적으로 잡이라는 리소스가 생성된다. 그리고 잡 안에서 파드가 생성된다. 파드에서 컨테이너가 동작하는 것은 디플로이먼트의 경우와 같다.

크론잡에서 잡, 파드가 생성되는 흐름은 그림 3.2.3에 나타냈다.

그림 3.2.3 크론잡 → 잡 → 파드의 생성 흐름

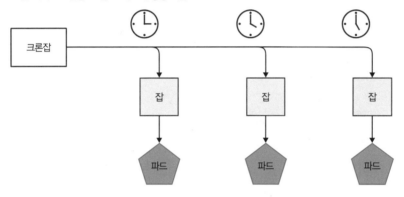

잡 리소스

잡[Job]이란 어떤 리소스일까? 단적으로 말해 '일정한 처리를 수행하고 완료하는 태스크를 실행하기 위한 것'이다. 조금 추상적이라 이해하기 어려울 수 있으므로 예를 들어 설명한다.

앞 장에서 설정한 배치 애플리케이션은 Amazon S3에 저장된 파일을 읽어 들인 후 그 내용을 데이터베이스에 등록하는 것이었다. 이 프로그램은 S3에 저장된 모든 파일의 처리가 끝나면 처리를 '완료'하고 종료해도 된다. API 애플리케이션과 비교해보면 잘 알겠지만 API 애플리케이션은 명시적으로 '종료'시키는 경우를 제외하고 계속 동작하도록 설정했으며, 내부에서 동작하는 프로그램도 비정상 종료의 경우를 제외하면 종료되는 일 없이 계속 동작한다.

디플로이먼트 → 레플리카셋 → 파드라는 흐름은 이처럼 '계속적으로 동작한다'는 것을 기대할 때 사용한다. 그와 반대로 잡 → 파드라는 흐름은 일정한 처리가 끝나면 프로그램을 종료하고 태스크로도 '완료' 상태가 되기를 원하는 경우에 사용한다.

이 책의 예제 애플리케이션에서는 크론잡을 통해 잡 리소스를 이용하지만 1회로 끝나는 처리를 하고 싶을 경우 직접 잡 리소스를 생성할 수도 있다.

3.2.8 잡 리소스의 동작

다음에는 잡 리소스로 실행되는 처리가 어떻게 수행되는지 살펴보자.

잡 실행 수

잡 리소스에서는 설정 내용에 따라 여러 개의 처리를 병렬로 실행할 수 있다. 잡의 실행 수를 규정하는 파라미터에는 잡 정의와 관련된 .spec.completions와 .spec.parallelism이 있다.[8]

.spec.completions는 그 잡이 완료될 때까지 실행 종료해야 하는 파드 수를 나타낸다. 기본값은 1이기 때문에 명시적으로 설정하지 않으면 '파드 하나가 정상 종료되면 그 잡은 완료됨'을 의미한다.

.spec.parallelism은 그 잡을 실행할 때 병렬로 실행되는 파드 수를 의미한다. 이 또한 기본값은 1이며 명시적으로 설정하지 않으면 '병렬 실행을 수행하지 않음'을 의미한다.

잡 실행 패턴

이와 같은 파라미터를 사용하면 다음과 같은 잡 실행 패턴을 구현할 수 있다.[9]

> 1 **단일 파드를 실행하는 실행 패턴**
>
> .spec.completions와 .spec.parallelism 모두 기본값(1)을 사용하는 경우, 잡 리소스 1에 대해 파드 하나가 생성되며 그 파드가 정상 종료되면 잡이 완료된다.

---

8 .spec.completions와 같이 기술한 내용은 YAML 파일 '.spec 안에 있는 .completions'를 의미한다.

9 자세한 내용은 쿠버네티스 공식 문서의 '잡(https://kubernetes.io/ko/docs/concepts/workloads/controllers/job)'을 참고하기 바란다.

2 완료해야 할 파드 수를 설정하는 실행 패턴

.spec.completions를 설정한 경우 .spec.completions로 설정한 수의 파드가 정상 종료되면 그 잡은 완료된다. 이때 .spec.parallelism은 필수가 아니지만 설정한 수만큼 파드가 병렬로 실행된다(설정하지 않을 경우 동시에 파드 여러 개가 실행되지 않고 하나씩 실행된다).

3 작업 큐형 실행 패턴

동시에 파드 여러 개를 실행하고 작업 큐^{Work Queue}를 순차적으로 처리하는 패턴이다. 작업 큐를 사용하는 경우는 큐, 데이터베이스, 파일 등 무엇이든 상관없이 외부 처리 대상을 유지하고 그것을 순차적으로 처리한다. 처리 대상이 없어지면 완료 처리가 된다. .spec.completions는 설정하지 않고 .spec.parallelism을 설정하여 실행한다.

이 책의 예제 애플리케이션에서는 가장 단순한 1번 패턴을 사용한다.

잡 재시도 횟수

또 하나 잡 리소스에서 중요한 파라미터로 .spec.backoffLimit가 있다. 이 항목은 잡에서 생성된 파드가 비정상 종료한 경우 몇 번을 재실행할지 설정하는 것이다. 기본값은 6이다.

또 잡의 재실행에 대해 알아둬야 할 항목으로 지수 백오프 지연^{exponential back-off}가 있다. 지수 백오프는 처리를 여러 번 재실행할 때 횟수가 증가함에 따라 재실행을 다시 할 때까지의 대기 시간을 지수 함수적으로 증가시키는 것이다.

같은 간격으로 처리 재실행을 반복하면 비정상 종료한 처리가 많아질 수 있다. 그럼 그 많은 양의 처리들을 동시에 실행해야 한다. 그러나 지수 백오프를 사용하면 처음 처리가 진행된 후 시간이 지나면서 재실행 간격이 늘어나기 때문에 비정상 종료한 처리 수보다 동시에 실행되는 처리 수가 줄어들게 된다.

인프라 환경상의 문제로 처리가 비정상 종료되었을 경우 문제가 발생한 부분에 의존하는 처리여러 개가 동시에 비정상 종료되는 것을 생각해볼 수 있다. 또한 처리 재실행 때문에 동시에 실행되는 처리가 증가하면 인프라 성능에 더 영향을 줄 수 있다. 지수 백오프는 이처럼 처리가 증가하는 상황을 막기 위해 사용하는 구조다.

잡 리소스에서 지수 백오프는 상한이 6분으로 되어 있어 최대 6분 간격으로 재실행한다.

3.2.9 크론잡 고유의 설정과 유의점

잡의 개요에 대해 이해했다면 다시 크론잡으로 돌아와 고유의 중요한 설정 항목과 유의점에 대해 살펴보자. 크론잡은 설정한 스케줄에 따라 잡을 생성하고 잡 정의에 따라 프로그램을 실행한다. 크론잡 고유의 설정 항목으로 중요한 것은 `.spec.schedule`와 `.spec.concurrencyPolicy`이다.

스케줄 정의

`.spec.schedule`는 이름 그대로 잡 실행의 스케줄을 정의하는 것이며 크론과 같이 스페이스로 구분한 문자열로 설정한다. 각 항목은 순서대로 '분', '시', '일', '월', '요일'을 의미한다.

각 항목의 설정값은 표 3.2.1과 같다.

표 3.2.1 .spec.schedule 설정값

No	설정값	값의 범위	비고
1	분	0~59	
2	시	0~23	
3	일	1~31	
4	월	1~12	
5	요일	0~6	0은 일요일을 의미한다.

예제 애플리케이션에서는 다음처럼 설정했다(3.2.6 코드 3.2.3의 ❹ 참고).

```
*/5 * * * *
```

앞 설정은 '매 시 0분, 5분, 10분, …과 같이 5분 간격으로 실행'한다는 것을 의미한다. 또 '3-58/5'와 같이 스케줄 앞에 범위를 설정하면 '매시 3분, 8분, 13분, … 58분'과 같이 0분으로 시작하지 않는 형태의 간격으로도 실행할 수 있다.

또 크론잡에서 설정한 시각은 마스터 노드의 타임존에 따라 달라진다. EKS의 경우 타임존으로 UTC를 사용하므로 주의하기 바란다.

동시 실행 제어

`.spec.concurrencyPolicy`는 이전에 스케줄링된 잡 실행이 미완료인 상태에서 다음 스케줄 시각에 도달했을 때 어떻게 동작할지를 설정한다.

설정 가능한 값은 `Allow`, `Forbid`, `Replace`이며 기본값은 `Allow`이다. 값 각각을 설정한 경우의 동작은 표 3.2.2와 같다.

표 3.2.2 `.spec.concurrencyPolicy` 설정값

No	설정값	동작
1	Allow	동시 실행 허가. 기본값
2	Forbid	실행 중인 잡을 남기고 신규 잡 생성은 건너뛰기
3	Replace	실행 중인 잡을 종료하고 신규로 잡 생성

예제 애플리케이션에서는 `.spec.concurrencyPolicy`를 Forbid로 설정했기 때문에(3.2.6의 코드 3.2.3 ❺ 부분 참고) 이전에 실행한 잡이 남아 있을 경우 다음 스케줄 시각이 되어도 새로운 잡이 생성되지 않는다.

크론잡으로 동작시키는 컨테이너를 개발할 때의 주의점

쿠버네티스 문서 중 '크론잡의 한계Cron Job Limitations[10]'에는 다음과 같은 설명이 있다.

'A cron job creates a job object about once per execution time of its schedule. We say "about" because there are certain circumstances where two jobs might be created, or no job might be created. We attempt to make these rare, but do not completely prevent them. Therefore, jobs should be idempotent.'

'크론잡은 일정한 실행 시간마다 약 한 번의 잡 오브젝트를 생성한다. '약'이라고 표현한 이유는 특정 환경에서 잡 2개가 만들어지거나 잡이 생성되지 않기도 하기 때문이다. 보통 이렇게 되지 않도록 해야겠지만 완벽할 수는 없다. 따라서 잡은 멱등원이 된다.'

---

10 https://kubernetes.io/ko/docs/concepts/workloads/controllers/cron-jobs/#cron-job-limitations

이는 기본적으로 크론잡은 한 번의 실행 시점에 잡 하나가 생성되고, 드물기는 하지만 크론잡에서 잡 여러 개가 생성되는(또는 하나도 생성되지 않는) 경우도 있어 잡은 멱등성을 갖도록 작성해야 한다는 의미다. 참고로 잡이 멱등성을 갖는다는 것은 같은 조건일 경우 잡을 몇 번을 실행해도 같은 상태가 된다는 의미다.

이러한 쿠버네티스의 제한 사항이 없다고 해도 배치 애플리케이션은 멱등성을 갖도록 만드는 것이 운영을 고려했을 때 많은 장점을 갖는다. 애플리케이션 설계 시 유의해야 한다.

3.2.10 컨테이너를 동작시키기 위한 기타 리소스

쿠버네티스에는 이 절에서 설명한 파드, 레플리카셋, 디플로이먼트, 잡, 크론잡 이외에 컨테이너를 동작시키기 위한 리소스로 데몬셋^{DaemonSet}, 스테이드풀셋^{StatefulSet}이 있다. 이 리소스들은 비교적 특수한 용도의 리소스로 예제 애플리케이션에서는 이용하지 않는다. 하지만 리소스의 개요와 사용 목적에 대해 간단히 설명해둔다.

노드 각각에 반드시 파드 하나를 동작시키는 데몬셋

먼저 데몬셋에 대해 설명한다. 쿠버네티스 클러스터에 데몬셋을 등록하면 그 안에 정의된 파드가 클러스터에 속한 워커 노드별로 하나씩 동작하게 된다.

데몬셋의 활용 사례로는 로그 수집용 에이전트를 노드 각각에 배포해야 하는 상황이 있다. 이 책의 예제 애플리케이션에서는 사용하지 않았지만 4.1절, 4.2절에서 애플리케이션 모니터링, 로그 수집용으로 데몬셋을 이용한다.

데몬셋은 일반적인 애플리케이션 개발에 사용하기 위한 것이지 컨테이너를 동작시키기 위한 리소스는 아니다. 클러스터 내부에서 공통으로 사용하는 기능을 구현하기 위한 리소스라고 생각하면 된다.

영구 데이터를 다루기 위한 스테이트풀셋

레플리카셋(또는 레플리카셋을 뒤에서 생성하는 디플로이먼트)을 사용하면 파드가 비정상 종료된 경우에도 자동으로 파드를 재시작하거나 다른 노드에 재생성하여 특정 파드 수를 유지할 수 있는 구조로 되어 있다. 여기서 유의해야 할 점은 레플리카셋에서 파드가 재생성된 경우 그 파드는 매번 초기화된 상태로 동작한다는 점이다.

컨테이너는 동작시킬 때 매번 컨테이너 이미지를 이용하여 생성되기 때문에 기본적으로 초기화된 상태로 만들어진다고 생각해야 한다. 그러나 데이터베이스와 같이 저장해서 유지해야 할 데이터가 필요한 경우 파드를 재시작하면 데이터가 초기화되어 문제가 발생할 수 있다. 그래서 쿠버네티스는 파드 외부에 볼륨 형태로 데이터를 저장한 후 파드가 재시작되더라도 그때까지 사용했던 볼륨을 계속 사용할 수 있는 구조로 되어 있다. 스테이트풀셋은 이런 동작을 지원하는 리소스다.

레플리카셋과 디플로이먼트에서 동작시킨 파드처럼 고유의 상태를 갖지 않고, 모든 파드가 같은 상태를 갖는 것을 '스테이트리스Stateless'라고 하며, 데이터베이스처럼 파드별로 고유의 상태를 갖는 것을 '스테이트풀Stateful'이라고 한다. 스테이트풀셋이란 바로 '스테이트풀'한 애플리케이션을 동작시키기 위한 리소스다.

그러나 쿠버네티스에서 스테이트풀 애플리케이션을 동작시키는 것은 운영적인 측면에서 추천하지 않는 사용 방법이다. 현재 스테이트풀 애플리케이션이 필요할 경우 쿠버네티스 클러스터 외부에서 구성하는 것이 무난하다고 할 수 있다.

3.2.11 네임스페이스

마지막으로 네임스페이스에 대해 설명한다. 네임스페이스는 컨테이너를 동작시키기 위한 리소스는 아니지만 컨테이너가 동작하는 클러스터를 논리적으로 사용하기 위한 리소스다.

쿠버네티스 표준으로 생성되는 네임스페이스

쿠버네티스에는 표준으로 다음 네임스페이스Namespace 3개가 존재한다고 소개한다.

- default
- kube-system
- kube-public

default는 명시적으로 네임스페이스를 설정하지 않았을 경우에 사용되는 네임스페이스다. kube-system은 쿠버네티스에 의해 생성하는 오브젝트가 사용하는 네임스페이스다. kubepublic은 모든 사용자(미인증 사용자 포함)가 참조할 수 있는 네임스페이스다. 이 중 kube-system은 쿠버네티스가 사용하는 것이며 일반적으로는 애플리케이션 리소스를 여기에 생성해서 사용하지 않는다. 또한 kube-public도 클러스터가 어떤 이유에서 리소스를 외부로 공개할 때 사용하는 네임스페이스이며 일반적으로는 클러스터 사용자가 사용하지 않는다.

예제 애플리케이션에서 사용한 네임스페이스

예제 애플리케이션 환경에서는 eks-work라는 네임스페이스를 생성했고 예제 애플리케이션용 디플로이먼트와 크론잡을 비롯한 리소스를 이 네임스페이스에 생성했다.

2장에서 예제 애플리케이션 환경을 구축했을 때 kubectl get all 명령으로 디플로이먼트와 크론잡, 파드 등의 리소스 목록을 확인했다. 하지만 kubectl get 명령에서는 네임스페이스를 명시적으로 설정하지 않을 경우 컨텍스트에서 설정된 네임스페이스(컨텍스트에 네임스페이스가 설정되어 있지 않을 경우 default)의 리소스만 표시된다.

이와 같이 네임스페이스를 분리하여 사용자 또는 그룹별로 할당해 사용하면 자신의 리소스를 다른 사용자의 리소스와 구별할 수 있으므로 같은 이름이 충돌하거나 다른 사용자의 리소스를 실수로 변경하는 등의 사고를 막을 수 있다.

그러나 다음에 설명하는 제한 설정을 하지 않으면 kubectl 명령어의 --namespace 옵션을 사용하여 다른 네임스페이스에 대한 리소스를 조작할 수 있다.

네임스페이스를 이용한 클러스터 리소스 제한

네임스페이스는 단순히 리소스를 배치하는 논리적인 구분 외에도 리소스 쿼터^{ResourceQuota}(3.7.4 참고)나 네트워크 정책^{NetworkPolicy}(4.4.4 참고)과 같은 리소스 또는 RBAC$^{Role-Based Access Control}$(4.4.1 참고)의 구조가 있다. 이를 함께 사용하면 리소스 사용량과 네트워크 통신 제한 또는 클러스터에 대한 권한 제어를 실행할 수 있다. 본격적으로 쿠버네티스 클러스터를 여러 사용자 또는 그룹에서 공용으로 사용할 경우 네임스페이스를 이용해 여러 가지 제약을 설정해야 하며 운영상 중요한 역할을 담당한다.

네임스페이스를 정의할 매니페스트 파일

마지막으로 2.4.5에서 예제 애플리케이션을 구축하면서 사용한 네임스페이스 생성용 매니페스트 파일 eks-env/20_create_namespace_k8s.yaml에 대해 설명한다. 내용은 매우 간단하며 코드 3.2.4와 같다.

코드 3.2.4 20_create_namespace_k8s.yaml

```
apiVersion: v1
kind: Namespace ----------- ❶
metadata:
  name: eks-work ----------- ❷
```

❶에서는 kind에 네임스페이스를 설정하고 이 매니페스트 파일이 네임페이으스 정의임을 나타낸다. ❷에서는 생성한 네임스페이스 이름을 설정한다.

지금까지 2장에서 생성한 예제 애플리케이션에서 사용하는 컨테이너를 동작시키기 위한 리소스로 디플로이먼트와 크론잡, 그 후에 생성되는 레플리카셋, 파드, 잡이라는 리소스에 대해 설명했다. 또 이들 외에도 쿠버네티스에서 컨테이너를 동작시키기 위한 리소스인 데몬셋과 스테이트풀셋에 대해 간단히 소개했다. 마지막으로 디플로이먼트와 크론잡을 비롯한 쿠버네티스상의 리소스를 논리적으로 분리하는 네임스페이스에 대해 설명했다. 다음 절에서는 이 리소스들을 이용하여 생성한 파드를 클러스터 외부에서 이용하는 방법을 설명한다.

Column 디플로이먼트 업데이트와 롤백

디플로이먼트는 단순한 파드 생성만 담당하는 것이 아니다. 정의 변경(디플로이먼트 업데이트)을 단계적으로 실행하거나, 정의 변경의 롤백 구조도 있다. 그런 이유로 디플로이먼트 → 레플리카셋 → 파드라는 계층 구조로 파드를 생성한다는 것을 3.2절에서 설명했다. 여기에서는 정의 변경을 담당하는 디플로이먼트의 업데이트와 롤백을 살펴본다.

디플로이먼트 업데이트는 컨테이너 이미지 버전 변경(애플리케이션 버전 업데이트 등) 작업이 이해하기 쉽겠지만, 이 작업에는 여러 버전의 컨테이너 이미지를 준비해야 하는 등 사전 작업이 필요하므로 여기서는 파드 설정 변경(requests에서 설정한 CPU값 변경)을 예로 들어 설명한다.

nginx 배포

먼저 nginx 컨테이너 이미지가 설정된 디플로이먼트를 생성한다. 예제 소스 코드에 있는 column-deployment-update 디렉터리로 이동하여 다음과 같은 명령을 실행한다.

```
$ kubectl apply -f 01_nginx_deployment_k8s.yaml
deployment.apps/nginx created
```

그리고 다음 명령을 실행하여 생성된 리소스를 확인한다.

```
$ kubectl get all
NAME                          READY     STATUS      RESTARTS    AGE
pod/nginx-5566fb9d86-7jv6p    1/1       Running     0           7s
pod/nginx-5566fb9d86-mz7f9    1/1       Running     0           7s


NAME                       READY    UP-TO-DATE    AVAILABLE    AGE
deployment.apps/nginx      2/2      2             2            7s


NAME                                    DESIRED    CURRENT    READY    AGE
replicaset.apps/nginx-5566fb9d86        2          2          2        7s
```

출력 결과를 살펴보면 kubectl apply 명령으로 생성한 디플로이먼트에서 'nginx-5566fb9d86' 이라는 레플리카셋이 생성되고, 다시 그 레플리카셋에서 'nginx-5566fb9d86-7jv6p', 'nginx-5566fb9d86-mz7f9'라는 파드 2개가 생성된 것을 알 수 있다.

Kubectl describe 명령으로 requests값 확인

디플로이먼트 설정 변경을 하기 전에 kubectl describe 명령으로 현재 파드 설정을 확인해두자. 디플로이먼트 매니페스트에서는 requests값이 다음과 같이 정의되어 있다.

코드 3.2.A 01_nginx_deployment_k8s.yaml(일부분)

```
resources:
  requests:
    cpu: 100m
    memory: 512Mi
  limits:
    cpu: 250m
    memory: 768Mi
```

kubectl describe 명령의 실행 결과는 다음과 같다. 정확히 매니페스트에서 설정한 대로 되었다는 것을 알 수 있다.

```
$ kubectl describe pod nginx-5566fb9d86-7jv6p
# …(중간 생략)…
    Limits:
        cpu:        250m
        memory:     768Mi
    Requests:
        cpu:        100m
        memory:     512Mi
# …(이후 생략)…
```

디플로이먼트 설정 변경

다음에는 requests값을 변경한 매니페스트를 kubectl apply 명령으로 적용한다. '02_nginx_deployment_cpu200_k8s.yaml'에서는 requests값이 다음과 같이 변경되어 있다.

코드 3.2.B 02_nginx_deployment_cpu200_k8s.yaml(일부분)

```
        resources:
          requests:
            cpu: 200m   # 100m에서 변경
            memory: 512Mi
          limits:
            cpu: 250m
            memory: 768Mi
```

이 매니페스트 파일을 다음 명령으로 적용한다.

```
$ kubectl apply -f 02_nginx_deployment_cpu200_k8s.yaml
deployment.apps/nginx configured
```

실행 후 kubectl get all을 실행하고 리소스 상태를 확인하자(가능하면 kubectl apply 명령 실행 후 바로 실행한다).

```
$ kubectl get all
NAME                            READY   STATUS        RESTARTS   AGE
pod/nginx-5566fb9d86-7jv6p      1/1     Running       0          2m47s
pod/nginx-5566fb9d86-mz7f9      0/1     Terminating   0          2m47s
```

```
pod/nginx-7b8f8599d8-khbxf    1/1      Running               0          5s
pod/nginx-7b8f8599d8-ltdn7    0/1      ContainerCreating     0          1s


NAME                     READY    UP-TO-DATE   AVAILABLE    AGE
deployment.apps/nginx    2/2      2            2            2m48s


NAME                                 DESIRED   CURRENT   READY   AGE
replicaset.apps/nginx-5566fb9d86     1         1         1       2m48s
replicaset.apps/nginx-7b8f8599d8     2         2         1       6s
```

처음 kubectl get all 명령을 실행했을 때보다 더 많은 내용이 출력되는 것을 알 수 있다. 그 내용을 보면 다음과 같은 변화를 볼 수 있다.

- 처음에 생성된 파드(nginx-5566fb9d86-mz7f9)의 상태가 'Terminating'으로 바뀌었고, 새로운 파드 2개가 생성되었다(nginx-7b8f8599d8-khbxf, nginx-7b8f8599d8-ltdn7).
- 레플리카셋이 하나 추가(nginx-7b8f8599d8)되어 처음 생성되었던 레플리카셋(nginx-5566fb9d86)의 파드 수가 감소하고 있다(DESIRED/CURRENT/READY 2 → 1).

잠시 후(약 10초 정도 이후) 다시 상태를 살펴보자.

```
$ kubectl get all
NAME                          READY    STATUS     RESTARTS    AGE
pod/nginx-7b8f8599d8-khbxf    1/1      Running    0           2m50s
pod/nginx-7b8f8599d8-ltdn7    1/1      Running    0           2m46s


NAME                     READY    UP-TO-DATE   AVAILABLE    AGE
deployment.apps/nginx    2/2      2            2            5m32s


NAME                                 DESIRED   CURRENT   READY   AGE
replicaset.apps/nginx-5566fb9d86     0         0         0       5m32s
replicaset.apps/nginx-7b8f8599d8     2         2         2       2m50s
```

파드는 신규로 생성된 파드만 출력된다는 것을 알 수 있다. 레플리카셋에도 그 상태가 반영되어 처음 생성된 'nginx-5566fb9d86'은 DESIRED/CURRENT/READY 모두 숫자가 0으로 되어 있다.

이와 같이 디플로이먼트에 대해 설정 변경을 적용하면 쿠버네티스 클러스터 안에서는 변경 후 설정으로 업데이트하기 위해 레플리카셋이 만들어지고 이전 레플리카셋에서는 단계적으로 파드가 줄어들어 새로운 레플리카셋의 파드로 전환되는 움직임을 볼 수 있다.

설정 변경 롤백 - 리비전 확인

설정 변경이 적용된 후에도 이전 레플리카셋이 남아 있는 데 주목하자. 이전 레플리카셋은 파드 수가 0으로 되어 있어 실질적으로 사용하지 않는 상태지만, 이 레플리카셋이 남아 있으면 설정 변경을 롤백 하여 원래 설정 상태로 되돌릴 수 있다.

먼저 설정 변경에 따라 디플로이먼트 2개의 상태가 쿠버네티스상에서 어떻게 관리되는지 확인해보자. kubectl rollout history 명령을 사용하면 디플로이먼트에 대한 리비전^{Revision} 2개가 생성되어 있 는 것을 확인할 수 있다.

```
$ kubectl rollout history deployment nginx
deployment.apps/nginx
REVISION   CHANGE-CAUSE
1          <none>
2          <none>
```

앞 명령에 --revision 옵션을 추가하면 더 상세한 설정 내용을 확인할 수 있다.

```
$ kubectl rollout history deployment nginx --revision=1
deployment.apps/nginx with revision ----------- ❶
Pod Template:
    Labels:         app=nginx
                    pod-template-hash=5566fb9d86
    Containers:
     nginx:
      Image:      nginx
      Port:       80/TCP
      Host Port:  0/TCP
      Limits:
        cpu:        250m
        memory:     768Mi
      Requests:
        cpu:        100m
        memory:     512Mi
      Environment:        <none>
      Mounts:       <none>
     Volumes:       <none>


$ kubectl rollout history deployment nginx --revision=2
deployment.apps/nginx with revision ----------- ❷
Pod Template:
```

```
    Labels:          app=nginx
                     pod-template-hash=7b8f8599d8
    Containers:
     nginx:
      Image:         nginx
      Port:          80/TCP
      Host Port:     0/TCP
      Limits:
        cpu:         250m
        memory:      768Mi
      Requests:
        cpu:         200m
        memory:      512Mi
      Environment:            <none>
      Mounts:        <none>
    Volumes:         <none>
```

이 실행 내용을 살펴보면 설정 변경 전 상태는 리비전 1, 설정 변경 후 상태는 리비전 2라는 것을 알 수 있다. 지금은 설정 변경 후의 상태이므로 리비전 2가 적용되어 있을 것이다.

설정 변경 롤백 – 리비전을 지정한 롤백

리비전 1로 롤백을 실행해보자. 롤백은 다음 명령으로 실행할 수 있다.

```
$ kubectl rollout undo deployment nginx --to-revision=1
deployment.apps/nginx rolled back
```

앞에서와 같이 kubectl get all 명령으로 리소스 상태를 확인해보자.

```
$ kubectl get all
NAME                          READY    STATUS             RESTARTS    AGE
pod/nginx-5566fb9d86-7tqx9    1/1      Running            0           4s
pod/nginx-5566fb9d86-s7bqw    0/1      ContainerCreating  0           0s
pod/nginx-7b8f8599d8-khbxf    1/1      Terminating        0           19m
pod/nginx-7b8f8599d8-ltdn7    1/1      Running            0           19m

NAME                    READY    UP-TO-DATE    AVAILABLE    AGE
deployment.apps/nginx   2/2      2             2            21m

NAME                                DESIRED    CURRENT    READY    AGE
```

```
replicaset.apps/nginx-5566fb9d86    2       2       1       21m
replicaset.apps/nginx-7b8f8599d8    1       1       1       19m
```

실행하면 나중에 생성된 파드가 Terminating되면서 새로운 파드가 생성되는 것을 알 수 있다. 새롭게 생성된 파드는 'nginx-5566fb9d86'으로 시작되는 이름이며, 이 이름은 처음(설정 변경 전)에 생성된 레플리카셋의 이름이다.

이처럼 롤백(kubectl rollout undo 명령)을 실행하면 설정 변경 후의 레플리카셋에서 파드가 줄어들고 기존 레플리카셋에 파드가 생성되는 것을 알 수 있다.

기존에 애플리케이션 버전 업데이트나 설정 변경, 릴리즈 후 문제가 발생한 경우 롤백과 같은 작업은 매우 복잡한 절차와 구조를 필요로 했다. 그러나 쿠버네티스에서는 내부 리소스 이력 관리 구조가 있어 몇 가지 명령만 이용해 간단히 설정 변경이나 롤백을 할 수 있다.

3.3 컨테이너를 외부로 공개하기 위한 리소스

앞 절에서는 쿠버네티스 클러스터에서 컨테이너를 동작시키기 위한 리소스에 대해 설명했다. 그러나 이렇게 동작시킨 애플리케이션은 클러스터 외부에서 접속할 수 없다.

배치 애플리케이션이라면 클러스터 외부에서 접속할 필요가 없으므로 공개 여부를 고민하지 않아도 되지만 API 애플리케이션은 클러스터 외부에서 접속할 수 있어야 존재 의미가 있다. 이 절에서는 이와 같이 쿠버네티스 클러스터에서 동작하는 컨테이너를 클러스터 외부에서 접속할 수 있도록 공개하는 방법에 대해 설명한다.

3.3.1 파드를 서비스로 묶기

쿠버네티스에서 컨테이너를 동작시킬 경우 최소 단위로 파드가 생성된다고 앞 절에서 설명했다. 그러나 파드가 여러 개 있을 경우, 호출하는 쪽에서 어떤 파드가 실제로 존재하며 정상적으로 동작하는지 파악하여 호출한다는 것은 현실적이지 않다.

쿠버네티스에서는 서비스^{Service} 리소스를 이용하여 파드 여러 개를 묶어 하나의 DNS 이름으로 접속할 수 있다. 또 서비스를 이용하면 해당 서비스를 구성하는 파드 중 정상적으로 동작하는 파드에만 요청을 할당할 수 있다.

예제 애플리케이션의 서비스 리소스

그럼 예제 애플리케이션에서 사용한 서비스 리소스에 대한 정의를 살펴보자. 코드 3.3.1에서 API 애플리케이션을 공개하기 위해 사용한 매니페스트 YAML(eks-env/23_service_backend-app_k8s.yaml) 파일 내용이다.

코드 3.3.1 23_service_backend-app_k8s.yaml

```
apiVersion: v1 ---------------------- ❶
kind: Service ----------------------- ❷
metadata:
  name: backend-app-service ---------- ❸
spec:
  type: LoadBalancer ---------------- ❹
  selector:
    app: backend-app ---------------- ❺
  ports:
  - protocol: TCP ------------------- ❻
    port: 8080 --------------------- ❼
    targetPort: 8080 --------------- ❽
```

❶은 여기서 정의한 서비스 리소스가 따르는 버전이고, ❷는 이 매니페스트가 서비스 리소스를 정의한다는 것을 나타낸다. ❸은 서비스 리소스 이름이다. 이 이름이 DNS 이름으로 등록되어 클러스터 내부에서 참조할 수 있게 된다.

❹는 서비스 종류다. 여기서 설정한 값에 따라 서비스를 등록할 때의 동작이 달라진다. 서비스 종류에 대해서는 이후에 설명하겠지만 이 예제와 같이 로드밸런서를 정의하면 서비스로 동작하는 로드밸런서가 생성되고 로드밸런서를 통해 접속이 가능해진다.

❺는 이 서비스가 대상으로 하는 파드를 선택하기 위한 셀렉터 정의다. 이 예제에서는 app에서 backend-app라는 파드를 정의한다. ❻, ❼은 이 서비스에 접속하기 위한 프로토콜과 포트 번호, ❽은 파드쪽 포트 번호다. 이 정의는 'TCP 프로토콜을 사용하고 서비스에 8080번 포트(❼에서 설정한 포트)를 할당하며 파드의 8080번 포트(❽에서 설정한 포트)에 매핑한다'라는 의미다.

3.3.2 서비스 리소스 타입

여기서는 서비스 리소스의 타입과, 타입 각각을 설정한 경우 쿠버네티스 클러스터에서의 동작을 설명한다(표 3.3.1 참고).

표 3.3.1 서비스 리소스 타입

No.	설정값	동작
1	ClusterIP	서비스에 대해 클러스터 내부에서 유효한 IP 주소를 부여한다. 클러스터 외부에서는 접속할 수 없다.
2	NodePort	각 노드에서 해당 서비스에 접속하기 위한 포트를 열고 클러스터 외부에서 접속 가능하도록 한다.
3	LoadBalancer	NodePort에서 열린 노드 각각의 서비스 공개용 포트를 묶는 형태로 클러스터 외부에 로드밸런서를 구축한다. EKS의 경우 기본으로 CLB(Classic Load Balancer)가 생성된다(설정에 따라 NLB(Network Load Balancer)로 변경 가능.[11] ALB(Application Load Balancer)는 사용할 수 없다).
4	ExternalName	No. 1~3과 달리 클러스터 내부의 파드를 공개하기 위한 리소스가 아닌 클러스터 외부의 엔드포인트를 클러스터 내부에 공개하기 위한 서비스 리소스 타입이다. 파드 각각이 외부 서비스를 직접 호출하지 않고 ExternalName으로 등록한 서비스에 접속하면 외부 서비스와 클러스터 내부 파드를 느슨한 결합으로 연결할 수 있다.

앞에서 본 내용과 같이 예제 애플리케이션에서는 LoadBalancer 타입 서비스를 생성했다. LoadBalancer 타입 서비스에서는 클러스터 외부에 로드밸런서가 생성되는데, 이는 클라우드 서비스 제공자의 특성에 따른 동작이다. EKS의 경우 ELB[Elastic Load Balancing]의 로드밸런서(Classic Load Balancer 또는 Network Load Balancer)가 생성된다.[12]

생성된 로드밸런서 구성

LoadBalancer 타입 서비스를 이용해 생성되는 로드밸런서가 어떻게 구성되는지 AWS 관리 콘솔을 통해 확인해보자. 여기서는 예제 애플리케이션에서도 사용한 CLB[Classic Load Balancer]의 경우를 설명한다.

---

11 NLB로 변경하는 방법은 'Amazon EKS의 네트워크 로드 밸런싱(https://docs.aws.amazon.com/ko_kr/eks/latest/userguide/load-balancing.html)'을 참고한다.

12 ELB의 로드밸런서 각각에 대해서는 2.1.3도 참고하기 바란다.

먼저 Amazon EC2의 '로드밸런서' 메뉴에서 '인스턴스' 탭을 선택해 로드밸런서에 등록된 인스턴스를 살펴보자. 그림 3.3.1을 보면 워커 노드 2개가 등록되어 있고 모두 'InService' 상태인 것을 알 수 있다. '가용 영역'은 클러스터를 구축할 때 설정한 3개(서울 리전의 가용 영역 3개)가 등록된 것을 알 수 있다.

그림 3.3.1 로드밸런서의 '인스턴스' 탭

다음은 '상태 검사' 탭이다. 상태 검사 탭에서는 다음 설정을 확인할 수 있다(그림 3.3.2 참고).

- Ping 대상: TCP:32760

- 제한 시간: 5초

- 간격: 10초

- 비정상 임계 값: 6

- 정상 임계 값: 2

그림 3.3.2 로드밸런서 '상태 검사' 탭

CLB를 AWS 관리 콘솔에서 생성할 경우 ping 대상은 기본값으로 'HTTP'지만 여기서는 'TCP'로 되어 있다. 'HTTP'의 경우 정상 응답을 반환하는 경로(/index.html 등)를 설정해야 한다. 하지만 TCP의 경우에는 이 포트에 응답이 있을 때 OK를 반환하도록 설정이 되어 있어 더 편리하다.

포트 번호 '32760'은 NodePort 타입의 서비스가 할당된 것이다. 여기서 생성된 서비스 타입은 LoadBalancer이지만 NodePort 타입이 할당되는 이유는 로드밸런서가 노드포트를 각 인스턴스(노드)의 접속 경로로 설정하기 때문이다.

해당 포트가 노드포트임은 kubectl describe 명령의 서비스 상세 정보에서 확인할 수 있다. 다음은 kubectl describe 명령을 실행한 결과다. NodePort 항목을 보면 로드밸런서에 설정되어 있던 '32760' 포트가 정확히 이 서비스에 대한 노드포트값임을 알 수 있다.

```
$ kubectl describe service backend-app-service
Name:                     backend-app-service
Namespace:                eks-work
Labels:                   <none>
Annotations:              <none>
Selector:                 app=backend-app
Type:                     LoadBalancer
IP:                       10.100.9.107
LoadBalancer Ingress:     a91cbc45bed374e5a803d72645fdddd6-1070404136.ap-
                          northeast-2.elb.amazonaws.com
Port:                     <unset>  8080/TCP
TargetPort:               8080/TCP
NodePort:                 <unset>  32760/TCP  # 노드포트로 32760이 할당되어 있음
Endpoints:                192.168.0.44:8080,192.168.2.124:8080
Session Affinity:         None
External Traffic Policy:  Cluster
Events:                   <none>
```

그림 3.3.3 서비스, 노드 포트, 파드 포트 번호

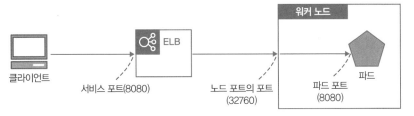

계속해서 '리스너' 탭을 살펴보자. 서비스 매니페스트의 Port에서 설정한 대로 로드밸런서로 수신한 포트는 8080이며 여기서 수신한 요청을 각 인스턴스(노드)의 32760번 포트로 전달하는 설정으로 되어 있다. 또 2.4.6에서 API 애플리케이션을 공개할 때도 언급했던 것처럼 이 책에서 구축한 환경에는 HTTPS를 사용하지 않으므로 '암호', 'SSL 인증서' 항목은 '해당 사항 없음'으로 되어 있다(그림 3.3.4 참고).

그림 3.3.4 로드밸런서 '리스너' 탭

3.3.3 컨테이너를 외부로 공개하는 또 하나의 방법

방금 설명한 대로 LoadBalancer 타입의 서비스를 만들면 EKS 클러스터의 컨테이너를 외부로 공개하여 인터넷을 통해 접속할 수 있다. 그러나 이 방법에는 다음과 같은 문제가 있다.

- 서비스 단위로 ELB가 생성되기 때문에 효율이 좋지 않다(ELB 여러 개를 생성하면 그만큼 비용이 발생한다).
- HTTP/HTTPS 로드밸런서로 더 많은 기능이 있는 ALB(Application Load Balancer)를 사용할 수 없다.

실제 쿠버네티스의 컨테이너로 개발된 서비스를 공개하는 방법에는 지금까지 설명한 LoadBalancer 타입 서비스를 사용하는 방법 이외에 인그레스[Ingress]를 사용하는 방법이 있다.

인그레스는 쿠버네티스 클러스터로 접근하는 입구를 만들기 위한 리소스라고 할 수 있다. 동작 환경(AWS 등의 클라우드 환경 등)에 적합한 인그레스 컨트롤러Ingress Controller를 같이 사용하면 쿠버네티스 클러스터에 접근할 공통 입구를 만들고 애플리케이션 여러 개를 클러스터 외부에 공개할 수 있다. EKS에서는 인그레스 컨트롤러로 AWS ALB 인그레스 컨트롤러[13]가 제공된다. 이름 그대로 이 인그레스 컨트롤러를 사용하면 ALB를 사용할 수 있다.

AWS ALB 인그레스 컨트롤러를 사용하려면 조금 복잡한 설정이 필요하므로 이 책에서는 구축 방법을 설명하지 않지만, EKS에서 클러스터상의 애플리케이션을 공개하는 방법으로 많이 사용되고 있다. 주석으로 제공한 깃허브 문서 등 인터넷에 도입 방법이 소개되어 있으므로 이 책의 내용을 이해한 다음에 실습해볼 단계로 삼으면 좋을 것이다.

Column 로드밸런서로 HTTPS 지원

이 책에서 구축한 환경에서는 API 통신 경로를 암호화하는 HTTPS가 아니라 평문으로 통신하는 HTTP를 사용한다. 실제로 EKS에서는 LoadBalancer 타입의 서비스 리소스를 통해 생성된 로드밸런서가 HTTPS 통신을 지원하며 ELB에서 사용하는 인증서는 AWS에서 무료로 발급받을 수 있다. 하지만 인증서를 발급받기 위해서는 별도의 도메인이 있어야 한다. 이 책에서는 도메인 없이도 테스트할 수 있도록 예제 애플리케이션에 HTTP 통신을 사용한 것이다.

그러나 실제 서비스를 개발하여 인터넷을 통해 접속할 경우 HTTPS 사용은 필수다. 이 칼럼에서는 예제 애플리케이션이 HTTPS를 지원하는 방법을 설명한다. 이어지는 설명에서는 저자의 도메인을 사용하지만 실제 테스트가 필요하다면 자신이 소유한 도메인을 사용하기 바란다.

또 여기서는 2장에서 구축한 API 애플리케이션을 사용하므로 환경 구축이 완료된 상태에서 실행해야 한다.

AWS Certificate Manager를 이용한 인증서 생성

인증서 생성은 AWS Certificate Manager(이하 ACM)를 사용한다. ACM에서 발행한 인증서는 ACM 통합 서비스(AWS 서비스 중 ACM에서 발급한 인증서를 사용할 수 있는 서비스. ELB는 그중 하나)에서만 사용할 수 있고, 비용이 발생하지 않는다. 여기서는 인증서 생성 방법에 대해 설명하지 않지만 AWS 공식 문서에서 소개하는 방법[14]을 잘 따르면 ACM 페이지에서 인증서를 생성할 수 있다.

---

13 https://github.com/kubernetes-sigs/aws-load-balancer-controller
14 '공용 인증서 요청(https://docs.aws.amazon.com/ko_kr/acm/latest/userguide/gs-acm-request-public.html)'을 참고한다.

또 ACM에서 인증서를 생성할 때는 생성 대상 도메인에 대한 소유자라는 것을 증명해야 한다. 증명하는 방법은 'DNS 검증', '이메일 검증' 두 가지며 전자는 AWS가 설정한 DNS 레코드(CNAME 레코드)를 해당 도메인의 DNS 서버에 설정하여 실행한다. CNAME 레코드를 등록한 후 조금 시간이 지나면 (10분 정도~최대 수시간 소요) 인증서 상태가 '검증 보류'에서 '발급 완료'로 변경된다.

EKS를 통해서 ELB에 해당 인증서를 적용할 때는 인증서 ARN[15]을 설정해야 한다. ARN은 AWS Certificate Manager 페이지의 '인증서 관리자' 메뉴를 선택해 확인할 수 있다.

그림 3.3.A AWS 인증서 관리자

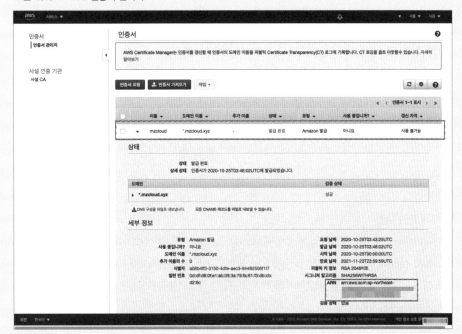

서비스 리소스의 매니페스트 수정

인증서를 생성하고 ARN 정보를 확인했다면 이제 서비스 리소스의 매니페스트를 수정하자. 예제 애플리케이션 구축에서 사용한 파일 중 '23_service_backend-app_k8s.yaml'을 수정한 파일을 사용한다.

---

15 ARN(Amazon 리소스 이름)은 AWS의 리소스를 설정하기 위한 식별자다. 여기에서는 인증서를 생성하면 확인할 수 있는 ARN으로만 인증서를 설정할 수 있다고 생각하면 된다. ARN에 대한 상세한 내용은 아마존 공식 문서의 'Amazon 리소스 이름(ARN)' (https://docs.aws.amazon.com/ko_kr/general/latest/gr/aws-arns-and-namespaces.html)'을 참고하기 바란다.

깃허브에서 클론했던 예제 소스 코드의 column-loadbalancer-https 디렉터리에 '23_service_
backend-app_https_k8s.yaml.template'이라는 파일을 준비해두었다. 이 파일과 예제 애플리케
이션 환경을 구축할 때 사용한 파일(23_service_backend-app_k8s.yaml)의 차이는 다음과 같다.

```
$ diff 23_service_backend-app_https_k8s.yaml.template \
> ../eks-env/23_service_backend-app_k8s.yaml
5,8d4
<   annotations:
<     service.beta.kubernetes.io/aws-load-balancer-backend-protocol: http
<     service.beta.kubernetes.io/aws-load-balancer-ssl-cert: ${CERT_ARN}
<     service.beta.kubernetes.io/aws-load-balancer-ssl-ports: "https"
15c11
<       port: 443
---
>       port: 8080
17d12
<       name: https
```

이 결과를 보면 annotations가 추가되었고 사용할 포트가 8080에서 443으로 변경되었다.

애너테이션 내용

애너테이션에는 세 가지 설정이 있다. 첫 번째 service.beta.kubernetes.io/awsload-balancer-
backend-protocol: http는 ELB 뒤에 있는 백엔드 서비스(EKS에서 동작하는 애플리케이션)와의
통신에서 사용할 프로토콜을 설정한다. 이 책에서 구성한 API 애플리케이션은 HTTP로 통신하는 형태
이므로로 http를 설정한다.

두 번째는 service.beta.kubernetes.io/aws-load-balancer-ssl-cert: ${CERT_ARN}이다.
${CERT_ARN}은 방금 확인한 인증서의 ARN을 설정하는 부분이다. 곧 설정 방법을 설명하겠지만 예
제 애플리케이션 구축에서 사용했던 방법과 같이 envsubst 명령어로 값을 치환하여 사용한다.

마지막은 service.beta.kubernetes.io/aws-load-balancer-ssl-ports: "443"이다. 여기에
는 ELB에 HTTPS로 접속하기 위한 포트 번호를 설정한다. 여기서는 HTTPS 표준 포트인 443을 설
정했다.[16]

---

16 '443,8443'과 같이 콤마로 구분하여 설정하면 포트 여러 개를 설정할 수 있다. 또 서비스 리소스에 대한 포트 선언(.spec.
   ports 항목) 중에 name을 설정하면 그 이름으로 설정('https' 등)할 수도 있다. 또 이 항목은 포트 번호를 큰따옴표로 설정
   해야 인식하는 것 같다. 이 애너테이션 항목의 AWS 설정 방법은 다음 쿠버네티스 공식 문서 'AWS에서 TLS 지원(https://
   kubernetes.io/ko/docs/concepts/services-networking/service/#ssl-support-on-aws)'에도 설명되어 있다.

다음 명령을 실행해 매니페스트를 EKS 클러스터에 적용한다.

```
$ CERT_ARN=<인증서ARN값> \
> envsubst < 23_service_backend-app_https_k8s.yaml.template | \
pipe> kubectl apply -f -
```

2장에서 설명한 방법에 따라 서비스 리소스를 이미 구축한 경우 설정이 변경되므로 다음과 같은 메시지가 출력된다.

```
service/backend-app-service configured
```

이 서비스 리소스를 신규로 생성한 경우 다음과 같은 메시지가 출력된다.

```
service/backend-app-service created
```

EC2 페이지에서 ELB 상태 확인

정상적으로 ELB가 설정되었는지 확인해보자. Amazon EC2의 왼쪽 메뉴에서 '로드밸런서'를 선택하면 로드밸런서 목록과 선택한 로드밸런서의 상세 정보가 표시된다. 이 로드밸런서에 설정된 포트 정보는 상세 정보의 '설명' 탭 → '포트 구성' 항목에 있으므로 확인한다(그림 3.3.B 참고).

그림 3.3.B EC2 페이지에서 로드밸런서 상세 정보 확인

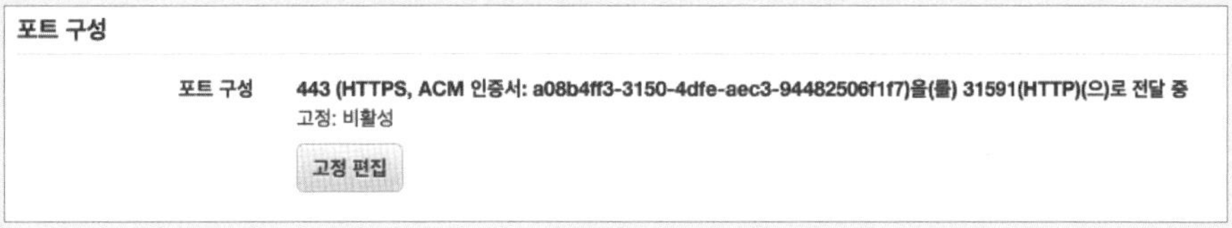

포트 구성	
포트 구성	443 (HTTPS, ACM 인증서: a08b4ff3-3150-4dfe-aec3-94482506f1f7)을(를) 31591(HTTP)(으)로 전달 중
	고정: 비활성
	고정 편집

내용을 살펴보면 443 포트(HTTPS)에서 요청을 수신하여 백엔드 서비스의 31591번 포트에 HTTP로 전송한다는 사실과 HTTPS에 ACM 인증서가 설정되어 있는 사실을 알 수 있다.

그렇다면 31591이라는 포트는 무엇일까?[17] 앞에서 생성한 서비스 리소스에 설정된 노드포트의 포트 번호다. 다음 명령을 실행해보자.

```
$ kubectl describe service backend-app-service
```

---

17 이 포트 번호는 실행할 때마다 다른 번호가 할당된다.

출력 내용 중 다음과 같은 행을 확인할 수 있다.

```
NodePort:                    https   31591/TCP
```

DNS 등록과 동작 확인

로드밸런서 설정이 끝나면 제대로 동작하는지 확인해야 한다. 이때 HTTPS를 통한 접속은 인증서에서 설정한 도메인 이름으로 수행해야 하기 때문에 먼저 DNS를 등록해야 한다(DNS 등록 방법은 사용하는 환경에 따라 다르므로 여기서는 생략한다).

AWS의 ELB를 사용하는 경우 DNS를 등록할 때는 CNAME 레코드를 이용한다. 접속에 사용할 호스트 이름을 ELB의 FQDN[18](Amazon EC2의 '로드밸런서' 메뉴에서 '설명' 탭 → '기본 구성' → 'DNS 이름' 또는 kubectl get service 명령으로 확인 가능)으로 변환할 수 있도록 CNAME 레코드를 설정한다. 도메인은 api.xxxxxx.xxx와 같이 서브 도메인 형태로 CNAME을 등록하여 테스트를 진행한다.

DNS 등록이 끝났다면 curl 명령어로 API에 접속해보자.[19]

```
$ curl -s https://<도메인 FQDN>/health
```

다음과 같이 메시지가 출력되면 성공한 것이다.

```
{"status":"OK"}
```

---

18 옮긴이: 전체 주소 도메인 네임(Fully Qualified Domain Name)을 뜻한다. 호스트 이름과 도메인 이름을 전체를 포함한 이름이다.

19 프런트엔드 애플리케이션에서 HTTPS로 접속하도록 할 수 있지만 프런트엔드 콘텐츠 등에 설정이 필요하므로 여기서는 curl 명령어로 확인한다.

3.4 설정 정보 등을 안전하게 저장하는 구조

1장에서는 도커 컨테이너 이미지에 애플리케이션과 그 실행 환경이 같이 포함되었기 때문에 도커 엔진만 설치되어 있다면 애플리케이션 동작이 보증된다고 설명했다. 하지만 그렇다고 해도 동적으로 설정하고 싶은 항목은 있기 마련이다. 예를 들어 데이터베이스 접속 정보, 사용자 이름, 비밀번호가 대표적인 항목이다. 여기서는 예제 애플리케이션에서 이런 값들을 전달하는 설정에 대해 설명한다.

3.4.1 환경 변숫값 전달

최근 모던 애플리케이션을 개발하기 위한 방법론으로 The Twelve-Factor App[20]이 자주 소개되고 있다. 그중에는 '애플리케이션 설정 정보는 환경 변수에 저장한다.'라는 정의가 있다. 이러한 정의를 두는 이유는 개발 환경, 스테이징 환경, 서비스 환경 등에서 취급하는 설정 정보가 다르다는 점 때문에 애플리케이션을 다시 빌드하는 일이 없도록 하기 위해서다. 쿠버네티스에서는 이와 같은 설정 정보를 파드의 환경 변수로 안전하게 전달하는 구조가 있다.

3.4.2 시크릿을 이용한 비밀 정보 전달

사용자 이름, 비밀번호 등을 누구나 접근할 수 있는 장소에 저장하면 위험하다. 그래서 미리 안전한 장소에 등록해두고 그 정보를 참조하는 방법으로 서비스를 구성해야 한다. 쿠버네티스에서는 시크릿[Secret]이라는 리소스를 이용해 그 구조를 구현한다.

2장에서도 간단히 설명했지만 예제 애플리케이션에서는 시크릿 2개를 생성한다. 하나는 backend-app이 사용하는 데이터베이스 접속 문자열, 사용자 이름, 비밀번호고, 또 하나는 batch-app이 사용하는 AWS CLI 액세스 키 ID, 비밀 액세스 키 정보다. 이 정보들을 미리 쿠버네티스의 시크릿에 등록해놓는다. 그리고 파드의 매니페스트에서는 해당 시크릿에서 값을 읽어 들여 파드 내부의 환경 변수에 설정하도록 정의한다(그림 3.4.1 참고).

---

20 https://www.12factor.net/ko

그림 3.4.1 파드가 시크릿에서 값을 읽어 들여 동작하기

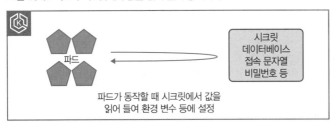

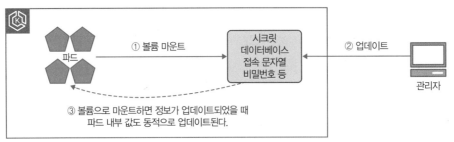

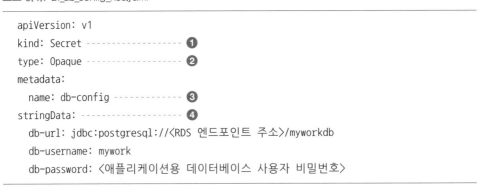

시크릿 등록 방법은 backend-app의 시크릿 매니페스트인 eks-env/21_db_config_k8s.
yaml(코드 3.4.1)을 기준으로 설명한다(다음 설명에서는 기본적으로 매니페스트 파일의 환경
변수를 envsubst 명령어로 치환한 설정이 담긴 YAML 파일을 예제로 사용한다).

코드 3.4.1 21_db_config_k8s.yaml

```
apiVersion: v1
kind: Secret ------------------ ❶
type: Opaque ------------------ ❷
metadata:
  name: db-config ------------ ❸
stringData: ------------------ ❹
  db-url: jdbc:postgresql://<RDS 엔드포인트 주소>/myworkdb
  db-username: mywork
  db-password: <애플리케이션용 데이터베이스 사용자 비밀번호>
```

❶은 시크릿 리소스를 사용한다는 의미고 ❷는 시크릿 타입을 설정한다. 예제 애플리케이션처
럼 환경 변수 이름과 여기에 해당하는 값을 키-값 형식의 쌍으로 삼아 등록할 경우 값을 Opaque
로 설정한다.[21] ❸은 시크릿 리소스 이름이다. ❹에서 실제 등록할 데이터를 키-값 형식으로 설

---

21 또 다른 시크릿 타입에는 SSL 인증서를 등록하기 위한 것과 쿠버네티스 내부의 기본 인증에 사용하기 위한 것 등이 있다. 자세한 내
용은 쿠버네티스 공식 문서의 '시크릿(https://kubernetes.io/ko/docs/concepts/configuration/secret)'을 참고하기 바란다.

정하고 있다. 여기에는 데이터 여러 개를 등록할 수 있다. 또 2장에서 이 매니페스트를 적용했을 때 db-url과 db-password는 envsubst 명령어로 치환하므로 실제로는 각 환경에 맞는 값이 등록된다. 또 여기서 설정된 값에 해당하는 문자열은 시크릿으로 등록될 때 base64 인코딩되어 등록된다.[22]

다음은 파드에서 시크릿을 참조하는 부분이다. 3.2.3에서 사용한 eks-env/22_deployment_backend-app_k8s.yaml의 .spec.template.spec.container.env[ ][23] 부분을 살펴보자.

코드 3.4.2 22_deployment_backend-app_k8s.yaml(일부분)

```
env:
- name: DB_URL -------------------- ❶
  valueFrom:
    secretKeyRef: ----------------- ❷
      key: db-url ---------------- ❸
      name: db-config ----------- ❹
- name: DB_USERNAME
  valueFrom:
    secretKeyRef:
      key: db-username
      name: db-config
- name: DB_PASSWORD
  valueFrom:
    secretKeyRef:
      key: db-password
      name: db-config
```

❶에서는 파드에 설정할 환경 변수 이름을 설정한다. ❷에서 secretKeyRef라는 설정은 시크릿에서 값을 참조함을 선언하는 것이다. ❸은 시크릿 데이터 키 이름이다. ❹는 시크릿 리소스 이름이다.

이와 같이 설정함으로써 시크릿에 등록된 값을 참조할 수 있다. 여기서는 DB_URL, DB_USERNAME, DB_PASSWORD라는 환경 변수 3개가 dbconfig라는 이름의 시크릿에서 각각 db-url, db-username, db-password라는 키에 설정된 값을 참조하게 된다.

---

22 .stringData를 사용하여 데이터를 등록할 경우 매니페스트를 평문으로 입력했을 때 자동으로 base64로 인코딩된 문자열이 등록된다. 하지만 .data를 사용할 경우에는 매니페스트에 미리 base64로 인코딩한 문자열을 입력해야 한다.

23 옮긴이: 매니페스트의 전체 참조 관계를 알 수 있도록 표기하는 방법이다. [ ]는 하위에 배열을 사용했다는 의미다.

그러면 실제 동작 중인 파드 내부의 환경 변수를 살펴보자. 앞의 환경 변수 3개가 존재하고 그 환경 변수에 시크릿값이 설정된 것을 확인할 수 있다.

```
# 동작 중인 예제 애플리케이션 파드 확인
$ kubectl get pod
NAME                             READY   STATUS    RESTARTS   AGE
backend-app-75f87c96fb-rtzfw     1/1     Running   0          8d
backend-app-75f87c96fb-rvx6h     1/1     Running   0          8d

# 파드 내부의 환경 변수 확인
$ kubectl exec backend-app-75f87c96fb-rtzfw -it -- env | grep DB
DB_URL=<데이터베이스 URL>                      # 실제 설정한 DB URL
DB_USERNAME=<데이터베이스 사용자 이름>         # 실제 설정한 DB 사용자 이름
DB_PASSWORD=<데이터베이스 사용자의 비밀번호>   # 실제 설정한 DB 비밀번호
```

3.4.3 시크릿을 사용할 때 주의할 점

쿠버네티스에 등록된 시크릿은 값을 직접 참조할 수 없게 되어 있다. 그러나 base64로 인코딩되어 있는 경우 다음 실행 예제와 같이 해독하려고 하면 해독이 가능해진다.[24] 시크릿에 저장해 두는 것만으로는 보안이라고 말할 수 없음을 기억해두자.

또 시크릿을 설정하는 매니페스트 파일을 그대로 깃허브 등에 공개하지 않도록 주의하자(그림 3.4.2 참고). 구성 관리를 실행하는 경우 매니페스트 안의 비밀 정보를 암호화해두고 클러스터 내부에서 복호화하여 시크릿으로 등록하는 구조를 검토하면 좋을 것이다(4.5.4 이후에 있는 칼럼인 '시크릿 등의 비밀 정보를 깃옵스로 관리하는 방법' 참고).

```
# 시크릿 내용은 base64 인코딩되어 저장되어 있음
$ kubectl get secret db-config -o json | jq -r '.data'
{
  "db-password": "bjB2NmN3VkJvUFBHdz9MKQ==",
  "db-url": "amRiYzpwb3N0Z3Jlc3FsOi8vZWtzLXdvcmstZGIuYzl4enF5Y2FlYzZyLmFwLW5vcnRo
             ZWFzdC0yLnJkcy5hbWF6b25hd3MuY29tL215d29ya2Ri",
  "db-username": "bXl3b3Jr"
}
```

---

24 jq는 JSON 형식 변환, 추출 등을 실행하는 명령어로 https://stedolan.github.io/jq에서 다운로드할 수 있다.

```
# base64로 디코딩하면 평문으로 출력 가능
$ kubectl get secret db-config -o json | jq -r '.data["db-password"]' | \
pipe> base64 -d test-DB-URL  # 실제 설정한 데이터베이스 비밀번호가 출력된다.
```

그림 3.4.2 시크릿값을 공개하지 않도록 주의

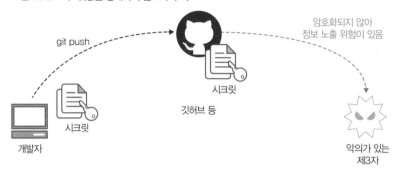

3.4.4 컨피그맵을 이용한 설정 정보 전달

설정값을 전달하는 방법으로 시크릿만 있는 것이 아니다. 비밀 정보가 아니라면 시크릿을 이용
해 암호화할 필요가 없기 때문에 평문으로 등록해도 된다. 이러한 용도에는 컨피그맵^{ConfigMap}을
이용한다. 사용 방법은 시크릿과 거의 같다. 먼저 컨피그맵을 등록해두고 그것을 파드에서 참조
하면 된다. 이 책의 예제 애플리케이션에서는 eks-env/41_config_map_batch_k8s.yaml을
이용하여 batch-app 설정을 컨피그맵에 등록했다(2.6.6 참고). 그럼 파일 내용을 살펴보자.

코드 3.4.3 41_config_map_batch_k8s.yaml

```
apiVersion: v1
kind: ConfigMap --------------- ❶
metadata:
  name: batch-app-config ------ ❷
data: ------------------------- ❸
  bucket-name: eks-work-batch-${BUCKET_SUFFIX}
  folder-name: locationData
  batch-run: "true"
  aws-region: ap-northeast-2
```

❶은 컨피그맵 리소스를 등록한다는 의미다. ❷는 컨피그맵 리소스의 이름이고, ❸에서 실제 등
록할 데이터를 키-값 형식으로 설정하고 있다. 여기에는 데이터 여러 개를 등록할 수 있다. 또

2장에 나온 구축 방법으로 실행했다면 이 매니페스트의 bucket-name이라는 접미사는 envsubst 명령어로 치환한 결과라는 점을 알 것이다. 실제 각각의 환경에 따른 설정값이 여기에 들어간다.

다음으로는 이 정보를 파드에서 참조하는 방법에 대해서 확인해둔다. 3.2.6에서 사용한 eks-env/43_cronjob_k8s.yaml에서 해당 부분을 살펴보자(코드 3.4.4 참고).

코드 3.4.4 43_cronjob_k8s.yaml(일부분)

```
env:
# …(중간 생략)…
- name: CLOUD_AWS_REGION_STATIC
  valueFrom:
    configMapKeyRef: ----------- ❶
      key: aws-region
      name: batch-app-config
# …(중간 생략)…
- name: SAMPLE_APP_BATCH_BUCKET_NAME
  valueFrom:
    configMapKeyRef:
      key: bucket-name
      name: batch-app-config
# …(이후 생략)…
```

❶에서 컨피그맵을 참조한다. 참조 방법은 시크릿과 아주 비슷하다. 시크릿을 참조하는 경우 valueFrom의 아래를 secretKeyRef라고 설정했지만 컨피그맵의 경우 valueFrom의 아래를 configMapKeyRef라고 설정했다.

또 등록된 컨피그맵은 시크릿과 달리 kubectl 명령으로 값을 참조할 수 있다.

```
# 등록한 컨피그맵 확인
$ kubectl describe configmap batch-app-config
Name:        batch-app-config
Namespace:   eks-work
Labels:      <none>
Annotations: <none>
Data
====
bucket-name:
----
eks-work-batch-park
```

```
folder-name:
----
locationData
aws-region:
----
ap-northeast-2
batch-run:
----
true
Events:  〈none〉
```

지금까지 설명한 내용이 파드로 설정 정보를 전달하는 구조다. 다루는 정보에 따라 시크릿과 컨피그맵을 구분해서 사용하자. 또 시크릿과 컨피그맵값은 환경 변수가 아닌 파드 내부의 볼륨으로 마운트하여 파일로 전달할 수도 있다.[25] 애플리케이션 특성상 환경 변수로는 전달할 수 없거나, 미들웨어의 사용 제약으로 파일을 참조할 수밖에 없는 경우 등에는 마운트하는 방식을 사용할 수도 있다.

Column 파드에 볼륨을 마운트한다!?

파드 내부의 데이터는 파드가 정지되면 모두 삭제된다. 따라서 파드 내부의 데이터를 저장하고 싶은 경우 별도의 데이터를 영구적으로 저장할 수 있는 스토리지가 필요하다. 쿠버네티스에서는 영구(퍼시스턴트) 볼륨Persistent Volume이라는 리소스로 스토리지를 정의하고 영구 볼륨 클레임Persistent VolumeClaim이라는 리소스를 사용해 파드에서 참조하여 그 스토리지를 사용할 수 있다.

AWS에는 EBSElastic Block Store[26]라는 디스크 서비스가 있으며 쿠버네티스에서도 EBS를 영구 볼륨으로 사용할 수 있다. 또 EKS에는 사전에 EBS나 영구 볼륨을 준비하지 않아도 영구 볼륨 클레임을 정의하거나, 파드에서 참조되는 시점에 자동적으로 EBS를 생성해 파드에 마운트하는 기능이 준비되어 있다. 이를 동적 프로비저닝Dynamic Provisioning이라고 한다(그림 3.4.A 참고).

---

25 시크릿과 컨피그맵의 볼륨 마운트 방법은 쿠버네티스 공식 문서의 '볼륨 – 컨피그맵(https://kubernetes.io/ko/docs/concepts/storage/volumes/#configmap)'과 '볼륨 – secret(https://kubernetes.io/ko/docs/concepts/storage/volumes/#secret)'을 참고한다.

26 https://aws.amazon.com/ko/ebs

그림 3.4.A 파드에서 EBS 마운트하기(동적 프로비저닝)

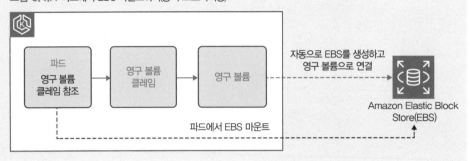

언뜻 보면 편리한 기능이지만 사실 저자는 EBS의 영구 볼륨을 거의 사용하지 않는다.

EBS는 다른 파드와 동시에 참조하거나 쓰기를 할 수 없기 때문[27]에 결국 파드의 라이프사이클에 의존하는 형태가 된다. 파드가 삭제되더라도 남겨두고 싶은 데이터가 있거나 파드 여러 개에 공유하고 싶은 데이터가 있다면 S3를 참조하거나 데이터베이스에 저장하고 클러스터 내부는 스테이트리스[Stateless] 상태로 유지하는 것이 가장 좋기 때문이다.

물론 클러스터 내부에서 MySQL 등의 파드 생성처럼 스테이트풀[Stateful]한 정보를 다루는 경우에는 EBS를 사용할 수 있다고 생각한다. 하지만 그런 상황에서는 RDS를 우선적으로 고려해야 하는 것이 더 좋다고 생각한다. 애플리케이션 특성상 파일 단위로 파드 여러 개와 데이터를 공유해야 하는 경우에는 파드 사이 공유, 참조, 쓰기가 가능한 타입[28]의 스토리지인 NFS를 사용하는 것도 권한다.[29] 이는 이 책에서 볼륨에 대해 설명하지 않는 이유기도 하다.

AWS를 사용하면 파드를 스테이트리스로 유지하는 구조가 많다. 꼭 영구 볼륨이 필요한지 확실히 확인하자.

---

27 쿠버네티스에서는 Read Write Once라고 표현한다.

28 쿠버네티스에서는 Read Write Many라고 표현한다.

29 AWS에는 Amazon Elastic File System(EFS)이라는 관리형 공유 디스크 서비스가 있으며 이를 파드에서 마운트하여 사용한다. 구체적인 사용 방법은 aws-efs-csi-driver라는 깃허브 페이지(https://github.com/kubernetes-sigs/aws-efs-csi-driver)를 참고하기 바란다.

3.5 파드를 안전하게 외부로 공개하기 위한 헬스 체크

컨테이너의 동작 속도는 빠르다. 가상 머신이 동작하는 데는 분 단위 시간이 소요되지만 컨테이너의 경우 대부분 밀리초, 늦어도 초 단위로 동작한다. 그렇다고 애플리케이션이 동작할 때 필요한 초기화 처리가 완전하게 없어지는 것은 아니다. 짧다고는 하지만 애플리케이션이 완전히 동작하지 않은 상태에서 서비스를 통해 파드가 공개되면 요청에 대해 정상적으로 응답하지 못하고 에러가 발생할 가능성이 있다. 여기서는 이러한 경우를 방지하기 위한 두 가지 헬스 체크[30]에 대해 설명한다.

3.5.1 Readiness Probe로 파드와 연결된 서비스 모니터링하기

Readiness Probe는 애플리케이션이 공개 가능한 상태인지의 여부를 확인하고 정상이라고 판단된 경우 처음으로 서비스를 통해 트래픽을 수신한다. 예를 들어 애플리케이션이 동작할 때 헬스 체크 응답용 페이지를 생성해두고 HTTP로 그 페이지에 접속해 상태 코드가 200으로 돌아오면 서비스를 통해 접속하는 등의 방법을 사용할 수 있다. 3.2.3에서 설명한 API 애플리케이션의 디플로이먼트용 매니페스트(eks-env/22_deployment_backend-app_k8s.yaml)에서는 코드 3.5.1과 같이 /health라는 경로에 대해 30초 간격으로 8080번 포트에 접속해 정상 응답이 있을 때만 요청을 받는다고 설정했다.

코드 3.5.1 Readiness Probe 설정(22_deployment_backend-app_k8s.yaml의 일부분)

```
readinessProbe:
  httpGet:
    port: 8080
    path: /health
  initialDelaySeconds: 15
  periodSeconds: 30
```

---

30 옮긴이: 서버에 일정한 간격으로 신호를 보내고 응답이 오는지 확인해 정상 동작 중인지 판단하는 것을 뜻한다.

Readiness Probe가 실패하면 파드 상태가 비정상으로 판단되어 Ready 상태가 되지 않으며 서비스에서 트래픽을 보내지 않는다. 다시 성공 조건을 충족하면 파드는 Ready 상태가 되고 서비스에서 트래픽을 보내게 된다(그림 3.5.1 참고).

그림 3.5.1 Readiness Probe와 파드의 동작

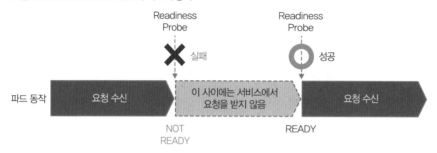

3.5.2 Liveness Probe로 파드 상태 모니터링

Liveness Probe는 파드의 상태 모니터링이라고 할 수 있다. 일단 실행 중인 파드가 정상적으로 동작하는지 모니터링한다. 설정 내용은 Readiness Probe와 같다. 앞에서 확인한 매니페스트(eks-env/22_deployment_backend-app_k8s.yaml)에서 설정 내용을 확인하자(코드 3.5.2 참고).

코드 3.5.2 Liveness Probe 설정(22_deployment_backend-app_k8s.yaml의 일부분)

```
livenessProbe:
  httpGet:
    port: 8080
    path: /health
  initialDelaySeconds: 30
  periodSeconds: 30
```

Liveness Probe가 실패하면 파드는 재시작을 시도한다.[31] 또한 파드 이벤트에 그 내용이 출력되고 재시작[Restart] 횟수를 센다(그림 3.5.2 참고).

---

31 엄밀하게 말하면 파드의 재시작 정책(Restart Policy) 설정대로 동작한다. 더 자세한 내용은 쿠버네티스 공식 문서의 '컨테이너 재시작 정책(https://kubernetes.io/ko/docs/concepts/workloads/pods/pod-lifecycle/#restart-policy)'을 참고한다.

그림 3.5.2 Liveness Probe와 파드 동작

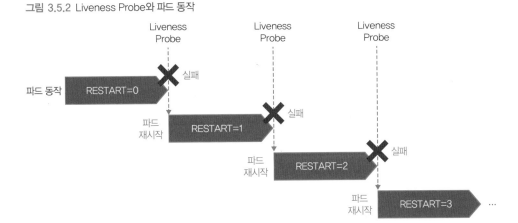

초기화 처리에 걸리는 시간 고려

Readiness Probe에서는 파드 상태가 비정상으로 판단될 경우 서비스에서 트래픽이 전달되지 않을 뿐이다. 하지만 Liveness Probe에서는 헬스 체크에 실패하면 파드가 재시작된다. 따라서 Liveness Probe 실행은 Readiness Probe가 성공한 후(애플리케이션으로 정상적인 응답이 가능한 상태가 된 후)에 하지 않으면 파드의 재시작 루프에 빠질 가능성이 있다(그림 3.5.3 참고).

그림 3.5.3 파드 동작 전에 Liveness Probe가 실패하여 재시작 루프에 빠진 예

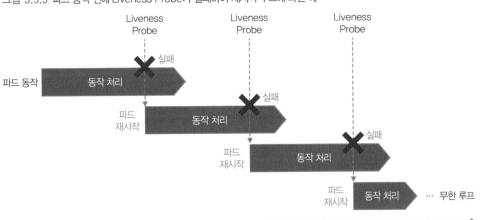

이를 방지하기 위해 쿠버네티스에서는 초기화 지연^{initial Delay}이라는 설정으로 파드가 동작한 후 첫 번째 헬스 체크를 시작하기까지 유예 시간을 설정할 수 있다. 애플리케이션 동작에 필요한 시간을 항상 의식하면서 이 값을 반드시 설정해두자. 앞에서 설명한 백엔드 API 디플로이먼트 매니페스트(eks-env/22_deployment_backend-app_k8s.yaml)의 경우 Readiness Probe는

파드 동작 후 15초 후부터, Liveness Probe는 파드 동작 후 30초 후부터 시작하도록 설정되어 있다(코드 3.5.3 참고).

코드 3.5.3 최초 헬스 체크를 시작하기까지 유예 시간 설정 예(22_deployment_backend-app_k8s.yaml의 일부분)

```
readinessProbe:
  httpGet:
    port: 8080
    path: /health
  initialDelaySeconds: 15 # 파드 동작 후 15초 후부터 Readiness Probe 시작
  periodSeconds: 30
livenessProbe:
  httpGet:
    port: 8080
    path: /health
  initialDelaySeconds: 30 # 파드 동작 후 30초 후부터 Liveness Probe 시작
  periodSeconds: 30
```

3.6 파드를 안전하게 종료하기 위해 고려해야 할 사항

3.6.1 파드 종료 시의 상태 변화 이해

명시적인 종료뿐만 아니라 어떤 이상이 발생하거나 다양한 이유로 인해 파드가 종료되는 경우가 있다. 어떤 경우든 쿠버네티스 입장에서 종료 요청이 오면 비동기적으로 종료 처리를 시작하고 Terminating 상태로 변경시키는 흐름으로 동작한다. 종료 처리는 SIGTERM 처리, SIGKILL 처리(필요에 따라) 순서로 실행된다. 또 이와 병행하여 서비스에서 제외되는 처리가 이루어진다.

SIGTERM 처리, SIGKILL 처리와 서비스에서 제외되는 처리가 비동기로 이루어진다는 것은 파드를 종료할 때 서비스에서 제외되기 전 SIGTERM 처리를 할 수 있다는 의미다. 결국 서비스에서 제외되기 전의 파드가 클라이언트 요청에 정상적으로 응답할 수 없는 상태가 될 수 있다는

의미이기도 하다. 파드는 그 특성상 자주 동작과 종료를 반복하기 때문에 이런 상황이 실제로 일어날 수 있다(그림 3.6.1 참고).

그림 3.6.1 파드 종료 처리가 비동기로 이루어져서 생기는 문제

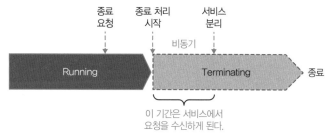

이런 현상을 방지하기 위해 preStop 처리로 일정 시간 파드 종료를 대기시키는 방법을 사용할 수 있다.

preStop 처리란 SIGTERM 처리 전에 임의의 명령을 실행하는 기능으로 매니페스트에 작성하여 실행할 수 있다. 구체적으로는 컨테이너 설정 내에서 .lifecycle.preStop.exec.command를 정의하고 sleep 명령어를 실행한다(다음 예에서는 2초를 멈춘다). 이렇게 함으로써 서비스에서 제외 처리가 끝나는 것을 기다리게 할 수 있다(코드 3.6.1 참고).

코드 3.6.1 preStop 설정 예(22_deployment_backend-app_k8s.yaml의 일부분)

```
apiVersion: apps/v1
kind: Deployment
metadata:
  name: backend-app
  labels:
    app: backend-app
spec:
  replicas: 2
  selector:
    matchLabels:
      app: backend-app
  template:
    metadata:
      labels:
        app: backend-app
    spec:
      containers:
```

```
    - name: backend-app
  # …(중간 생략)…
    lifecycle:
      preStop:
        exec:
          command: ["/bin/sh", "-c", "sleep 2"]
```

이것으로 서비스에서 분리하는 처리가 끝난 이후부터 파드 종료 처리를 시작하도록 만들 수 있다(그림 3.6.2 참고).

그림 3.6.2 서비스에서 제외된 후 파드 종료 시작

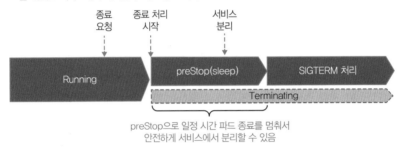

파드의 라이프사이클을 이해하면 안전한 서비스를 계속 제공할 수 있다. 서비스 환경의 안전성을 고려할 때는 3.5절이나 앞에서 설명한 헬스 체크, 종료 처리를 떠올려보자.

3.7 리소스 관리

3.7.1 파드의 리소스양을 명시하는 requests와 limits

도커 컨테이너는 일단 동작하면 부하에 따라 호스트의 CPU나 메모리를 사용할 수 있는 만큼 사용한다. 그래서 호스트 하나에서 컨테이너 여러 개를 동작시키는 경우 리소스를 확보하려는 경쟁이 벌어진다. 이 상황에서는 안심하고 컨테이너 여러 개를 배치할 수 없다. 쿠버네티스에서는 파드가 사용할 CPU/메모리의 양을 설정하고 필요 이상으로 호스트 쪽에 부하를 주지 않도록 하는 구조가 있다(그림 3.7.1 참고).

그림 3.7.1 파드가 호스트 리소스를 서로 빼앗는 경우(왼쪽)와 파드마다 리소스 제한을 설정하는 경우(오른쪽)

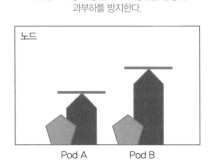

구체적으로는 디플로이먼트의 매니페스트 내에 requests와 limits를 설정한다. 3.2.3에서 설명한 API 애플리케이션 디플로이먼트용 매니페스트(eks-env/22_deployment_backend-app_k8s.yaml)에서는 코드 3.7.1과 같이 설정했다.

코드 3.7.1 리소스 사용량 설정 부분(22_deployment_backend-app_k8s.yaml의 일부분)

```
resources:
  requests:
    cpu: 100m
    memory: 512Mi
  limits:
    cpu: 250m
    memory: 768Mi
```

limits에는 파드가 사용할 수 있는 리소스 상한을 설정한다. 이 설정으로 노드의 과부하를 막을 수 있게 된다. requests에는 파드 배포 시 호스트에게 리소스를 최소한으로 사용할 때 필요한 양을 설정한다. 이를 충족하지 않는 호스트에는 파드가 배치되지 않는다(그림 3.7.2 참고).

그림 3.7.2 요구하는 리소스 여유가 없어 파드가 동작할 수 없는 예

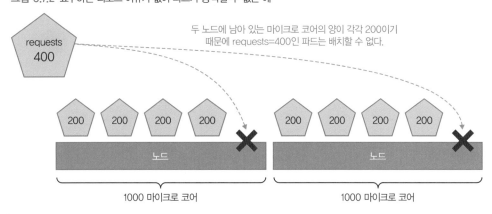

모든 호스트에 requests로 설정된 리소스양에 여유가 없을 경우 Pending 상태가 되어 정상적으로 파드를 동작시킬 수 없다.

```
$ kubectl get pod
NAME                         READY   STATUS      RESTARTS   AGE
example-76c74d7f96-4cnmf     0/1     Pending     0          9s
example-76c74d7f96-qkwwm     0/1     Pending     0          9s
```

3.7.2 requests와 limits의 차이

차이를 크게 했을 경우

파드 배치는 requests값을 기준으로 결정되므로 실제 부하가 많은 호스트라도 requests를 받을 수 있는 여유가 있다면 새로운 파드가 배치된다. 이것이 오버 커밋Overcommit이라는 상태다. 이 상태가 발생하면 쿠버네티스는 일정 조건으로 파드 동작을 정지시킨다.

예를 들어 시간대별로 부하가 발생하는 파드가 나뉘어 있고 시간대별로 리소스를 효율적으로 사용하고 싶은 경우가 있을 것이다. 이때 양쪽 파드 모두가 배치될 수 있을 정도의 requests를 설정하고 limits는 한쪽 파드가 필요로 하는 양을 설정해두면 효율적으로 호스트 리소스를 사용할 수 있게 된다(그림 3.7.3 참고).

그림 3.7.3 부하가 걸리는 시간이 다른 두 파드가 효율적으로 호스트 리소스를 사용하는 예

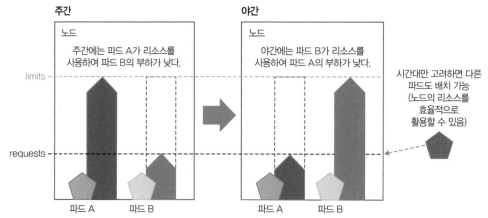

차이를 작게(같게) 했을 경우

오버 커밋은 없지만 리소스 최적화 성능이 낮아지면 효율적인 리소스 사용이 불가능해진다. 그 결과 필요한 호스트 수가 늘어 비용도 늘 가능성이 있다. 그러나 예를 들어 파드에 필요한 리소스양이 어느 정도인지 미리 알고 있고 예상치 못한 부하가 발생하지 않는다면 requests와 limits를 동일하게 맞춰둘 경우 파드를 안정적으로 운영할 수 있을 것이다(그림 3.7.4 참고).

그림 3.7.4 전체 리소스 사용량을 미리 알고 있을 경우 효율적으로 리소스를 사용하는 예

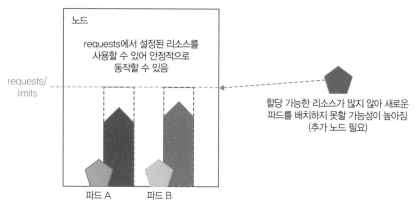

실제로 여기서 설명한 내용과 같이 파드가 정확하게 배치되지 않을 수 있지만 requests와 limits 의 차이로 일어날 수 있는 현상을 이해하는 것이 중요하다. 상황과 환경에 맞게 두 가지를 설정할 수 있어야 한다.

3.7.3 파드가 요청 가능한 리소스 사용량을 관리하는 리밋 레인지

requests와 limits는 파드에 대한 설정이며 애플리케이션 개발자가 사용해야 하는 항목이다. 클러스터 관리자 입장에서 보면 이 설정들은 개발자 쪽에서 담당해야 할 업무라고 볼 수 있다. 그러나 사람은 완벽할 수 없다. 그래서 이 값을 설정하지 않고 파드가 배포되는 경우가 발생한다. 그 외에 불필요하게 많은 리소스를 요구하는 파드가 존재할 수도 있다. 이런 일들이 자주 발생하면 쿠버네티스 리소스를 제대로 사용하는 다른 개발자에게 영향을 줄 수 있고 무엇보다도 쿠버네티스 클러스터를 안전하게 운영할 수 없다.

이러한 과제를 해결하기 위해 쿠버네티스에는 리밋 레인지(LimitRange)라는 기능이 있다. 리밋 레인지는 이름 그대로 제한 범위를 설정한다. 파드가 요구하는 CPU나 메모리 requests와 limits의 하한, 상한 및 기본값을 설정할 수 있으며 과도한 리소스를 요청하는 파드의 배포를

거부하거나 설정하지 않은 파드에 대해 자동으로 requests와 limits를 적용할 수도 있다(그림 3.7.5 참고).

그림 3.7.5 리밋 레인지의 동작 구조(CPU의 경우)

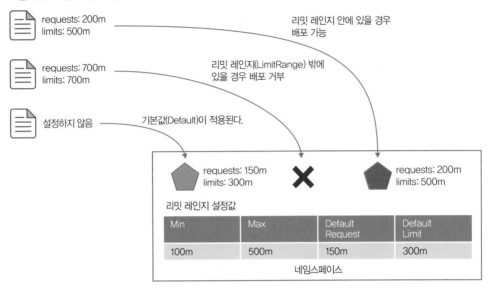

또 이 기능은 네임스페이스 단위로 설정하게 된다. 예를 들어 서비스 환경, 개발 환경을 네임스페이스 단위로 나눌 경우 개발 환경에는 리소스가 많이 필요한 파드를 생성하지 못하게 하는 등의 제한을 설정할 수 있다(그림 3.7.6 참고).

그림 3.7.6 네임스페이스별로 리밋 레인지를 설정한 경우의 실제 운영 예(CPU의 경우)

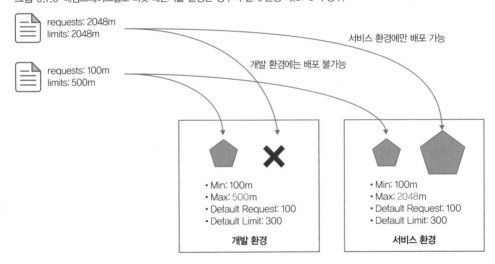

3.7.4 리소스의 총 요구량을 관리하는 리소스 쿼터

requests와 limits 및 리밋 레인지는 개별 파드에 대해 리소스 요구량을 관리하는 것이었다. 그에 비해 리소스 쿼터(ResourceQuota)는 네임스페이스 단위로 사용할 수 있는 총 리소스양의 상한을 관리하는 기능이다.

파드 하나하나의 리소스 사용량이 적당하더라도 많은 파드가 배포되면 클러스터 전체의 리소스 가 모자른 상황이 발생할 위험이 있다. 리소스 쿼터는 이런 위험을 방지해준다.

리소스 쿼터도 네임스페이스 단위로 설정한다. CPU나 메모리뿐만 아니라 배포 가능한 파드 수 등도 제한할 수 있다. 앞의 리밋 레인지 예와 같이 서비스 환경과 개발 환경을 네임스페이스 단 위로 구분하는 경우, 개발 환경의 리소스 상한을 낮게 설정하면 파드가 필요 이상으로 생성되지 않도록 관리할 수 있다(그림 3.7.7 참고).

그림 3.7.7 리소스 쿼터로 파드 생성 상한을 관리

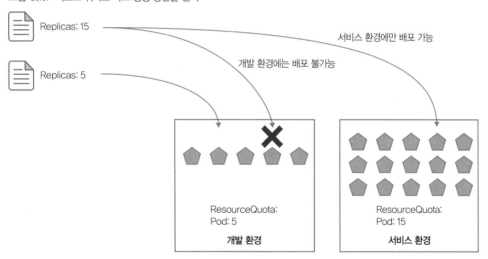

AWS는 확장성을 보장하지만 쓸데없이 리소스를 많이 사용하면 비용이 발생한다. 리소스 사용 량을 잘 관리하면 클러스터의 안정성은 물론 비용도 최적화할 수 있다. 이 점은 꼭 기억해두기 바란다.

3.8 마치며

이 장에서는 다음과 같은 내용을 설명했다.

- 컨테이너를 동작시키기 위한 리소스인 파드, 레플리카셋, 디플로이먼트, 크론잡, 잡의 동작과 설정 방법
- 컨테이너를 외부에 공개하기 위한 서비스의 역할과 종류
- 설정 정보를 안전하게 파드에 전달하기 위한 시크릿과 컨피그맵의 역할 및 차이점
- 파드를 안전하게 공개하기 위한 Readiness Probe와 Liveness Probe의 중요성
- 파드 라이프사이클과 안전한 파드 정지를 위한 preStop 사용 방법
- 파드가 확보한 리소스를 관리하는 requests와 limits를 설정하는 의미

이 장을 읽었다면 쿠버네티스에서 기본적인 리소스의 역할과 설정 방법을 정리하면서 2장에서 적용한 매니페스트 설정 내용도 이해했을 것으로 생각된다. 애플리케이션을 단순하게 동작시킨다면 지금까지의 내용으로도 충분히 쿠버네티스에서 동작하는 애플리케이션을 개발할 수 있게 되었을 것이다. 4장에서는 운영에 더 중점을 두어 쿠버네티스에서 애플리케이션과 클러스터 자체를 관리 및 운영하는 방법에 대해 설명한다.

Column 쿠버네티스 매니페스트와 공식 문서

2장에서 쿠버네티스의 매니페스트를 이용해 환경 구축을 실행하고 3장에서 그 내용을 설명했다.

지금까지 설명한 것과 같이 매니페스트는 쿠버네티스 위에 구축할 오브젝트 정의를 담은 것이다. kubectl apply 명령을 이용하면 오브젝트를 정의한 매니페스트에 포함된 오브젝트를 쿠버네티스 클러스터에 생성할 수 있다.

그렇다면 근본적으로 쿠버네티스 매니페스트란 무엇일까? 그것을 이해하려면 쿠버네티스 클러스터의 구조, 특히 컨트롤 플레인 구조를 알아야 한다. 1장에서 간단히 그림으로 나타냈지만 쿠버네티스 클러스터의 컨트롤 플레인에는 kube-apiserver라는 컴포넌트가 있다. kube-apiserver는 쿠버네티스 클러스터의 변경 요청을 받아 오브젝트 상태를 etcd라는 데이터베이스에 저장하고 실제 처리하는 컨트롤러라는 컴포넌트를 호출하는 역할을 담당한다.

그리고 이 kube-apiserver가 수신하는 데이터가 매니페스트에 정의된 데이터다. kubectl 명령어는 YAML 형식의 매니페스트를 JSON 형식으로 변환하고 그 데이터를 kube-apiserver에 전송해 쿠버네티스 클러스터에 그 오브젝트를 생성하도록 지시한다. 쿠버네티스의 일반적인 조작 방법과 조금 다르지만 kubectl 명령어의 로그 수준을 바꿔(문제 분석을 위한 수준까지 출력되도록 하여) 실행[32]하면 실제 kube-apiserver와 주고받는 JSON 형식의 메시지를 볼 수 있다. 그럼 확인해보자.

```
$ kubectl apply -v=8 -f 20_create_namespace_k8s.yaml
```

여기서 사용하는 YAML 파일은 2장에서 사용했던 네임스페이스를 생성하기 위한 파일(eksenv/20_create_namespace_k8s.yaml)이다. 다시 내용을 확인해보자.

코드 3.8.A 20_create_namespace_k8s.yaml

```
apiVersion: v1
kind: Namespace
metadata:
  name: eks-work
```

실행 결과에는 요청, 응답 메시지 외에도 요청지의 URL, HTTP 헤더 정보 등이 출력된다. 출력된 내용에서 요청 메시지의 JSON을 보기 쉽게 만든 내용은 다음과 같다.

---

32 kubectl에는 -v=0과 같은 옵션으로 로그 수준을 설정하여 실행할 수 있다. -v=8을 설정하면 kube-apiserver에 전송하는 메시지, kube-apiserver에서 반환되는 응답 메시지를 표시할 수 있다.

```
{
  "apiVersion": "v1",
  "kind": "Namespace",
  "metadata": {
    "annotations": {
      "kubectl.kubernetes.io/last-applied-configuration":
        "{\"apiVersion\":\"v1\",\"kind\":\"Namespace\",\"metadata\":
        {\"annotations\":{},\"name\":\"eks-work\"}}\n"
    },
    "name": "eks-work"
  }
}
```

애너테이션이 추가된 점을 제외하고 데이터 형식의 차이(YAML과 JSON)는 있지만 매니페스트와 같은 구조 및 내용으로 되어 있는 것을 알 수 있다.

이제 매니페스트를 kube-apiserver에 전달하면 쿠버네티스 클러스터의 오브젝트를 생성할 수 있다는 것은 알았다. 그럼 kube-apiserver가 전달받은 메시지의 사양 등은 어떻게 정의되어 있을까?

그것은 쿠버네티스 공식 문서의 'API Overview [33]'에 설명이 나와 있다. API Overview는 쿠버네티스 버전별로 준비되어 있고 웹 브라우저에서 볼 수 있다. 그림 3.8.A는 쿠버네티스 1.19에 대한 것이다.

그림 3.8.A 쿠버네티스 공식 문서의 API Overview

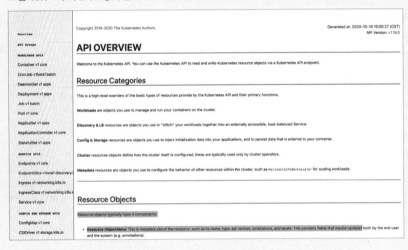

---

33 https://v1-19.docs.kubernetes.io/docs/reference/generated/kubernetes-api/v1.19

예를 들어 네임스페이스에 대한 메시지 정의는 그림 3.8.B와 같이 설명되어 있다. 메시지는 계층 구조로 되어 있으므로 하위 계층 구조까지 살펴봐야 한다.

그림 3.8.B 네임스페이스의 메시지 정의

spec NamespaceSpec	Spec defines the behavior of the Namespace. More info: https://git.k8s.io/community/contributors/devel/sig-architecture/api-conventions.md#spec-and-status
status NamespaceStatus	Status describes the current status of a Namespace. More info: https://git.k8s.io/community/contributors/devel/sig-architecture/api-conventions.md#spec-and-status

그런데 API Overview를 보면 리소스 이름(디플로이먼트나 파드, 네임스페이스 등) 옆에 'v1 core', 'v1 apps'가 있는 것을 볼 수 있다(그림 3.8.A의 왼쪽 메뉴 참고).

쿠버네티스 API는 API의 종류에 따라 API 그룹으로 분류되며 API의 버전에 따라 세대 관리가 이루어지고 있다. 'v1 core'는 'core' API 그룹의 'v1' 버전 정의고 'v1 apps'는 'apps' API 그룹의 'v1' 버전 정의를 나타낸다.

그리고 이것이 매니페스트의 apiVersion 항목에 설정된 값이다. 2장에서 생성한 디플로이먼트에서는 apiVersion: apps/v1이라고 정의했다. 이제 이해했겠지만 이는 'apps'라는 API 그룹의 'v1' 정의를 따른다는 의미다.

한편 파드나 네임스페이스에서는 apiVersion에 'v1'이라고만 설정했다. 실제 'core' 그룹의 경우에만 API 그룹 이름을 생략하고 버전만 기입하도록 되어 있다.

또 API Overview는 메시지의 올바른 구조를 아는 데는 유용하지만 알기 쉽게 쓰여진 것은 아니다. 실제 사용 사례에 따라 어떻게 참고할 문서를 작성하면 좋을지는 쿠버네티스 공식 문서 '개념[Concepts 34]', '태스크[Tasks 35]', '튜토리얼[Tutorials 36]' 등의 내용을 참고하면 좋을 것이다.

---

34 https://kubernetes.io/ko/docs/concepts
35 https://kubernetes.io/ko/docs/tasks
36 https://kubernetes.io/ko/docs/tutorials

4 서비스 환경에 대한 고려

2장에서는 예제 애플리케이션을 배포하고 3장에서는 그것이 어떻게 동작하는지 설명했다. 기본적으로 애플리케이션만 단순히 동작시키는 것이라면 지금까지 배운 내용으로도 충분하다. 하지만 EKS를 서비스 환경에서 지속적으로 관리 및 운영하기 위해서는 몇 가지 고려해야 할 사항이 있다. 이 장에서는 이러한 사항에 대해 하나씩 설명한다. 또 4.7절에서는 데이터 플레인의 관리형 서비스인 파게이트^{Fargate}에 대해 다루고 기본적인 구조와 사용 용도 등에 대해 설명한다. 구체적인 구축 방법은 2장에서 구축한 예제 애플리케이션을 예로 들어 설명하므로 예제 애플리케이션을 삭제한 분은 다시 배포해 실습할 준비를 해놓기 바란다.

4.1 모니터링

시스템 관점에서 생각해보면 이른바 요건 정의, 설계, 구축, 테스트와 같은 초기 단계의 구축 작업에 집중하는 경향이 있다. 하지만 실제로는 구축 이후 시스템을 관리하고 운영하는 시간이 압도적으로 길 것이다. 아무리 완벽하게 설계한다고 해도 반드시 장애는 발생한다. 그래서 클러스터나 애플리케이션이 지금 어떤 상태인지 파악하는 것은 아주 중요한 일이다. 여기서는 EKS 클러스터의 동작 상태를 파악하고 이상이 발생했을 때 관리자에게 알리는 방법을 설명한다.

4.1.1 클러스터 상태 파악

EKS 컨트롤 플레인은 AWS를 통해 운영되는 관리형 서비스다. 관리자는 클러스터에 문제가 발생하지 않았는지 클러스터의 상태를 파악하는 정도로 충분히 활용할 수 있다(그림 4.1.1 참고).

그림 4.1.1 EKS 클러스터 상태

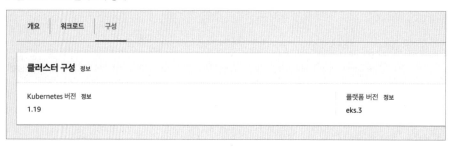

데이터 플레인을 EC2로 구축하는 경우에는 노드를 스스로 관리해야 한다. 이 경우는 EKS나 쿠버네티스에서만 적용되는 이야기가 아니므로 AWS 서비스로 일반적인 관리, 운영을 실행하면 된다.

이 책에서는 AWS 오토스케일링 기능을 사용해 데이터 플레인을 구축하므로 최소 숫자의 서버가 동작하게 되어 있다. 오토스케일링 그룹 설정에서 최소 서버 대수를 설정하면 그 대수 아래로 떨어지지 않도록 AWS에서 자동으로 관리해주기 때문이다(그림 4.1.2 참고).

그림 4.1.2 오토스케일링 그룹의 최소 대수 설정

1장에서 데이터 플레인을 선택하는 방법으로 소개한 관리형 노드 그룹을 사용[1]할 경우 EKS 페이지에서 노드 대수 등을 설정할 수 있다(그림 4.1.3, 그림 4.1.4 참고).

그림 4.1.3 관리형 노드 그룹 설정 예(개요)

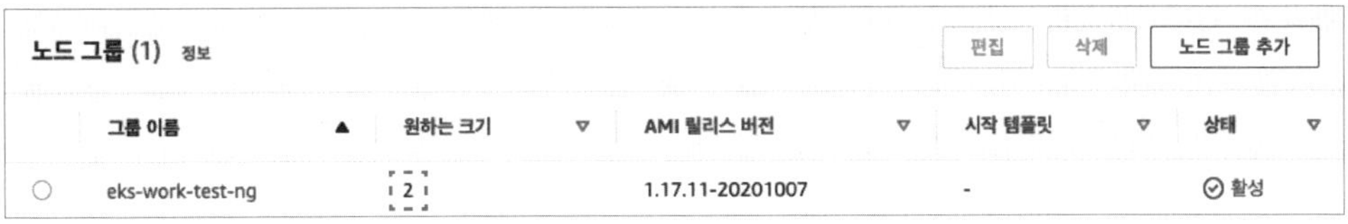

노드 그룹 (1) 정보						편집	삭제	노드 그룹 추가
그룹 이름 ▲	원하는 크기 ▽	AMI 릴리스 버전 ▽	시작 템플릿 ▽	상태 ▽
○ eks-work-test-ng	2	1.17.11-20201007	-	⊘ 활성

---

1 옮긴이: 관리형 노드 그룹을 생성하는 방법은 '관리형 노드 그룹 생성(https://docs.aws.amazon.com/ko_kr/eks/latest/userguide/create-managed-node-group.html)'을 참고하기 바란다.

그림 4.1.4 관리형 노드 그룹 설정 예(상세)

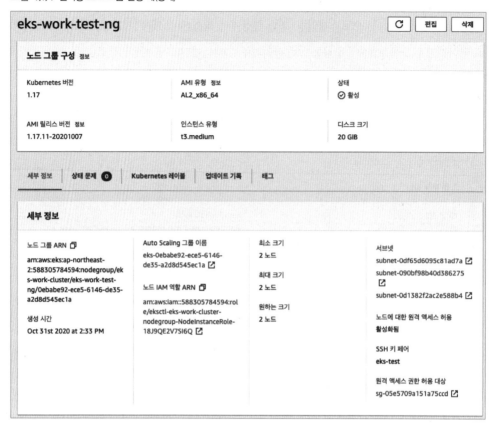

또 데이터 플레인 전체의 부하 상태는 Amazon CloudWatch[2]에서 확인할 수 있다. 오토스케일링 그룹 단위의 CPU 사용률 등을 볼 수 있다(그림 4.1.5 참고).

---

2 AWS가 제공하는 관리형 운영 모니터링 서비스다. AWS의 각 서비스가 제공하는 시스템의 성능에 대한 데이터(메트릭)를 수집하고 추적하는 용도로 사용된다.

그림 4.1.5 데이터 플레인 전체의 CPU 사용률[3]

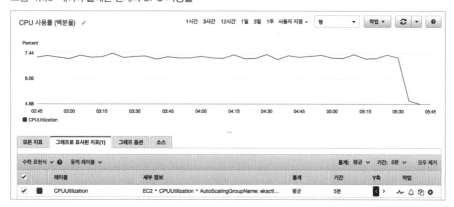

4.1.2 CloudWatch의 Container Insights로 애플리케이션 상태 파악

쿠버네티스 클러스터의 전체 상태도 물론 중요하지만 애플리케이션 상태도 확인해보고 싶을 것이다. CloudWatch에는 Container Insights라는 기능이 있다. 이를 이용하면 클러스터 노드, 파드, 네임스페이스, 서비스 레벨의 메트릭을 참조할 수 있다.

Container Insights의 구조는 간단하다. CloudWatch 에이전트를 데몬셋으로 동작시킨 후 필요한 메트릭을 CloudWatch로 전송한다(그림 4.1.6 참고).

그림 4.1.6 Container Insights를 이용한 CloudWatch 연결

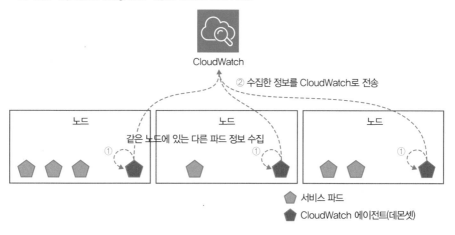

---

3 옮긴이: EC2의 'Auto Scaling 그룹'을 선택하고 현재 존재하는 그룹을 선택해 열리는 화면에서 '모니터링' → 'CloudWatch 모니터링 세부 정보' → 'EC2'를 선택한 후 'CPU 사용률 (백분율)' 오른쪽 메뉴 버튼에서 '지표에서 보기'를 선택하면 확인할 수 있다.

3.2.10에서 설명한 것처럼 데몬셋을 이용하면 노드 각각에 파드를 하나씩 배치시킬 수 있다. 그럼 설정해보자.

데이터 노드의 IAM 역할에 정책 추가

EKS에 배포한 데몬셋의 CloudWatch 에이전트와 연계해 Container Insights를 이용하려면, 다음 과정을 참고해 EKS 클러스터의 데이터 노드에 속한 IAM 역할[Role]에 IAM 정책을 연결한다.

1 AWS 관리 콘솔에서 [서비스] → [컴퓨팅] → [Amazon EC2]를 선택해 접속한다.

2 '인스턴스' 메뉴를 선택한 후 EKS 클러스터의 데이터 노드에 해당하는 '인스턴스 ID' 2개 중 하나를 클릭하고 상세 정보 페이지에 표시된 내용 중 중간에 있는 'IAM 역할' 아래의 링크를 클릭한다.

3 IAM 역할에 관한 '요약' 페이지가 열리면 〈정책 연결〉 버튼을 클릭한다.

4 '정책 이름' 목록에서 'CloudWatchAgentServerPolicy'를 선택하고 〈정책 연결〉을 클릭한다.

CloudWatch용 네임스페이스 생성

다음 명령을 실행해 EKS 클러스터에 CloudWatch용 네임스페이스를 생성한다. 매니페스트 파일은 eks-env 디렉터리 아래에 cloudwatch-yaml이라는 디렉터리를 하나 만든 후 다운로드하기를 권한다.

```
# 네임스페이스 생성용 매니페스트 다운로드
$ curl -O https://s3.amazonaws.com/cloudwatch-agent-k8s-yamls/ \
> kubernetesmonitoring/cloudwatch-namespace.yaml

# 네임스페이스 생성
$ kubectl apply -f cloudwatch-namespace.yaml
namespace/amazon-cloudwatch created
```

CloudWatch용 서비스 계정 생성

CloudWatch 에이전트 파드가 사용할 서비스 계정^{Service Account}을 생성한다.[4]

```
# 서비스 계정 생성용 매니페스트 다운로드
$ curl -O https://s3.amazonaws.com/cloudwatch-agent-k8s-yamls/ \
> kubernetesmonitoring/cwagent-serviceaccount.yaml

# 서비스 계정 생성
$ kubectl apply -f cwagent-serviceaccount.yaml
serviceaccount/cloudwatch-agent created
clusterrole.rbac.authorization.k8s.io/cloudwatch-agent-role created
clusterrolebinding.rbac.authorization.k8s.io/cloudwatch-agent-role-binding created
```

CloudWatch 에이전트가 사용할 컨피그맵 생성

CloudWatch 에이전트 파드는 컨피그맵^{ConfigMap}을 사용해 각종 설정을 불러오므로 이 컨피그맵을 생성해둔다. 먼저 컨피그맵 생성용 매니페스트를 다운로드한다.

```
# 컨피그맵 생성용 매니페스트 다운로드
$ curl -O https://s3.amazonaws.com/cloudwatch-agent-k8s-yamls/ \
> kubernetesmonitoring/cwagent-configmap.yaml
```

다운로드한 YAML 파일 안에는 클러스터 이름을 수정해야 하는 부분이 있으므로 여러분의 환경에 맞게 수정한다(이 책에서는 'eks-work-cluster'다). 수정 부분은 {{cluster_name}}으로 표시된 부분을 지우고 "" 사이에 여러분의 환경에 맞는 클러스터 이름을 넣으면 된다.

수정이 끝나면 다음과 같이 kubectl apply 명령을 사용해 컨피그맵을 생성한다.

```
# 컨피그맵 생성
$ kubectl apply -f cwagent-configmap.yaml
configmap/cwagentconfig created
```

---

4 서비스 계정이란 파드를 동작시키는 사용자와 같은 것이다. 예를 들어 리눅스에서 톰캣(Tomcat)을 실행하는 경우 OS상의 사용자가 톰캣 프로세스를 동작시킨다. 이와 같은 동작이 클러스터 안에서도 이뤄진다고 생각하면 된다. 서비스 계정과 롤을 연결하면 그 서비스 계정이 클러스터 내부에서 어떤 조작을 인가(Authorization)할지 제어할 수 있다. 롤과 인가에 대해서는 '4.4.1 클러스터 보안'에서 설명한다.

CloudWatch 에이전트를 데몬셋으로 동작시키기

이제 CloudWatch 에이전트를 동작시킬 준비는 끝났다. 다음 명령을 실행해 실제 동작시켜보자.

```
# CloudWatch 에이전트를 설치하는 매니페스트 다운로드
$ curl -O https://s3.amazonaws.com/cloudwatch-agent-k8s-yamls/ \
> kubernetesmonitoring/cwagent-daemonset.yaml

# CloudWatch 에이전트를 데몬셋으로 동작시킴
$ kubectl apply -f cwagent-daemonset.yaml
daemonset.apps/cloudwatch-agent created
```

이것으로 Container Insights 설정이 끝났다. CloudWatch 에이전트는 Container Insights 로 메트릭을 보내는 동시에 CloudWatch Logs에 데이터도 전송한다. 정상적으로 설정되었다면 CloudWatch 페이지의 '로그 → 로그 그룹' 메뉴에 '/aws/containerinsights/eks-work-cluster/performance'라는 로그 그룹이 생성되었을 것이다.

Container Insights에서 수집한 메트릭 확인

Container Insights는 정말 많은 메트릭을 수집한다. 이 많은 메트릭 중에서 자신이 보고 싶은 메트릭을 확인하고 시각화하는 것은 손이 많이 가는 일이다. 그래서 AWS에서는 자주 사용하는 메트릭 집합의 대시보드를 프리셋으로 제공하고 있다. CloudWatch 페이지의 왼쪽에서 'Container Insights' → '성능 모니터링'을 선택하면 간단하게 대시보드를 볼 수 있다(그림 4.1.7 참고).

그림 4.1.7 Container Insights 대시보드 페이지

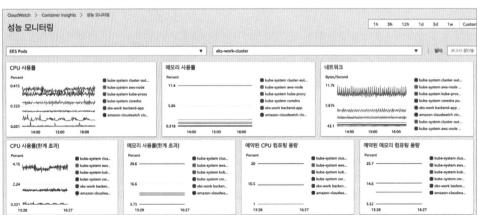

대시보드 왼쪽 상단의 드롭다운 목록을 선택하면 클러스터, 노드, 네임스페이스, 서비스, 파드 등의 리소스 단위로 정보를 볼 수 있다(그림 4.1.8 참고).

그림 4.1.8 여러 개의 리소스 단위로 대시보드 변경 가능

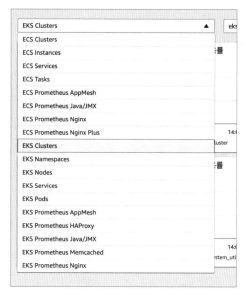

4.1.3 CloudWatch 경보를 이용한 통지

Container Insights로 수집한 메트릭은 AWS의 일반적인 메트릭과 같다. 즉, 메트릭값에 임곗값을 설정하여 CloudWatch 경보를 생성할 수 있다.

CloudWatch 경보에서는 상태 체크가 실패했을 때 특정 조건으로 통지할 수 있다. 예를 들어 '데이터 플레인의 CPU 사용률이 90%를 넘을 경우', '예제 애플리케이션 파드의 CPU 사용률이 상한 사용률의 80%를 넘을 경우' 등의 조건으로 경보를 보낼 수 있다.

4.1.4 리소스 삭제

앞에서 생성한 CloudWatch 관련 리소스를 삭제하는 방법은 다음과 같다. curl 명령어로 설정에 필요한 YAML 파일을 다운로드했기 때문에 다운로드한 디렉터리에서 다음 명령을 실행한다.

```
# Container Insights 관련 리소스 삭제(YAML 파일을 다운로드한 디렉터리에서 실행)
# 파일 이름 각각을 설정하여 삭제할 경우 '.' 대신 파일 이름을 설정한다.
$ kubectl delete -f .
```

그리고 4.1.2에 있는 '데이터 노드의 IAM 역할에 정책 추가'에서 생성한 IAM 정책(CloudWatch AgentServerPolicy)도 삭제해둔다. 또한 데몬셋에 의해 자동 생성된 CloudWatch Logs의 로 그 그룹(/aws/containerinsights/eks-work-cluster/performance)도 삭제한다.

4.2 로그 관리와 운영

어떤 애플리케이션이든 장애가 발생하면 추적하기 위한 정보로 다양한 로그를 사용할 것이다. 여기서는 애플리케이션이 출력한 각종 로그를 EKS에서 효율적으로 수집, 저장, 모니터링, 시각 화하는 방법에 대해 설명한다. 먼저 어떤 구성으로 로그의 관리와 운영을 구현할지 대략적인 이 미지를 그릴 수 있도록 기본 개념 각각의 상세 내용에 대해 알아본다.

- **수집:** 플루언트디^{Fluentd} 컨테이너를 데몬셋으로 동작시키고 파드의 로그를 CloudWatch Logs에 전송한다.

- **저장:** CloudWatch Logs에 로그를 저장하도록 설정한다.

- **모니터링:** 메트릭 디렉터리를 설정하고 CloudWatch 사용자 메트릭을 생성하여 그 메트릭 의 경보를 생성한다.

- **시각화:** CloudWatch의 Logs Insights를 사용하여 대상 로그를 분석하고 CloudWatch의 대시보드로 시각화한다.

4.2.1 원래 애플리케이션 로그는 어디에 저장해야 하는가

기존 서버에서 애플리케이션을 배포하는 경우 애플리케이션이 출력하는 로그는 배포된 서버의 특정 디렉터리에 로그 파일로 출력해서 저장하도록 설정했을 것이다. 그러나 쿠버네티스에서 동작하는 애플리케이션은 조금 개념이 다르다. 왜냐하면 원래 어떤 호스트에서 동작 중인지 알 수 없으며, 재시작 등을 하게 되면 호스트가 변경될 가능성이 있기 때문이다. 이 경우 기존 방법으로는 애플리케이션 하나의 로그를 일관되게 확인하기 어렵다. 이런 특성 때문에 쿠버네티스 상의 애플리케이션 로그 출력은 표준 출력으로 구성하는 것을 추천한다.

kubectl logs 〈파드 이름〉으로 파드가 표준 출력한 정보를 참조할 수 있다. 또 kubectl logs -l app=backend-app과 같이 레이블을 지정하여 특정 레이블에 있는 모든 파드의 로그를 참조할 수도 있다(그림 4.2.1 참고).

그림 4.2.1 kubectl 명령어로 파드별 로그를 참조하는 구조

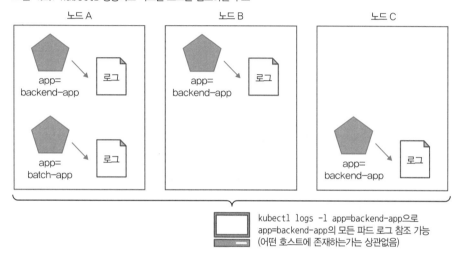

표준 출력이어서 명시적으로 애플리케이션이 출력한 내용 이외의 로그도 포함될 가능성이 있지만, 파드 안의 모든 정보를 표준 출력으로 스트림하여 쌓아두는 것이 좋다. 로그를 수집하는 작업을 효율적으로 할 수 있게 된다.

4.2.2 로그 수집

AWS에서는 애플리케이션이 출력한 로그를 수집하는 구조로 CloudWatch Logs라는 서비스를 제공하고 있다. EC2에 CloudWatch 에이전트를 설치하고 수집 대상 로그 파일을 설정하면 AWS 로그 저장 공간으로 전송할 수 있다.

EKS에서도 같은 방법을 구현할 수 있지만 이 책에서는 데몬셋으로 플루언트디 컨테이너[5]를 동작시켜 파드 각각이 표준 출력한 로그를 확인하고 CloudWatch Logs로 수집, 관리하는 방법을 소개한다(그림 4.2.2 참고).

그림 4.2.2 파드 로그를 CloudWatch Logs로 전송하는 구조

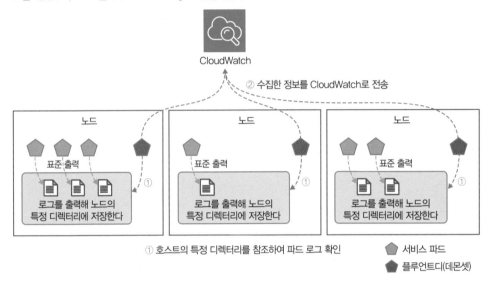

데이터 노드의 IAM 역할에 정책 추가

EKS에서 배포한 데몬셋에서 CloudWatch Logs에 로그를 전송하려면 데이터 플레인에 연결된 IAM 역할에 IAM 정책을 연결해야 한다. 또 다음 'CloudWatch용 네임스페이스 생성'에서 소개할 방법은 4.1.2에서 Container Insights를 활성화하기 위해 실행한 방법과 같다. 이미 실행했다면 생략해도 된다.

1 [서비스] → [컴퓨팅] → [Amazon EC2]를 선택해 접속한다.

2 '인스턴스'를 선택한 후 EKS 클러스터의 데이터 노드에 해당하는 '인스턴스 ID' 2개 중 하나를 클릭하고 상세 정보 페이지에 표시된 내용 중 'IAM 역할' 아래 링크를 클릭한다.

3 IAM 역할에 관한 '요약' 페이지가 열리면 〈정책 연결〉 버튼을 클릭한다.

4 '정책 이름' 목록의 'CloudWatchAgentServerPolicy'를 선택해 〈정책 연결〉을 클릭한다.

---

5 https://hub.docker.com/r/fluent/fluentd-kubernetes-daemonset

CloudWatch용 네임스페이스 생성

EKS 클러스터에 CloudWatch용 네임스페이스를 생성한다. 4.1.2의 실습 과정을 실행한 분이
라면 eks-env/cloudwatch-yaml 디렉터리에 있는 cloudwatch-namespace.yaml 파일을
다시 사용해 네임스페이스를 생성해도 괜찮다.

```
# 네임스페이스 생성용 매니페스트 다운로드
$ curl -O https://s3.amazonaws.com/cloudwatch-agent-k8s-yamls/ \
> kubernetesmonitoring/cloudwatch-namespace.yaml
# 네임스페이스 생성
$ kubectl apply -f cloudwatch-namespace.yaml
namespace/amazon-cloudwatch created
```

플루언트디 컨테이너를 데몬셋으로 동작시키기

이제 EKS 클러스터에 플루언트디의 데몬셋을 동작시켜보자. 플루언트디 컨테이너는 클러스터
이름과 리전 이름을 컨피그맵에서 참조하는 방식이므로 먼저 다음 명령으로 컨피그맵을 생성한다.

```
# 플루언트디 컨테이너에서 사용할 컨피그맵 생성
$ kubectl create configmap cluster-info \
> --from-literal=cluster.name=eks-work-cluster \
> --from-literal=logs.region=ap-northeast-2 -n amazon-cloudwatch
configmap/cluster-info created
```

다음은 플루언트디 컨테이너를 설치하는 매니페스트를 다운로드하고 플루언트디 컨테이너를
동작시킨다.

```
# 플루언트디 컨테이너를 설치할 매니페스트 다운로드
$ curl -O https://raw.githubusercontent.com/aws-samples/ \
> amazon-cloudwatchcontainer-insights/latest/k8s-deployment-manifest-templates/ \
> deployment-mode/daemonset/container-insights-monitoring/fluentd/fluentd.yaml
# 플루언트디 컨테이너를 데몬셋으로 동작시킴
$ kubectl apply -f fluentd.yaml
clusterrole.rbac.authorization.k8s.io/fluentd-role created
clusterrolebinding.rbac.authorization.k8s.io/fluentd-role-binding created
configmap/fluentd-config created
daemonset.apps/fluentd-cloudwatch created
```

정상적으로 설정되었다면 CloudWatch Logs에 다음과 같은 로그 그룹이 생성되었을 것이다.

- /aws/containerinsights/eks-work-cluster/application

- /aws/containerinsights/eks-work-cluster/host

- /aws/containerinsights/eks-work-cluster/dataplane

또 파드 각각이 출력한 로그는 application으로 끝나는 로그 그룹으로 전송된다.

4.2.3 로그 저장

CloudWatch Logs로 전송된 로그는 기본적으로 기간 제한 없이 저장되며, 저장되는 로그 용량에 따라 과금이 발생한다. 그래서 용도에 맞게 저장 기간을 설정해 사용하는 것이 일반적이다. 여기서부터 설명하는 내용은 EKS와 관계 없는 AWS의 CloudWatch Logs 설정 방법이다.

CloudWatch Logs에서 보관 기간 설정

CloudWatch Logs에서는 로그 그룹 단위로 로그 저장 기간을 설정할 수 있다. 이번 예에서는 application, host, dataplane 단위로 설정할 수 있다는 것이다. 반대로 말하면 설정이 가능한 것은 이 단위뿐이다. 예를 들어 모든 파드의 로그는 application 로그 그룹에 저장되므로 애플리케이션별로 다른 저장 기간을 설정할 수 없다(그림 4.2.3 참고). 가장 오래 저장하고 싶은 로그에 맞춰 기간을 설정하는 것이 좋다.

그림 4.2.3 로그 저장 기간 설정은 로그 그룹 단위로만 가능

	로그 그룹	▲	보존	▽
☐	/aws/containerinsights/eks-work-cluster/application		만기 없음	
☐	/aws/containerinsights/eks-work-cluster/dataplane		12개월	
☐	/aws/containerinsights/eks-work-cluster/host		6개월	

4.2.4 로그 모니터링

CloudWatch 경보를 사용한 통지

애플리케이션에서 어떤 이유로 에러가 발생했을 때 통지를 보내고 싶을 것이다. 이 경우 메트릭 필터에서 에러 대상 로그를 추출하고 그것을 CloudWatch 메트릭으로 등록해 메트릭 경보를

생성하면 통지를 보낼 수 있다. 예를 들어 ERROR라는 로그가 출력된 경우에 통지를 보내고 싶으면 다음과 같은 설정 방법으로 실행할 수 있다.

1 메트릭 필터 조건을 'ERROR'로 설정하고 출력 횟수를 메트릭에 등록

2 출력 횟수 메트릭 통보 생성(예를 들어 5분간 1회 이상 발생하면 통지 등)

메트릭 필터도 로그 그룹 단위로 설정해야 하기 때문에 '어떤 애플리케이션에서 발생한 에러인지'에 대해 미리 추출 조건을 포함시키는 편이 좋다. 예를 들어 앱 A, 앱 B가 있을 경우 ERROR라는 문자열만 추출하면 통지 내용만으로 어떤 애플리케이션에서 에러가 발생했는지 판단할 수 없다. 이런 경우를 위해 메트릭 필터에는 앱 A 에러, 앱 B 에러와 같이 별도로 필터와 경보를 생성할 수 있다. 이렇게 설정하면 통지 시 어떤 애플리케이션에서 발생한 에러인지 판단할 수 있다.

그러나 이 방식에는 한 가지 주의할 점이 있다. 메트릭 필터를 설정하면 CloudWatch 사용자 메트릭이 증가하여 그만큼 비용이 발생한다는 것이다. 각 비용이 아주 높은 것은 아니지만 상세하게 분류하여 설정할 경우 개수가 많아지므로 비용을 생각하면서 설정하는 것이 좋다(그림 4.2.4 참고).

그림 4.2.4 서비스별로 세분화하여 메트릭 필터를 설정한 예

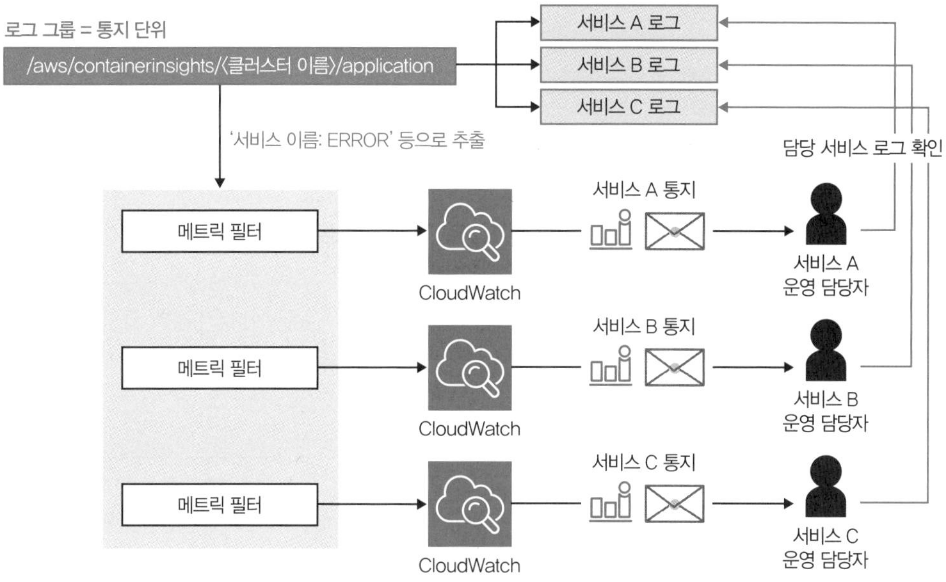

CloudWatch Logs 이벤트 검색을 이용한 디버그 예

그렇다면 실제 통지를 받은 운영 담당자는 어떻게 에러를 특정 짓는 것이 좋을까? 예제 애플리케이션 로그를 예로 들어 실제 로그를 검색해보자.

예제 애플리케이션 로그는 표준 출력으로 되어 있지만 CloudWatch Logs에서는 JSON으로 저장된다. 예를 들면 batch-app의 에러를 검색할 때는 CloudWatch 페이지 왼쪽 메뉴에 있는 '로그 그룹'을 선택한 후 목록에서 /aws/containerinsights/eks-work-cluster/application 을 클릭한다. 로그 스트림 목록이 표시된 페이지에서 〈Search log group〉 버튼을 클릭한다(그림 4.2.5 참고).

그림 4.2.5 CloudWatch 페이지에서 로그 이벤트 검색

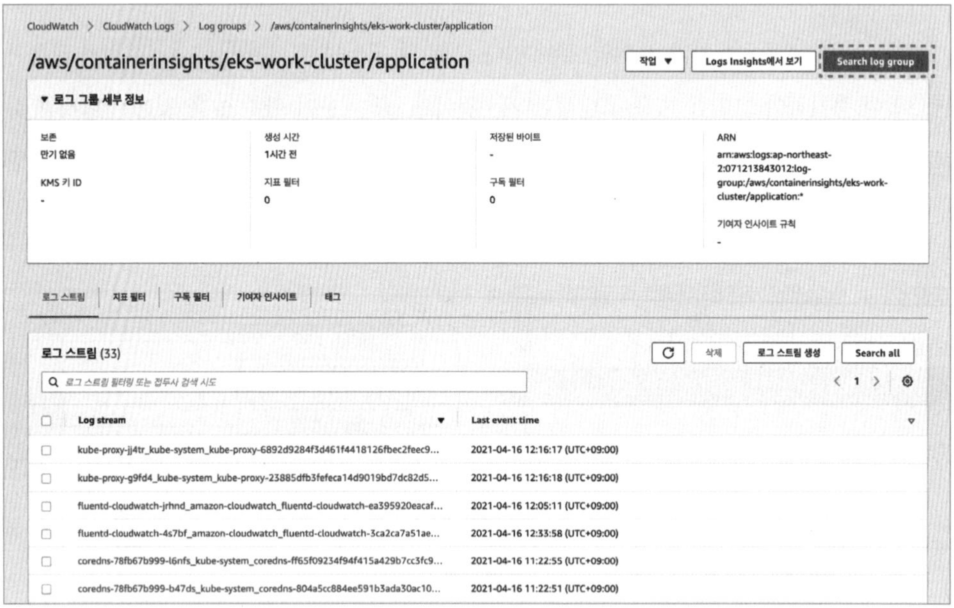

필터 조건에는 코드 4.2.1과 같은 조건을 지정한다.

코드 4.2.1 batch-app의 ERROR를 검색하는 예

```
# 이벤트 검색 조건 예
# '애플리케이션 로그 AND 애플리케이션 이름이 backend-app AND "WARN"이나
# "error"가 포함된다'라는 조건
{ $.log != "[*" && $.kubernetes.container_name = "backend-app" && ( $.log = "*WARN*"
|| $.log = "*error*" ) }
```

실행하면 조건에 맞는 로그 목록이 표시된다(그림 4.2.6 참고). 해당 행의 오른쪽에 '로그 스트림 이름'과 함께 링크가 표시되며 그 링크를 클릭하면 해당 행을 강조 표시한 로그 스트림 전체를 참조할 수 있다(그림 4.2.7 참고). 이것으로 에러 발생 전후의 애플리케이션 상태를 확인할 수 있다.

그림 4.2.6 이벤트 검색 결과 페이지 예

그림 4.2.7 해당 행을 강조 표시한 로그 스트림 참조 예

4.2.5 로그의 시각화와 분석

로그 관리의 마지막은 시각화와 분석이다. 수집한 로그에서 에러를 추출하고 통지하는 것은 문제가 생겼을 때의 실시간 대응 속도를 향상시키는 것을 목적으로 하는 것이다. 반면 시각화와

분석은 로그 내용에서 다양한 패턴을 파악하여 장애를 사전에 방지하거나 개발이 필요한 내용을 찾아내는 것이다. 즉, 미래에 대한 준비와 대응 속도를 개선하는 데 목적을 두고 있다. AWS 에서는 CloudWatch Logs에 저장된 로그를 검색하고 시각화하는 기능인 CloudWatch Logs Insights를 제공한다. 여기서는 이 기능을 사용해 기본적인 로그 분석을 해본다.

CloudWatch Logs Insights는 CloudWatch의 '로그 그룹' 목록 페이지에서 원하는 그룹을 선택하고 왼쪽 위에 있는 〈Logs Insights에서 보기〉 버튼을 클릭하면 사용할 수 있다(그림 4.2.8 참고).

그림 4.2.8 Logs Insights 사용

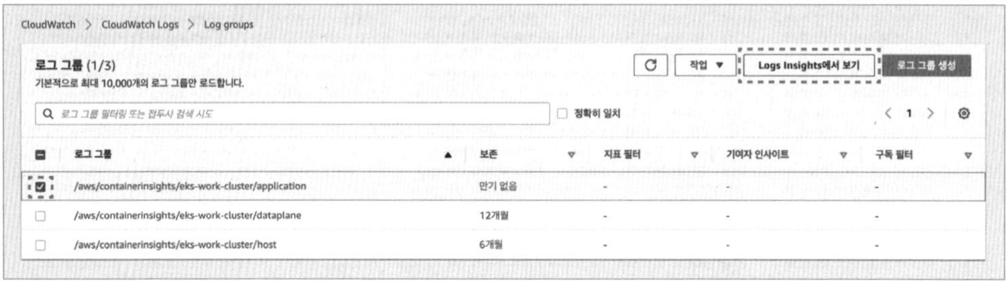

액세스 로그 확인

시스템을 관리, 운영, 개선하는 데 있어 '어느 정도의 접속이 있었는지', '어떤 애플리케이션에서 얼마만큼의 에러가 발생하고 있는지' 등은 아주 기본적이고 중요한 지표다. 이 책에서 다루는 예제 애플리케이션에서는 Logs Insights로 다음과 같은 쿼리를 사용해 정보를 수집할 수 있다(코드 4.2.2 참고).

코드 4.2.2 예제 애플리케이션 접속 패턴을 보는 쿼리 예

```
# 예제 애플리케이션에 어느 정도의 접속이 있었는지 확인
stats count(*) as ACCESS_COUNT
| filter ( kubernetes.container_name = "backend-app")
| filter ( log not like /^\[/ and (log like /Health GET API called./ or log like /
REGION GET ALL API/ or log like /LOCATION LIST BY REGION ID API/ )

# 어떤 애플리케이션에서 얼마만큼의 에러가 발생하고 있는지 확인
stats count(*) as ERROR_COUNT by kubernetes.container_name as APP
| filter ( log not like /^\[/ and (log like /WARN/ or log like /error/) )
```

실제로 실행한 예를 살펴보자. 접속 상태를 확인하는 쿼리 결과를 보면 최근 3시간 내 backend-app에 1,213회 접속이 있었던 것을 알 수 있다(그림 4.2.9 참고).

그림 4.2.9 쿼리 실행 결과(접속 수)

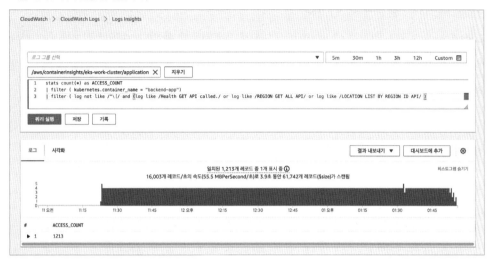

또 에러 발생 상태를 확인하는 쿼리에서는 fluentd-cloudwatch에서 444번 에러가 발생했다는 것을 알 수 있다(그림 4.2.10 참고). 여러분의 클러스터 환경에 따라 에러 발생 수에는 차이가 있을 것이다.

그림 4.2.10 쿼리 실행 결과(애플리케이션별 에러 발생 수)

Logs Insights에는 다양한 구문[6]이 있으므로 용도에 따라 정보를 추출할 수 있도록 테스트해보기 바란다.

쿼리 결과를 대시보드에 저장

Logs Insights 쿼리 결과는 CloudWatch 대시보드에 저장할 수 있다. 수집할 정보를 매번 하나씩 쿼리로 입력하는 것은 비효율적이다. 이 경우 여러 쿼리 결과를 대시보드에 저장해두면 전체적인 상황을 파악할 수 있다.

구체적인 방법은 다음과 같다. 먼저 쿼리 실행 결과 페이지에서 〈대시보드에 추가〉 버튼을 클릭한다(그림 4.2.11 참고).

그림 4.2.11 쿼리 실행 결과를 CloudWatch 대시보드에 추가하는 방법

다음에는 추가할 대시보드를 선택하고 위젯 타입, 위젯 이름을 설정한 후 〈대시보드에 추가〉 버튼을 클릭한다(그림 4.2.12 참고).

---

6 https://docs.aws.amazon.com/ko_kr/AmazonCloudWatch/latest/logs/CWL_QuerySyntax.html

그림 4.2.12 '대시보드에 추가' 페이지 예

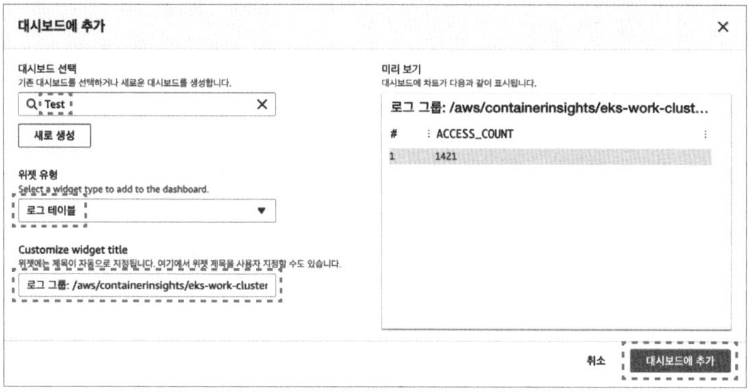

이와 같이 추가하면 CloudWatch의 대시보드에 위젯이 추가된다(그림 4.2.13 참고).

그림 4.2.13 쿼리 결과를 대시보드에 저장한 예

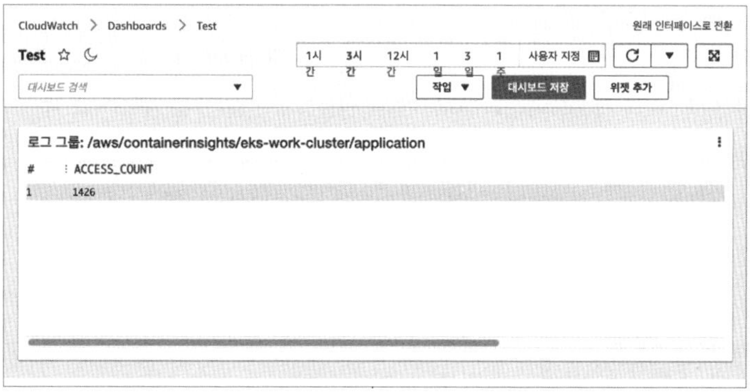

위젯은 정기적으로 정보를 업데이트하므로 여러 위젯을 추가해두면 이 대시보드만 봐도 시스템 상황을 알 수 있다. 팀 성격에 맞춰 대시보드를 만들어보자.

4.2.6 리소스 삭제

여기서 사용한 리소스 삭제 방법은 다음과 같다. curl 명령어로 여러 YAML 파일을 다운로드했기 때문에 다운로드한 디렉터리에서 실행한다. 또 4.2.2 아래에 '데이터 노드의 IAM 역할에 정책 추가'에서 생성한 IAM 정책(CloudWatchAgentServerPolicy)도 삭제한다. 그리고 데몬셋으로 자동 생성된 CloudWatch Logs의 로그 그룹 3개[7]와 CloudWatch 대시보드도 삭제한다.

---

7 대상 로그 그룹은 '/aws/containerinsights/eks-work-cluster/application', '/aws/containerinsights/eks-work-cluster/host', '/aws/containerinsights/eks-work-cluster/dataplane' 세 가지가 있다.

```
# 수동으로 생성한 컨피그맵 삭제
$ kubectl delete cm cluster-info -n amazon-cloudwatch
configmap "cluster-info" deleted
# Container Insights 관련 리소스 삭제(YAML 파일을 다운로드한 디렉터리에서 실행)
$ kubectl delete -f .
configmap "fluentd-config" deleted
daemonset.apps "fluentd-cloudwatch" deleted
```

Column IAM 역할을 파드별로 설정하기

앞에서 설명한 CloudWatch 에이전트나 플루언트디를 배포할 때 CloudWatch로 데이터를 전송할 수 있도록 하기 위해 노드에 IAM 역할을 연결했다. 처음 이 책을 쓸 때 파드에 AWS 리소스 조작 권한을 부여하는 방법은 여기서 소개한 방법밖에 없었다.[8] 그러나 2019년 9월에 IAM Role for Service Accounts(IRSA)가 발표됨에 따라 파드별로 IAM 역할을 각각 부여할 수 있게 되었다.

IRSA를 정확하게 말하면 클러스터 내의 서비스 계정과 IAM 역할을 안전하게 연결시키는 구조라고 할 수 있다. 서비스 계정을 설정하여 파드를 동작시키면 이 파드에서 연결된 IAM 역할을 사용할 수 있다. 지금까지는 클러스터상에 배포된 파드에서 AWS 리소스를 사용하려면 필요한 IAM 정책을 노드에 부여하여 사용해야 했다. 이 방법의 경우 노드에 파드 각각에 필요한 IAM 정책을 모두 부여하므로 결과적으로 모든 파드에 필요하지 않은 권한이 설정되어 버린다. 이는 보안적인 측면에서도 좋지 않다. 이러한 문제를 해결하기 위해 추가된 기능이 IRSA다.[9]

IRSA를 사용하려면 크게 다음과 같은 세 가지 순서를 지켜야 한다.

1 EKS 클러스터의 OpenID Connect(OIDC)[10] 공급자 기능을 활성화하고 IAM과 연결

2 서비스 계정과 IAM 역할 연결

3 서비스 계정을 설정하고 파드 동작

다음에는 세 가지 순서에 어떤 의미가 있는지 알아보자.

---

8 실제 AWS 정식 튜토리얼에도 이 방법이 소개되었다.

9 지금까지도 kube2iam 등의 오픈소스를 이용하면 파드별로 IAM 역할을 설정할 수 있지만, IRSA는 AWS가 공식으로 발표한 기능이라는 의미가 있다.

10 OIDC는 신뢰받는 ID 발급자의 인증 정보나 속성 정보를 다른 컴포넌트와 안전하게 공유하는 시스템이다. 좀 더 간단히 말하면 ID 연동이니 330의 같은 구조라고 할 수 있다. 이 책에서는 자세히 설명하지 않지만 다양한 책과 정보가 공개되어 있으므로 관심 있는 분은 개별적으로 공부해보기 바란다.

① EKS 클러스터의 OpenID Connect 공급자 기능을 활성화하고 IAM과 연결

EKS에서는 서비스 계정과 IAM을 연결하기 위해 OpenID Connect를 사용한다. 구체적으로 말하면 EKS 클러스터의 OIDC 공급자 기능을 활성화하고 그 공급자 정보를 IAM에 등록해 EKS의 서비스 계정 인증과 IAM 인가 구조를 연결하는 것이다.

이 작업을 하기 위해 다음 명령을 실행한다.

```
$ eksctl utils associate-iam-oidc-provider \
> --name eks-work-cluster \
> --approve
Flag --name has been deprecated, use --cluster
2021-04-16 15:44:26 [i]  eksctl version 0.44.0
2021-04-16 15:44:26 [i]  using region ap-northeast-2
2021-04-16 15:44:27 [i]  will create IAM Open ID Connect provider for cluster
"eks-work-cluster" in "ap-northeast-2"
2021-04-16 15:44:28 [✔]  created IAM Open ID Connect provider for cluster
"eks-work-cluster" in "ap-northeast-2"
```

이것으로 IAM에는 EKS 클러스터의 OIDC 공급자 URL이 설정된 자격 증명 공급자가 생성된다. 이 명령으로 EKS 클러스터가 발행한 ID 토큰과 IAM을 연결할 수 있게 되었다(그림 4.2.A 참고).

그림 4.2.A IAM의 자격 증명 공급자 페이지

② 서비스 계정과 IAM 역할 연결

다음에는 서비스 계정과 IAM 역할을 연결한다. 구체적으로는 서비스 계정이 사용할 권한을 부여받은 IAM 역할을 생성하고, 서비스 계정을 생성할 때 그 IAM 역할의 ARN을 연결한다. 이 작업도 eksctl 관련 명령을 이용하여 실행할 수 있다.

예를 들어 cloudwatch-agent라는 서비스 계정이 AWS의 CloudWatchAgentServerPolicy를 사용하는 경우 다음 명령을 실행한다.

```
$ eksctl create iamserviceaccount \
> --name cloudwatch-agent \
> --cluster eks-work-cluster \
> --attach-policy-arn arn:aws:iam::aws:policy/CloudWatchAgentServerPolicy \
> --namespace amazon-cloudwatch \
> --override-existing-serviceaccounts \
> --approve
2021-04-16 16:00:02 [i]  eksctl version 0.44.0
2021-04-16 16:00:02 [i]  using region ap-northeast-2
2021-04-16 16:00:04 [i]  1 iamserviceaccount (amazon-cloudwatch/
cloudwatch-agent)
was included (based on the include/exclude rules)
2021-04-16 16:00:04 [!]  metadata of serviceaccounts that exist in
Kubernetes will be updated, as --override-existing-serviceaccounts was set
2021-04-16 16:00:04 [i]  1 task: { 2 sequential sub-tasks: { create IAM
role for serviceaccount "amazon-cloudwatch/cloudwatch-agent", create
serviceaccount "amazon-cloudwatch/cloudwatch-agent" } }
2021-04-16 16:00:04 [i]  building iamserviceaccount stack "eksctl-eks-work-
cluster-addon-iamserviceaccount-amazon-cloudwatch-cloudwatch-agent"
2021-04-16 16:00:05 [i]  deploying stack "eksctl-eks-work-cluster-addon-
iamserviceaccount-amazon-cloudwatch-cloudwatch-agent"
2021-04-16 16:00:05 [i]  waiting for CloudFormation stack "eksctl-eks-work-
cluster-addon-iamserviceaccount-amazon-cloudwatch-cloudwatch-agent"
2021-04-16 16:00:21 [i]  waiting for CloudFormation stack "eksctl-eks-work-
cluster-addon-iamserviceaccount-amazon-cloudwatch-cloudwatch-agent"
2021-04-16 16:00:38 [i]  waiting for CloudFormation stack "eksctl-eks-work-
cluster-addon-iamserviceaccount-amazon-cloudwatch-cloudwatch-agent"
2021-04-16 16:00:38 [i]  created namespace "amazon-cloudwatch"
2021-04-16 16:00:38 [i]  created serviceaccount "amazon-cloudwatch/
cloudwatch-agent"
```

이제 자동으로 서비스 계정과 IAM 역할이 생성(그림 4.2.B 참고[11])되고, 다음과 같이 서비스 계정에는 생성된 IAM 역할의 ARN이 설정된다.

---

11 옮긴이: IAM 페이지 왼쪽의 '역할' 'eksctl-eks-work-cluster-addon-iamserviceacco-Role1-XXXXXXXXXXX'를 선택해 확인할 수 있다.

```
# 생성된 서비스 계정 확인
$ kubectl get sa -n amazon-cloudwatch -o yaml

# 출력 결과
apiVersion: v1
items:
- apiVersion: v1
  kind: ServiceAccount
  metadata:
    annotations:
      # 여기에 생성된 IAM 역할의 ARN이 설정된다.
      eks.amazonaws.com/role-arn: arn:aws:iam::123456789012:role/eksctl-
                                  eks-work-cluster-addon-iam serviceacco-
                                  Role1-1WSHQAJM46ER
    creationTimestamp: "2020-11-01T03:57:54Z"

    # …(중간 생략)…

    name: cloudwatch-agent
    namespace: amazon-cloudwatch

    # …(이후 생략)…
```

그림 4.2.B 생성된 IAM 역할

③ 서비스 계정을 설정하여 파드 동작시키기

마지막으로 생성한 서비스 계정을 설정하여 파드를 동작시킨다. 예를 들어 여기서 배포한 CloudWatch 에이전트의 데몬셋 매니페스트 파일 내용의 일부는 코드 4.2.A와 같다.

코드 4.2.A 서비스 계정을 설정하여 파드를 동작시키는 매니페스트 cwagent-daemonset.yaml 예(일부분)

```
apiVersion: apps/v1
kind: DaemonSet
metadata:
  name: cloudwatch-agent
  namespace: amazon-cloudwatch
spec:

    # …(중간 생략)…

    containers:
    - name: cloudwatch-agent
      image: amazon/cloudwatch-agent:latest

    # …(중간 생략)…

    # 서비스 계정을 설정하여 동작시킴
    serviceAccountName: cloudwatch-agent
```

이렇게 하면 EKS 클러스터가 IAM 역할을 부여하기 위해 필요한 토큰을 생성하고 그것이 파드 내의 특정 디렉터리에 마운트된다(코드 4.2.B)[12]. 이 상태에서 파드 내부의 애플리케이션이 AWS SDK를 경유해 각종 처리를 요청하면 자동으로 이 토큰을 사용하여 IAM 역할을 연결하고 AWS 리소스를 조작할 수 있게 된다.[13]

코드 4.2.B 파드에 IAM 역할의 ARN과 토큰이 설정된 예

```
apiVersion: v1
kind: Pod
metadata:
```

---

12 클러스터가 파드의 추가 설정을 자동으로 삽입하는 어드미션 컨트롤러(Admission Controller)라는 기능이다. 자세한 내용은 쿠버네티스 공식 문서의 'Using Admission Controllers(https://kubernetes.io/docs/reference/access-authn-authz/admission-controllers)'를 참고하기 바란다.

13 지원하는 AWS SDK 최저 버전이 있으므로 미리 확인해두자. 지원하지 않을 경우 노드의 IAM 역할 정보가 사용된다. 더 자세한 내용은 '지원되는 AWS SDK 사용(https://docs.aws.amazon.com/ko_kr/eks/latest/userguide/iam-roles-for-service-accounts-minimum-sdk.html)'을 참고한다.

```
annotations:

# …(중간 생략)…

name: cloudwatch-agent-ljw49
namespace: amazon-cloudwatch

  # …(중간 생략)…

  - name: AWS_ROLE_ARN
    value: arn:aws:iam::123456789012:role/eksctl-eks-work-cluster-addon-
          iamserviceacco-Role1-1WSHQAJM46ER
  - name: AWS_WEB_IDENTITY_TOKEN_FILE
    value: /var/run/secrets/eks.amazonaws.com/serviceaccount/token
  image: amazon/cloudwatch-agent:latest
  imagePullPolicy: Always
  name: cloudwatch-agent
  resources:
    limits:
      cpu: 200m
      memory: 200Mi
    requests:
      cpu: 200m
      memory: 200Mi

  # …(중간 생략)…

  - mountPath: /var/run/secrets/kubernetes.io/serviceaccount
    name: cloudwatch-agent-token-hqn5t
    readOnly: true
  - mountPath: /var/run/secrets/eks.amazonaws.com/serviceaccount
    name: aws-iam-token
    readOnly: true

# …(중간 생략)…

volumes:
- name: aws-iam-token
  projected:
    defaultMode: 420
    sources:
```

```
    - serviceAccountToken:
        audience: sts.amazonaws.com
        expirationSeconds: 86400
        path: token

    # …(이후 생략)…
```

이상이 IRSA의 구조다. 설명이 조금 어려웠을 수도 있지만 실제 설정은 그렇게 어렵지 않으므로 향후 IAM 역할 설정은 이 방법으로 관리하는 것을 추천한다. AWS 공식 블로그에도 Introducing fine-grained IAM roles for service accounts[14]와 같은 글이 공개되어 있으므로 같이 참고하면 기능을 이해하는 데 많은 도움이 될 것이다.

Column 관측 가능성의 중요성

시스템 서비스 전체 기능이 컨테이너로 세분화되고 그 컨테이너들이 서로 연결되어 전체 기능을 제공하는 형태를 마이크로서비스라고 한다. 여기에는 두 가지 특징이 있다.

- 서비스 각각이 자율적으로 동작하도록 한다.
- 마이크로서비스 각각이 느슨한 결합으로 구성되어 있다면 새로운 업데이트 등의 이유로 마이크로서비스를 배포할 경우 서비스 각각의 조정이나 영향 범위가 한정된다.

앞 두 가지 특징은 서비스 전체 규모가 커져도 리드타임[15]이 길어지지 않은 상태로 개발 속도를 유지하기 쉽게 한다는 장점이 있다. 쿠버네티스는 이런 서비스를 구축하기에 매우 적합하다.

그러나 한편으로 서비스 규모가 커지면 어떤 마이크로서비스의 어떤 기능에서 에러나 성능 저하가 발생했는지 바로 판단하기가 어려워진다. 그래서 일반적으로 마이크로서비스 각각의 연관성과 성능 상태를 시각화해 서비스 전체 상태를 파악하는 동시에, 평소와 다른 패턴이 보이거나 문제가 발생했을 때 빨리 원인을 특정 지을 수 있어야 한다. 이 개념을 관측 가능성Observability이라고 하며, 그 중요성이 점점 높아지고 있다.[16]

---

14 https://aws.amazon.com/ko/blogs/opensource/introducing-fine-grained-iam-roles-service-accounts
15 어떤 기능을 개발하기 시작해서 실제 출시되기까지의 기간을 말한다.
16 물론 트러블슈팅에는 상세 내용 각각을 확인하고 원인을 파악하기 위한 시스템이 꼭 필요하다. 이런 시스템이 필요 없다는 의미는 아니므로 그 점에 오해가 없기를 바란다.

Column 다양한 모니터링 도구

쿠버네티스의 모니터링에는 Container Insights 외에도 많은 도구가 있다. 오픈 소스 소프트웨어[OSS]로는 프로메테우스[Prometheus][17], 그라파나[Grafana][18], 데이터독[Datadog][19], 뉴렐릭[New Relic][20] 등이 유명하다. 이러한 모니터링 도구는 쿠버네티스 모든 리소스의 메트릭을 수집할 수 있고, 네임스페이스, 서비스, 디플로이먼트, 파드 등의 단위로 그룹화하여 시각화할 수 있다.

또한 Container Insights는 수집한 메트릭을 그래프로 보여주는 것에 특화된 도구지만, 방금 소개한 도구들은 특히 유료로 사용하면 다양한 시각화 방법을 제공한다. 예를 들어 데이터독에는 파드가 어떤 호스트에 배치되었는지 나타내면서 파드 부하 상태를 색으로 표현하는 호스트맵 위젯이 있다. 전체 파드 중 어디에 어느 정도의 부하가 걸렸는지를 한눈에 살펴볼 수 있는 장점이 있다.

뉴렐릭도 파드가 어떤 노드에서 동작하는지, 파드의 상태나 부하 상태는 어떤지 한눈에 확인할 수 있는 화면을 제공한다. 또 서비스맵이라는 기능에서 서비스 각각의 연관성이나 부하 상태를 확인할 수 있다. 이는 '관측 가능성의 중요성' 칼럼에서 설명한 '관측 가능성'을 나타내는 매우 유용한 방법 중 하나다. 또 각 도구에는 자주 사용되는 메트릭과 위젯을 미리 정의한 대시보드 템플릿이 준비되어 있어 처음부터 하나씩 설정하는 수고를 덜 수 있는 등 많은 특징이 있다.

그렇다고 해도 어떤 도구부터 사용해야 할지 선택하기 어려울 수 있다. 데이터독, 그라파나, 뉴렐릭의 전형적인 대시보드 이미지를 그림 4.2.C~그림 4.2.F에서 확인할 수 있으므로 참고하기 바란다. 물론 세상에는 이 도구들 외에도 많은 도구가 있다. 도구 대부분은 체험 기간이 있으므로 자신의 서비스에 맞는 것을 찾아 대시보드를 만들어보자. 도구들을 비교해도 재미있을 것이다.

그림 4.2.C 데이터독 쿠버네티스 대시보드 템플릿 예제

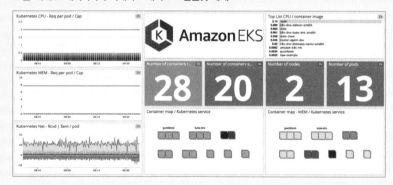

---

17 https://prometheus.io

18 https://grafana.com

19 https://www.datadoghq.com

20 https://newrelic.co.kr

그림 4.2.D 그라파나 대시보드 예제

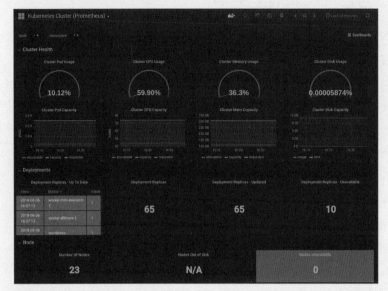

그림 4.2.E 뉴렐릭 클러스터 모니터링 페이지 예제

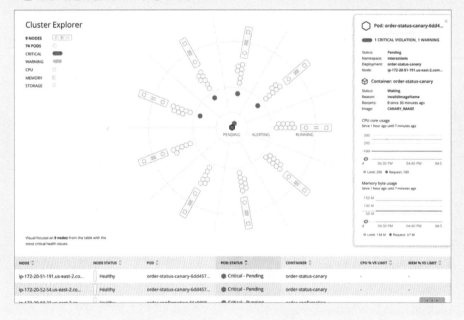

그림 4.2.F 뉴렐릭 쿠버네티스 대시보드 예제

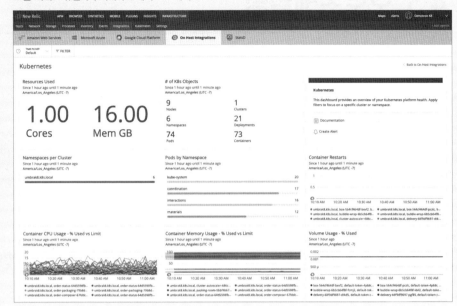

4.3 오토스케일링

클라우드 컴퓨팅이 보급되면서 컴퓨팅 리소스는 사용하고 싶을 때 원하는 만큼 사용할 수 있게 되었다. 이에 맞춰 시스템 부하 상황에 따라 자동으로 리소스를 유연하게 조정하는 것(오토스케일링Autoscaling)은 당연한 일이 되었다.

쿠버네티스도 클라우드 네이티브 도구이므로 오토스케일링 기능이 있다. 여기서는 쿠버네티스의 오토스케일링 구조와 EKS에서 오토스케일링이 어떻게 동작하는지 살펴본다. 그리고 단점에 대해서도 알아본다.

4.3.1 Cluster Autoscaler를 이용한 데이터 플레인 오토스케일링

Cluster Autoscaler[CA]는 데이터 플레인Data Plane 인스턴스에 대한 오토스케일링 기능이다. AWS가 익숙한 사람이라면 EC2의 오토스케일링 기능과 같다고 생각하면 이해하기 쉬울 것이다. 실제 EKS의 CA는 AWS 오토스케일링과 연결되어 동작한다.

Cluster Autoscaler를 이용한 발견적 오토스케일링

Cluster Autoscaler의 스케일링 트리거 기준은 파드에 설정된 리소스 요청requests에 따라 판단한다.[21] 새로운 파드를 배포하려고 할 때 요청한 CPU 리소스와 메모리 크기에 여유가 없다면 그 파드는 Pending 상태가 된다.

Cluster Autoscaler는 이 상황을 감지하고 요청된 파드가 동작할 수 있도록 노드를 추가한다. 다시 말해 Pending 상태의 파드가 발생했을 때 노드가 추가된다(그림 4.3.1 참고).

---

21 requests와 limits로 파드의 리소스를 관리하는 내용은 3.7절을 확인하기 바란다.

그림 4.3.1 Cluster Autoscaler의 스케줄링 판단 기준

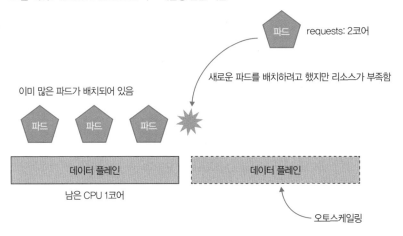

구체적인 설정 방법은 다음과 같다. AWS 오토스케일링과 연결한 Cluster Autoscaler가 동작하기 위해서는 데이터 노드의 IAM 역할에 IAM 정책을 추가해야 한다.

1 AWS 관리 콘솔에서 [서비스] → [컴퓨팅] → [Amazon EC2]를 선택해 접속한다.

2 '인스턴스' 메뉴를 선택한 후 EKS 클러스터의 데이터 노드에 해당하는 '인스턴스 ID' 2개 중 하나를 클릭하고 상세 정보 페이지에 표시된 내용 중 중간에 있는 'IAM 역할' 아래의 링크를 클릭한다.

3 IAM 역할에 관한 '요약' 페이지가 열리면 〈정책 연결〉 버튼을 클릭한다.

4 '정책 이름' 목록에서 'AutoScalingFullAccess'를 선택하고 〈정책 연결〉을 클릭한다.

계속해서 EKS 클러스터 데이터 노드로 설정된 오토스케일링 그룹 이름을 확인해두자.

1 AWS 관리 콘솔에서 [서비스] → [컴퓨팅] → [Amazon EC2]를 선택해 접속한다.

2 왼쪽 메뉴에서 'Auto Scaling 그룹'을 선택한다.

3 메인 페이지에 표시된 'eksctl-eks-work-cluster-nodegroup-eks-work-nodegroup-NodeGroup-XXXXXXXXXXXX'를 선택하고 'Auto Scaling 그룹 이름' 항목에 표시된 'Auto Scaling 그룹 이름'을 메모해둔다(그림 4.3.2 참고).

그림 4.3.2 Auto Scaling 그룹 이름 확인 페이지

다음으로 다운로드한 예제 소스 코드의 autoscaling/cluster_autoscaler.yaml을 열어 디플로
이먼트 부분의 .spec.template.spec.containers.command와 .env의 하위 설정을 코드 4.3.1
과 같이 수정한다.

코드 4.3.1 cluster_autoscaler.yaml 수정 부분 발췌

```
        command:
        - ./cluster-autoscaler
        - --v=4
        - --stderrthreshold=info
        - --cloud-provider=aws
        - --skip-nodes-with-local-storage=false
        - --nodes=2:5:<AUTOSCALING GROUP NAME>  # 오토스케일링 그룹 이름 설정
        env:
        - name: AWS_REGION
          value: ap-northeast-2
```

이것으로 준비는 끝났다. EKS 클러스터에 다음 kubectl apply 명령을 실행해 Cluster
Autoscaler를 활성화하자. 적용 후 로그에 에러가 없다면 정상적으로 설정된 것이다.

```
# Cluster Autoscaler 활성화
$ kubectl apply -f cluster-autoscaler.yaml
serviceaccount/cluster-autoscaler created
clusterrole.rbac.authorization.k8s.io/cluster-autoscaler created
role.rbac.authorization.k8s.io/cluster-autoscaler created
clusterrolebinding.rbac.authorization.k8s.io/cluster-autoscaler created
rolebinding.rbac.authorization.k8s.io/cluster-autoscaler created
deployment.apps/cluster-autoscaler created

# 동작 확인
$ kubectl logs -f deployment/cluster-autoscaler -n kube-system
```

```
# …(중간 생략)…

I1101 06:42:39.460490      1 leaderelection.go:199] successfully renewed lease
                           kube-system/cluster-autoscaler
I1101 06:42:39.482199      1 reflector.go:240] Listing and watching *v1beta1.
                           DaemonSet from k8s.io/autoscaler/cluster-autoscaler/
                           utils/kubernetes/listers.go:293

# …(이후 생략)…
```

그럼 실제 동작을 확인해보자. 예제 애플리케이션의 디플로이먼트 레플리카 수를 10으로 변경하고 정말 해당 노드가 늘어나는지 확인한다.

```
# 예제 애플리케이션 레플리카 수를 10으로 변경
$ kubectl scale --replicas=10 deployment/backend-app
```

앞 명령을 실행하면 다음과 같이 노드 수가 부족해 몇 개의 파드는 Pending 상태가 된다.

```
# 파드가 Pending 상태로 됨
$ kubectl get pod
NAME                              READY   STATUS      RESTARTS   AGE
backend-app-75f87c96fb-6jqqh      0/1     Pending     0          20s
backend-app-75f87c96fb-6tg4c      0/1     Pending     0          20s
backend-app-75f87c96fb-1jl66      1/1     Running     0          12h
backend-app-75f87c96fb-lpbp9      0/1     Running     0          20s
backend-app-75f87c96fb-m6rnh      0/1     Pending     0          20s
backend-app-75f87c96fb-mdfjm      1/1     Running     0          12h
backend-app-75f87c96fb-p2kzg      0/1     Running     0          20s
backend-app-75f87c96fb-v6qs7      0/1     Pending     0          20s
backend-app-75f87c96fb-xdj82      0/1     Pending     0          20s
backend-app-75f87c96fb-xlzc8      0/1     Pending     0          20s
batch-app-1604212500-8pbm4        0/1     Completed   0          14m
batch-app-1604212800-ngtsx        0/1     Completed   0          9m24s
batch-app-1604213100-bqlrs        0/1     Completed   0          4m24s
```

Cluster Autoscaler는 이 상황을 감지하고 오토스케일링 그룹 내의 노드 수를 스케일 아웃한다. Pending 상태가 된 파드의 Event 항목을 확인하면 노드의 스케일 아웃을 기다리고 있는 것을 알 수 있다.

```
# Pending 상태의 파드 상세를 확인하면 노드 스케일 아웃을
# 기다리고 있는 것을 알 수 있다.
$ kubectl describe pod <Pending 상태의 파드 이름>

# …(중간 생략) …

# Events 세션 출력 내용
Events:
  Type     Reason            Age                From
  ----     ------            ----               ----
  Warning  FailedScheduling  42s (x2 over 42s)  default-scheduler
  Normal   TriggeredScaleUp  34s                cluster-autoscaler

Message
-------

0/2 nodes are available: 2 Insufficient memory.
pod triggered scale-up: [{eksctl-eks-work-cluster-nodegroup-eks-work-nodegroup-
NodeGroup-10DIUN21CG5I3 2->5 (max: 5)}]
```

잠시 기다리면 노드 수가 늘어나는 것을 알 수 있다. 정상적으로 노드가 스케일 아웃되었고 파

드도 Running 상태로 변경되었다.

```
# Cluster Autoscaler로 노드 증가
$ kubectl get node
NAME                                            STATUS  ROLES    AGE  VERSION
ip-192-168-0-180.ap-northeast-2.compute.internal  Ready   <none>   12m  v1.19.6-eks-49a6c0
ip-192-168-0-41.ap-northeast-2.compute.internal   Ready   <none>   12m  v1.19.6-eks-49a6c0
ip-192-168-0-68.ap-northeast-2.compute.internal   Ready   <none>   13h  v1.19.6-eks-49a6c0
ip-192-168-2-28.ap-northeast-2.compute.internal   Ready   <none>   13h  v1.19.6-eks-49a6c0
ip-192-168-2-59.ap-northeast-2.compute.internal   Ready   <none>   13m  v1.19.6-eks-49a6c0

# 파드도 Running 상태
$ kubectl get pod
NAME                          READY  STATUS   RESTARTS  AGE
backend-app-75f87c96fb-6jqqh  1/1    Running  0         3m50s
backend-app-75f87c96fb-6tg4c  1/1    Running  0         3m50s
backend-app-75f87c96fb-lj166  1/1    Running  0         12h
backend-app-75f87c96fb-lpbp9  1/1    Running  0         3m50s
backend-app-75f87c96fb-m6rnh  1/1    Running  0         3m50s
backend-app-75f87c96fb-mdfjm  1/1    Running  0         12h
backend-app-75f87c96fb-p2kzg  1/1    Running  0         3m50s
```

```
backend-app-75f87c96fb-v6qs7    1/1    Running    0    3m50s
backend-app-75f87c96fb-xdj82    1/1    Running    0    3m50s
backend-app-75f87c96fb-xlzc8    1/1    Running    0    3m50s
batch-app-1604212800-ngtsx      0/1    Completed  0    12m
batch-app-1604213100-bqlrs      0/1    Completed  0    7m54s
batch-app-1604213400-blcnk      0/1    Completed  0    2m53s
```

또한 Amazon EC2의 'Auto Scailing 그룹' 정보에서도 스케일 아웃된 노드 수를 확인할 수 있다.

그림 4.3.3 스케일 아웃된 노드 수 확인

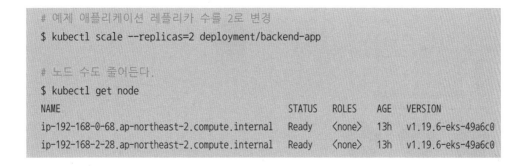

이 상태로는 노드가 증가해 과금이 늘어나므로 레플리카 수를 원래 상태로 되돌린다. 잠시 기다리면 노드 수가 감소한다.

```
# 예제 애플리케이션 레플리카 수를 2로 변경
$ kubectl scale --replicas=2 deployment/backend-app

# 노드 수도 줄어든다.
$ kubectl get node
NAME                                            STATUS  ROLES   AGE  VERSION
ip-192-168-0-68.ap-northeast-2.compute.internal Ready   <none>  13h  v1.19.6-eks-49a6c0
ip-192-168-2-28.ap-northeast-2.compute.internal Ready   <none>  13h  v1.19.6-eks-49a6c0
```

Cluster Autoscaler에서 주의할 점

지금까지 설명했듯이 Cluster Autoscaler는 requests값으로 스케일링을 판단한다. 즉, 파드를 배치할 때만 스케일링할지 판단이 가능하다. 일단 파드가 배치되면 노드의 스케줄링은 실행되지 않는다. 예를 들어 실제 부하가 작지만 파드의 requests값이 큰 경우 파드가 스케줄링되지 않고 스케일링되어 버린다(그림 4.3.4 참고).

그림 4.3.4 부하는 그렇게 높지 않지만 스케일링되어 버리는 예

파드
requests: 4
!!
실제 부하는 총 2코어
파드
파드
파드
requests: 4
requests: 4
requests: 4
데이터 플레인
데이터 플레인
12코어
CPU 사용률 16.6%에서도
스케일링해 버린다.
오토스케일링

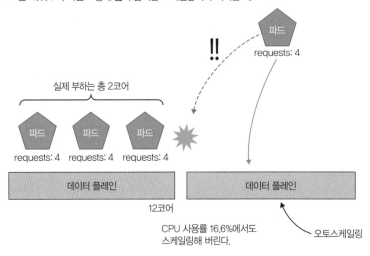

또 requests값은 낮지만 limits 설정이 아예 없거나 limits가 아주 높은 값으로 설정된 경우 requests 자체에는 아직 리소스에 여유가 있다. 이때는 파드를 배포해 버리면 노드에 과부하가 걸리는 상태(오버 커밋)가 될 수 있다(그림 4.3.5 참고).

그림 4.3.5 실제 부하는 높지만 스케일링하지 않는 예

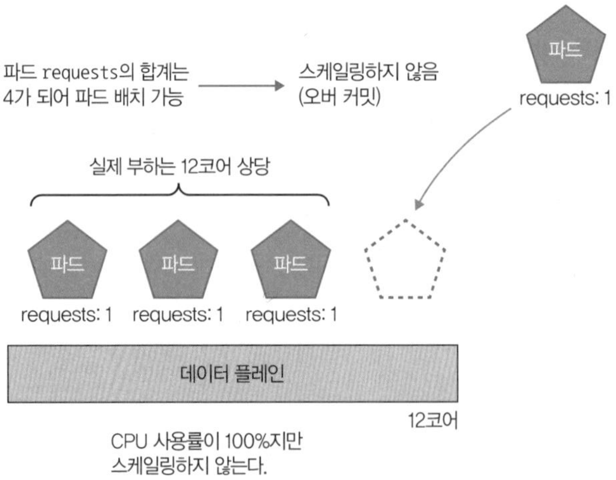

파드 requests의 합계는
4가 되어 파드 배치 가능
스케일링하지 않음
(오버 커밋)
파드
requests: 1
실제 부하는 12코어 상당
파드
파드
파드
requests: 1
requests: 1
requests: 1
데이터 플레인
12코어
CPU 사용률이 100%지만
스케일링하지 않는다.

3.7절에서도 소개했던 requests와 limits값은 적절하게 설정해야 한다.

AWS 오토스케일링 기능을 이용한 예방적 오토스케일링

AWS를 사용하는 분이라면 리소스가 부족하여 파드를 배치할 수 없는 상황이 발생해야 스케일 아웃한다는 것이 조금 이상할 것이다. 저자 역시 그렇다. 그래서 어떤 문제가 발생했을 때 스케

일 아웃하는 것이 아니라 어떤 임곗값을 넘으면 노드를 추가하는 것이 운영 측면에서 더 좋을 것이다. 컨테이너는 빠르게 배포해주는데 노드 추가를 기다려야 한다면 컨테이너의 장점을 활용하지 못하는 것이기 때문이다. 또한 많은 서버를 동작시켜두면 비용이 많이 발생할 것이다. 그래서 부하가 얼마나 발생할지, 대기 시간을 얼마나 갖는지 등 분석을 통해 적절한 임곗값을 설정하여 사용하는 것이 좋다.

생성되는 파드를 Pending 상태로 만들지 않으려면 노드의 부하가 높아지는 것을 판단할 필요가 있다. 이때 어떤 메트릭을 사용해야 할까? 노드에 대한 파드의 CPU 사용률(pod_cpu_reserved_capacity)이 좋을 것이다. 이 메트릭은 4.1절에서 소개한 Container Insights를 활성화했다면 자동으로 등록되므로 Container Insights를 활성화하는 것을 추천한다(그림 4.3.6 참고).

그림 4.3.6 pod_cpu_reserved_capacity 메트릭[22]

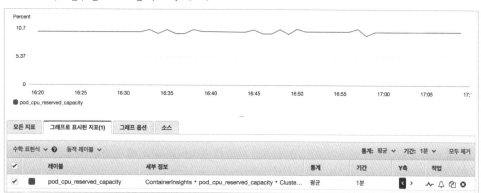

이 메트릭을 사용해 AWS 오토스케일링^{AutoScaling}으로 노드를 스케일링시키면 될 것이다.

그런데 앞의 오토스케일링만으로는 새로 배치될 파드가 Pending 상태로 될 가능성이 줄어들 뿐이다. 노드로 할당 가능한 CPU는 남아 있지만 실제 파드 부하가 높은 상황이라면, 여기에 파드를 배포하는 것은 노드에 과부하를 주는 상황이 되기 때문이다. 이런 상태가 되는 것을 막기

---

22 옮긴이: CloudWatch의 왼쪽 메뉴에서 '지표'를 선택한 후 오른쪽 화면에서 '사용자 지정 네임스페이스'의 'ContainerInsights' → 'ClusterName, Namespace, PodName'을 선택한다. 그리고 '지표' 오른쪽 검색 창에서 'pod_cpu_reserved_capacity'를 입력해 검색한 결과에서 'PodName'이 'cluster-autoscaler'인 항목을 선택한다. 마지막으로 오른쪽 위에 있는 〈그래프로 표시된 지표〉 버튼을 클릭하면 확인할 수 있다.

위해서라도 실제 부하 상태를 보면서 노드를 스케일링하는 설정을 만들어두는 것이 좋다. 예를 들어 데이터 노드 전체의 CPU 사용률이라면 AWS 표준 메트릭으로 등록되어 있어 이 메트릭을 사용할 수 있다(그림 4.3.7 참고).

그림 4.3.7 오토스케일링 그룹의 CPU 사용률 메트릭[23]

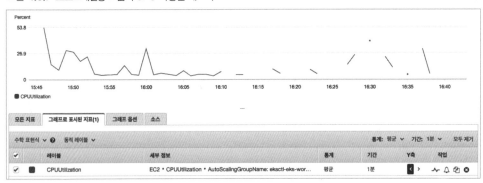

또 AWS 오토스케일링 기능에 의한 스케일 아웃/인 설정 방법은 생략하지만 eksctl 명령어로 클러스터를 배포하면 자동으로 설정되므로 AWS 공식 문서의 'Auto Scaling 그룹에 대한 용량 제한 설정[24]'을 참고해 설정 내용을 확인해보기 바란다.

4.3.2 Horizontal Pod Autoscaler를 이용한 파드 오토스케일링

노드의 오토스케일링은 이른바 파드를 원하는 수만큼 동작시키기 위해 용량을 확보하는 기능이었다. 그렇다면 애플리케이션 자체의 스케일링은 어떻게 해야 할까? 쿠버네티스에는 Horizontal Pod Autoscaler[HPA]라는 기능이 있으며 노드와 마찬가지로 파드 리소스 사용률에 맞춰 파드의 스케일 아웃, 스케일 인 기능을 구현할 수 있다.

HPA는 AWS 오토스케일링과 마찬가지로 서비스의 문제 발생을 막는 차원에서 설정하는 것이다. 즉, 파드의 리소스 사용 현황을 모니터링하고 임곗값을 넘을 경우 스케일 아웃한다. 그럼 설정해보고 동작도 확인해보자.

---

23 옮긴이: EC2의 'Auto Scaling 그룹'을 선택해서 현재 존재하는 그룹을 선택해 열리는 화면에서 '모니터링' → 'CloudWatch 모니터링 세부 정부' → 'EC2'를 선택한 후 'CPU 사용률 (백분율) 오른쪽 메뉴 버튼에서 '지표에서 보기'를 선택하면 확인할 수 있다.

24 옮긴이: https://docs.aws.amazon.com/ko_kr/autoscaling/ec2/userguide/asg-capacity-limits.html

메트릭 서버 배포

HPA로 파드 수를 자동 조절하려면 클러스터 내부에서 파드 리소스 사용 현황을 파악하고 있어야 한다. HPA에서는 메트릭 서버[metrics-server][25]를 사용해 사용 현황을 파악한다. 설치 방법은 다양하지만 AWS 공식 문서의 'Kubernetes 지표 서버 설치[26]'에서 설명하는 방법으로 한다.

```
# 메트릭 서버를 클러스터에 적용(공식 문서 내용)
$ kubectl apply -f https://github.com/kubernetes-sigs/metrics-server/ \
> releases/download/v0.4.2/components.yaml
serviceaccount/metrics-server created
clusterrole.rbac.authorization.k8s.io/system:aggregated-metrics-reader created
clusterrole.rbac.authorization.k8s.io/system:metrics-server created
rolebinding.rbac.authorization.k8s.io/metrics-server-auth-reader created
clusterrolebinding.rbac.authorization.k8s.io/metrics-server:system:auth-delegator
created
clusterrolebinding.rbac.authorization.k8s.io/system:metrics-server created
service/metrics-server created
deployment.apps/metrics-server created
apiservice.apiregistration.k8s.io/v1beta1.metrics.k8s.io created

# 배포된 파드 확인
$ kubectl get deployment metrics-server -n kube-system
NAME            READY   UP-TO-DATE   AVAILABLE   AGE
metrics-server  1/1     1            1           36s
```

메트릭 API[Metrics API]가 활성화되어 있는지 확인한다. 명령 실행 결과에서 .status.conditions[].status값이 True로 되어 있으면 정상이다.

```
# 메트릭 API가 활성화되어 있는 것을 확인
$ kubectl get apiservice v1beta1.metrics.k8s.io -o yaml
apiVersion: apiregistration.k8s.io/v1
kind: APIService
metadata:
  annotations:

# …(중간 생략) …
# 명령어 실행 결과에서 발췌
```

---

25 https://github.com/kubernetes-sigs/metrics-server
26 https://docs.aws.amazon.com/ko_kr/eks/latest/userguide/metrics-server.html

```
status:
  conditions:
  - lastTransitionTime: "2020-11-06T09:24:43Z"
    message: all checks passed
    reason: Passed
    status: "True"   # 이 부분이 True인지 확인
    type: Available
```

HPA 리소스 생성

계속해서 예제 애플리케이션에 일정 부하가 발생했을 때 자동적으로 증감 동작을 하도록 HPA 리소스를 생성한다. 예제 소스 파일의 autoscaling 디렉터리로 이동한 후 다음 명령을 실행한다.

```
# HPA 적용
$ kubectl apply -f autoscaling/horizontal-pod-autoscaler.yaml
horizontalpodautoscaler.autoscaling/backend-app created
```

동작 확인

그러면 부하를 주기 위해 파드를 생성하고 예제 애플리케이션 파드에 부하를 준다.

```
# 윈도우 10의 경우 다음 명령 실행
$ exec winpty bash

# 부하를 주기 위한 파드 실행
$ kubectl run -i --tty load-generator --image=busybox --rm -- sh

# 프롬프트가 표시되면 다음 명령어 입력
$ while true; do wget -q -O- \
> http://backend-app-service.eks-work.svc.cluster.local:8080/health; done
```

이 상태에서 새로운 셸을 열고 HPA 리소스 상태를 확인하면 파드의 CPU 사용률과 레플리카 수를 확인할 수 있다. 부하를 주는 동안에는 레플리카 수가 증가하며 Max로 지정한 5개까지 스케일 아웃하여 부하를 줄이면 다시 1개로 돌아간다.[27] 레플리카 수나 리소스 상황에 따라 부하가 발생하지 않을 경우 부하를 주기 위한 파드를 더 생성하여 부하를 준다.

---

27 부하를 주기 위해 생성한 파드에서 빠져나오려면 exit를 입력한다.

```
# HPA를 확인하면 레플리카 수가 자동으로 변화한다.
$ kubectl get hpa -w
NAME          REFERENCE                 TARGETS   MINPODS   MAXPODS   REPLICAS   AGE
backend-app   Deployment/backend-app    1%/50%    2         5         2          37m
backend-app   Deployment/backend-app    106%/50%  2         5         2          39m
backend-app   Deployment/backend-app    106%/50%  2         5         4          39m
backend-app   Deployment/backend-app    106%/50%  2         5         5          39m
backend-app   Deployment/backend-app    95%/50%   2         5         5          40m
backend-app   Deployment/backend-app    28%/50%   2         5         5          41m
backend-app   Deployment/backend-app    95%/50%   2         5         5          42m

# 여기서 부하를 중지(부하를 주기 위한 명령을 실행한 셀에서 [Ctrl] + [C])
backend-app   Deployment/backend-app    1%/50%    2         5         5          43m
backend-app   Deployment/backend-app    1%/50%    2         5         5          47m
backend-app   Deployment/backend-app    2%/50%    2         5         2          48m
backend-app   Deployment/backend-app    1%/50%    2         5         2          49m
backend-app   Deployment/backend-app    2%/50%    2         5         2          52m
backend-app   Deployment/backend-app    1%/50%    2         5         2          54m
```

HPA에서는 기본값으로 스케일 아웃은 30초, 스케일 인은 5분에 한 번 동작한다.

지금까지 EKS에서의 오토스케일링을 살펴봤다. 여기서 설명한 내용처럼 노드와 파드의 스케일링은 동작 방식이 다르다. 서비스에서 요구하는 확장성 등의 사항에 맞게 설계하자.

4.3.3 리소스 삭제

여기서 생성한 리소스 삭제는 다음 두 가지 명령을 실행해 처리한다. 예제 소스 코드의 루트 디렉터리에서 실행한다는 것을 기억하자.

```
# 오토스케일링 관련 리소스 삭제
$ kubectl delete -f autoscaling
serviceaccount "cluster-autoscaler" deleted
clusterrole.rbac.authorization.k8s.io "cluster-autoscaler" deleted
role.rbac.authorization.k8s.io "cluster-autoscaler" deleted
clusterrolebinding.rbac.authorization.k8s.io "cluster-autoscaler" deleted
rolebinding.rbac.authorization.k8s.io "cluster-autoscaler" deleted
deployment.apps "cluster-autoscaler" deleted
horizontalpodautoscaler.autoscaling "backend-app" deleted
```

```
# 메트릭 서버 삭제
$ kubectl delete -f https://github.com/kubernetes-sigs/metrics-server/ \
> releases/download/v0.4.2/components.yaml
serviceaccount "metrics-server" deleted
clusterrole.rbac.authorization.k8s.io "system:aggregated-metrics-reader" deleted
clusterrole.rbac.authorization.k8s.io "system:metrics-server" deleted
rolebinding.rbac.authorization.k8s.io "metrics-server-auth-reader" deleted
clusterrolebinding.rbac.authorization.k8s.io "metrics-server:system:auth-
delegator" deleted
clusterrolebinding.rbac.authorization.k8s.io "system:metrics-server" deleted
service "metrics-server" deleted
deployment.apps "metrics-server" deleted
apiservice.apiregisstration.k8s.io "v1beta1.metrics.k8s.io" deleted
```

또 4.3.1에서 생성한 IAM 정책(AutoScalingFullAccess)도 삭제한다.

4.4 보안

보안은 한마디로 설명하기에는 그 범위가 매우 넓다. 보안에 대해 모든 내용을 설명하려면 책한 권으로 부족할 정도로 범위가 넓으며 영역마다 깊은 지식을 쌓아야 한다.[28] 그래서 이 책에서는 EKS를 도입할 때 필요한 최소한의 보안 지식에 대해 설명한다.

4.4.1 클러스터 보안

인증

지금까지 살펴본 내용처럼 쿠버네티스 클러스터를 조작할 때는 kubectl을 사용한다. 이는 EKS에서도 동일하다. 1장에서 설명한 내용처럼 EKS에서는 IAM을 사용한 인증, 인가 기능을 제공하며 AWS CLI와 연결해서 인증할 수도 있다.[29]

---

28 옮긴이: 보안에 대한 기본적인 정보는 보안뉴스(https://www.boannews.com)를 참고한다.
29 이 기능을 사용하려면 AWS CLI 1.16.156 이상이 필요하다.

설정 방법도 간단하다. 다음과 같이 AWS CLI의 aws eks update-kubeconfig 명령을 실행하면 kubectl을 자동으로 설정할 수 있다.

```
# kubeconfig 자동 설정(이 책에서 <클러스터 이름>은 eks-work-cluster)
$ aws eks update-kubeconfig --name <클러스터 이름>
Added new context arn:aws:eks:ap-northeast-2:123456789012:cluster/<클러스터 이름>
to /<kubeconfig 경로>/.kube/config
```

이렇게 설정하면 kubectl은 AWS CLI 인증 탐색 구조를 이용해 EKS 인증이 가능해진다.[30] 코드 4.4.1은 실제 kubectl 명령어 실행 시 참조되는 kubeconfig 파일이다. 다음과 같은 특징을 기억해두자.

- .clusters[].cluster에서는 어떤 클러스터에 인증할지 설정한다.
- .users[].user에서는 어떤 사용자로 인증할지 설정한다.
- .contexts[].context에서는 클러스터와 사용자를 연결한다.

이 예제에서는 eks-work-cluster라는 클러스터에 대해 aws --region ap-northeast-2 eks get-token --cluster-name eks-work-cluster라는 명령으로 확인한 토큰을 통해 인증한다. 기본값으로 사용하는 네임스페이스는 eks-work다.[31]

코드 4.4.1 kubeconfig 예(일부분)

```
# 실행 결과(일부분)
# kubeconfig를 실행할 때 사용할 인증서와 접속 정보가 자동으로 설정됨
clusters:
- cluster:
    certificate-authority-data: <인증서 암호화 문자열>
    server: <클러스터의 엔드포인트값>
  name: arn:aws:eks:ap-northeast-2:123456789012:cluster/eks-work-cluster
contexts:
- context:
    cluster: arn:aws:eks:ap-northeast-2:123456789012:cluster/eks-work-cluster
```

---

30 'AWS CLI 구성(https://docs.aws.amazon.com/ko_kr/cli/latest/userguide/cli-chap-configure.html#config-settings-and-precedence)'을 참고한다.

31 더 자세한 내용은 'EKS가 AWS CLI로 인증하는 구조' 칼럼을 참고하기 바란다. 왜 AWS CLI의 자격 증명 정보로 인증이 가능한지 이해할 수 있다.

```
      user: arn:aws:eks:ap-northeast-2:123456789012:cluster/eks-work-cluster
    name: arn:aws:eks:ap-northeast-2:123456789012:cluster/eks-work-cluster
 # kubeconfig를 실행할 때 aws 명령에 있는 eks get-token 등의 설정이 자동으로 추가됨
 users:
 - name: arn:aws:eks:ap-northeast-2:123456789012:cluster/eks-work-cluster
   user:
     exec:
       apiVersion: client.authentication.k8s.io/v1alpha1
       args:
       - --region
       - ap-northeast-2
       - eks
       - get-token
       - --cluster-name
       - eks-work-cluster
       command: aws
       env: null
```

인가

kubectl로 접속한 요청이 정상적으로 인증된 후에는 요청한 조작이 허가를 받은 것인지 아닌지 점검할 필요가 있다. 쿠버네티스에서는 Role-Based Access Control[RBAC]이라는 기능을 이용해 구현한다. 구체적으로는 롤[Role]과 롤바인딩[RoleBinding]이라는 쿠버네티스 오브젝트를 사용하여 설정한다. 롤 오브젝트에는 어떤 조작을 허가할 것인가라는 권한셋과 같은 것을 정의하고, 롤바인딩 오브젝트에는 어떤 사용자에게 어떤 롤을 부여할 것인지를 정의한다.

EKS의 경우 더 엄밀히 말하면 aws-auth라는 이름의 컨피그맵 안에 AWS CLI 인증 정보로 설정한 IAM 사용자, IAM 역할의 Amazon 리소스 이름[ARN32], 쿠버네티스 오브젝트로 그룹을 연결해놓고 롤바인딩으로 그 그룹과 롤을 연결시키는 것으로 구현한다(그림 4.4.1 참고).

---

32 ARN은 AWS상의 리소스를 특정 짓는 ID와 같은 것이다. IAM 사용자 등을 생성하면 고유의 ARN이 생성된다. 더 자세한 내용은 'Amazon 리소스 이름(https://docs.aws.amazon.com/ko_kr/general/latest/gr/aws-arns-and-namespaces.html)' 을 확인하기 바란다.

그림 4.4.1 RBAC 구조

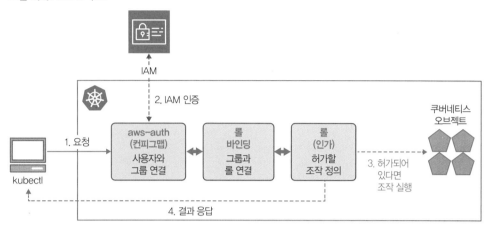

예를 들어 시스템 관리자에게는 클러스터의 모든 조작 권한을 부여하지만 애플리케이션 개발자에게는 특정 리소스에만 접속 가능하도록 권한을 부여할 수 있다.

이 책에서는 지금까지 kubectl을 사용했던 사용자에게 클러스터의 모든 권한이 부여되었지만, 여기서는 애플리케이션 개발자로 리소스 접속이 제한된 사용자를 예로 들어 설명한다. 특정 네임스페이스(이 책의 예에서는 rbac-test-ns)의 파드와 파드 로그, 디플로이먼트와 레플리카셋, 서비스만 참조 가능한 사용자를 등록해본다.

먼저 다음 명령으로 롤과 롤바인딩을 등록한다. 여기서 사용하는 YAML 파일은 코드 4.4.2와 같다.

```
# 롤과 롤바인딩 생성(테스트용 네임스페이스도 같이 생성)
$ kubectl apply -f security/rbac.yaml
namespace/rbac-test-ns created
clusterrole.rbac.authorization.k8s.io/rbac-test-role created
rolebinding.rbac.authorization.k8s.io/rbac-test-role-binding created
```

코드 4.4.2 지정한 그룹에 rbac-test-ns의 특정 리소스에만 참조를 허가하는 예(security/rbac.yaml)

```
apiVersion: v1
kind: Namespace
metadata:
  name: rbac-test-ns
---
kind: ClusterRole
```

```
apiVersion: rbac.authorization.k8s.io/v1
metadata:
  name: rbac-test-role
rules:
# 허가할 조작 설정
- apiGroups: ["extensions", "apps", ""]
  resources: ["pods","pods/log","deployments","replicasets","services"]
  verbs: ["get", "watch", "list"]
---
kind: RoleBinding
apiVersion: rbac.authorization.k8s.io/v1
metadata:
  name: rbac-test-role-binding
  # 대상 네임스페이스만 조작 허가
  namespace: rbac-test-ns
roleRef:
  kind: ClusterRole
  name: rbac-test-role  # 클러스터롤 이름 설정
  apiGroup: rbac.authorization.k8s.io
subjects:
- kind: Group
  name: rbac-test-group  # 허가할 그룹 설정
  apiGroup: rbac.authorization.k8s.io
```

다음으로 컨피그맵의 aws-auth에 롤바인딩의 .subjects[].name에서 설정한 그룹 이름
(rbactest-group)과 IAM 사용자 또는 IAM 역할의 ARN 페어를 설정하면 EKS쪽 인증, 인가
설정의 매핑이 이루어진다. 또 여기서 지정하는 IAM 사용자는 클러스터를 생성할 때 사용한
IAM 사용자와 다른 IAM 사용자다. 사용자를 신규로 생성[33]하고 그 사용자의 ARN을 설정하자
(이 책에서는 rbacTest라는 사용자를 생성했다).

```
$ eksctl create iamidentitymapping \
> --region ap-northeast-2 \
> --cluster eks-work-cluster \    # EKS 클러스터 이름
> --username rbacTest \           # 새로 만든 IAM 사용자 이름
> --group rbac-test-group \       # 롤바인딩에서 지정한 그룹 이름
> --arn <IAM 사용자의 ARN>        # 새로 생성한 IAM 사용자와 IAM 역할의 ARN
```

---

33 IAM 사용자 생성 방법은 부록 C.2절 혹은 'AWS 계정의 IAM 사용자 생성(https://docs.aws.amazon.com/ko_kr/IAM/
latest/UserGuide/id_users_create.html)'을 참고하기 바란다.

이것으로 설정이 완료되었다. AWS CLI로 사용할 인증 정보를 신규로 생성한 IAM 사용자의 정보로 변경하고 다음과 같이 kubectl 관련 명령을 실행하면 rbac-test-ns 네임스페이스 이외의 조작이 불가능하다는 것을 알 수 있다. 또 rbac-test-ns 안에서도 참조밖에 할 수 없다.

```
# 사용자 정보 변경
$ aws configure
AWS Access Key ID [****************2BPX]: <생성한 사용자 액세스 키 ID>
AWS Secret Access Key [****************mWcV]: <생성한 사용자 비밀 액세스 키>
Default region name [ap-northeast-2]:
Default output format [None]:

# 기존에 사용하던 eks-work 네임스페이스로 변경
$ kubectl config use-context eks-work
Switched to context "eks-work".

# 기본 네임스페이스의 파드, 디플로이먼트, 서비스를 참조할 수 없음(다른 리소스도 동일)
$ kubectl get pod,deployments,replicaset,service
Error from server (Forbidden): pods is forbidden: User "rbacTest" cannot list
resource "pods" in API group "" in the namespace "eks-work"
Error from server (Forbidden): deployments.apps is forbidden: User "rbacTest"
cannot list resource "deployments" in API group "apps" in the namespace "eks-work"
Error from server (Forbidden): replicasets.apps is forbidden: User "rbacTest"
cannot list resource "replicasets" in API group "apps" in the namespace "eks-work"
Error from server (Forbidden): services is forbidden: User "rbacTest" cannot list
resource "services" in API group "" in the namespace "eks-work"

# rbac-test-ns 네임스페이스의 파드, 디플로이먼트, 서비스는 참조 가능
$ kubectl get pod,deployments,replicaset,service -n rbac-test-ns
No resources found in rbac-test-ns namespace.

# 네임스페이스 'default'에 리소스 추가는 허가되지 않음
$ kubectl create deployment tnginx-test --image=nginx:latest
error: failed to create deployment: deployments.apps is forbidden: User "rbacTest"
cannot create resource "deployments" in API group "apps" in the namespace "eks-work"

# 네임스페이스 'rbac-test-ns'에 리소스 추가도 허가되지 않음
$ kubectl create deployment tnginx-test --image=nginx:latest -n rbac-test-ns
error: failed to create deployment: deployments.apps is forbidden: User "rbacTest"
cannot create resource "deployments" in API group "apps" in the namespace "rbac-
test-ns"
```

어떤 역할이 있는지에 따라 분리해야 할 권한 설정이 다르므로 프로젝트 구조에 따라 적절하게 권한을 분리하여 사용하기 바란다.

확인이 끝났다면 다시 aws configure 명령을 실행해 부록 C.2절에서 설정했던 IAM 사용자 k8sbook_admin과 AdminGroup에 해당하는 사용자 액세스 키 ID, 사용자 비밀 액세스 키로 재설정한다.

4.4.2 노드 보안

파드에 부여하는 호스트 권한 제어

EKS 클러스터에서는 데이터 플레인 노드 위에서 다양한 파드가 동작 및 실행된다. 그러나 클러스터를 관리하면서 어떤 파드든 무조건 생성해도 된다는 것은 아니다. 악의가 있는 사용자가 노드상의 중요한 파일을 변경할 수도 있고 노드상의 특수 권한을 이용해 나쁜 행위를 할 수도 있다. 보안이 고려되지 않은 클러스터에서는 마음만 먹으면 어떤 행동이든 가능하다.

쿠버네티스는 이러한 문제를 해결하기 위해 파드에 부여할 권한을 관리하는 파드 시큐리티 폴리시[Pod Security Policy, 파드 보안 정책]라는 기능을 갖고 있다. EKS에서도 버전 1.13부터 사용할 수 있다. 파드 시큐리티 폴리시에서 설정할 수 있는 항목은 여러 가지[34]지만, 이 책에서는 특정 권한을 갖는 특권 컨테이너를 예를 들어 설명한다.

이 책에서 사용하는 버전 1.19 EKS 클러스터에서는 기본값으로 파드 시큐리티 폴리시가 활성화되어 있지만 아무 제한이 걸려 있지 않은 상태다. 다시 말해 어떤 조작이든 가능한 상태인 것이다. 예를 들어 파드를 특권 컨테이너로 동작시켜 노드 쪽 권한을 사용하도록 할 수도 있다.

먼저 kubectl get psp 명령으로 현재 파드 시큐리티 폴리시를 확인해보자.

```
# 기본 파드 시큐리티 폴리시는 아무 제한도 걸려 있지 않음
$ kubectl get psp
NAME             PRIV  CAPS  SELINUX    RUNASUSER  FSGROUP    SUPGROUP   READONLYROOTFS  VOLUMES
eks.privileged   true  *     RunAsAny   RunAsAny   RunAsAny   RunAsAny   false           *
```

---

34 https://kubernetes.io/ko/docs/concepts/policy/pod-security-policy/#파드-시큐리티-폴리시란

여기에 제한을 설정해보자. 특권 컨테이너의 사용을 금지하기 위한 .privileged를 false로 설정한다.

```
# 파드 시큐리티 폴리시 변경
$ kubectl edit psp eks.privileged
# ⋯(이전 생략)⋯

# -->편집 화면에서 .spec.privileged를 false로 변경하고 저장한다.
# ≪ 편집 화면 일부분 ≫
spec:
  allowPrivilegeEscalation: true
  allowedCapabilities:
  - '*'
  fsGroup:
    rule: RunAsAny
  hostIPC: true
  hostNetwork: true
  hostPID: true
  hostPorts:
  - max: 65535
    min: 0
  privileged: false  # 이 부분은 false로 변경
  runAsUser:
    rule: RunAsAny
  seLinux:
    rule: RunAsAny
  supplementalGroups:
    rule: RunAsAny
  volumes:
  - '*'
```

이 상태에서 다음 명령을 실행해 nginx 파드를 동작시키면 기존의 파드는 정상적으로 동작한다.

```
# 파드는 정상적으로 동작한다.
$ kubectl apply -f - <<EOF
heredoc> apiVersion: v1
heredoc> kind: Pod
heredoc> metadata:
heredoc>   name: nginx
heredoc> spec:
heredoc>   containers:
```

```
heredoc>   - name: nginx
heredoc>     image: nginx:latest
heredoc> EOF
pod/nginx created

# 확인
$ kubectl get pod nginx
NAME    READY    STATUS    RESTARTS    AGE
nginx   1/1      Running   0           29s

# 삭제
$ kubectl delete pod nginx
pod "nginx" deleted
```

그러나 특권 컨테이너 파드를 동작시키려고 하면 에러가 발생한다.

```
# 특권 컨테이너 파드는 동작 불가
$ kubectl apply -f - <<EOF
heredoc> apiVersion: v1
heredoc> kind: Pod
heredoc> metadata:
heredoc>   name: nginx
heredoc> spec:
heredoc>   containers:
heredoc>   - name: nginx
heredoc>     image: nginx:latest
heredoc>     securityContext:
heredoc>       privileged: true
heredoc> EOF
Error from server (Forbidden): error when creating "STDIN": pods "nginx" is
forbidden: PodSecurityPolicy: unable to admit pod: [spec.containers[0].
securityContext.privileged: Invalid value: true: Privileged containers are not
allowed]
```

지금까지 파드 시큐리티 폴리시를 사용해 파드에서 사용할 수 있는 권한을 제어함으로써 노드를 보호하는 구조를 설명했다. 이 예에서는 기본 파드 시큐리티 폴리시를 사용하여 모든 사용자에 대해 특권 컨테이너 동작을 금지시켰지만 특정 사용자에게만 권한 제어를 적용하고 싶을 경우도 있을 것이다. 그 경우 별도로 파드 시큐리티 폴리시를 생성해 그 파드 시큐리티 폴리시를 사용한다는 것을 롤로 선언하고 롤바인딩으로 롤과 사용자를 매핑시키면 파드 시큐리티 폴리시를 적용할 수 있다(그림 4.4.2 참고).

그림 4.4.2 파드 시큐리티 폴리시 구조

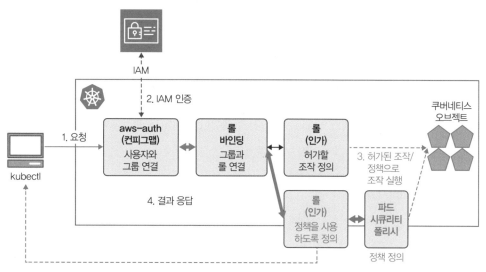

다음 작업에 영향이 있을 수 있으므로 여기서 변경한 파드 시큐리티 폴리시는 원래 상태로 변경 해둔다.

```
# 파드 시큐리티 폴리시 변경
$ kubectl edit psp eks.privileged
# …(이전 생략)…

# 편집 화면에서 spec.privileged를 true로 변경
# ≪ 편집 화면 발췌 ≫
spec:
  allowPrivilegeEscalation: true
  allowedCapabilities:
  - '*'

  # …(중간 생략)…

  runAsUser:
    rule: RunAsAny
  seLinux:
    rule: RunAsAny
  supplementalGroups:
    rule: RunAsAny
  volumes:
  - '*'
  privileged: true  # 이 행을 추가
```

4.4.3 파드 보안

컨테이너 라이프사이클에 맞춘 보안 대책의 필요성

파드는 컨테이너다. 컨테이너 자체에 필요한 보안 대책은 쿠버네티스 특유의 것이 아니다. 즉, 쿠버네티스 기능으로 준비된 것이 아니므로 필요에 따라 자체적으로 대책을 마련해야 한다. 컨테이너 보안은 라이프사이클에 맞춰 수행한다. 컨테이너 이미지를 생성할 때는 취약성을 점검하고, 컨테이너를 동작시킬 때는 동작을 감시한다.

- **컨테이너 이미지 취약성**

  컨테이너는 애플리케이션 실행에 필요한 각종 미들웨어나 프레임워크를 설치한 상태에서 이미지를 만들어두고 필요할 때 동작시킨다. 도커 파일을 작성하여 명확하게 관리한다고 해도 컨테이너 내부의 소프트웨어 버전 등을 의식하며 관리하기는 힘들다. 그래서 컨테이너 이미지를 스캔하여 문제가 있는 소프트웨어 버전이 포함되지 않았는지 확인한다. 애플리케이션 배포 파이프라인에 포함시켜 컨테이너 이미지를 생성할 때 자동으로 확인하게 함으로써 취약한 컨테이너가 배포되는 것을 방지할 수 있다(파이프라인에 대해서는 4.5절에서 설명한다).

- **동작 감시(런타임 보호)**

  컨테이너가 동작 중인 경우, 동작 감시로 실제 컨테이너에 문제되는 동작이 실행되는지 확인한다. 예를 들어 사용하지 않는 배시[bash] 명령이 실행되거나 이미 아는 피싱 사이트 등에 많은 트래픽이 발생하는지 등 의심스러운 동작이 발생할 경우 관리자에게 통지하는 방법이다.

이와 같은 보안 대책도 전부 자체적으로 구축할 경우 난이도가 높아 솔루션을 사용하는 것이 일반적이다. 컨테이너 이미지 스캔만 한다면 트리비[trivy][35]나 마이크로스캐너[microscanner][36]가 오픈 소스 소프트웨어로 제공되고 있다.[37] 동작 감시만 한다면 팔코[Falco][38] 등을 활용할 수 있다. 양쪽 기능

---

35 https://github.com/aquasecurity/trivy

36 https://github.com/aquasecurity/microscanner

37 2019년 10월에는 ECR상의 컨테이너 이미지를 스캔하는 기능이 공개되었다. 더 자세한 내용은 'Amazon ECR에 대한 이미지 스캐닝 발표(https://aws.amazon.com/ko/about-aws/whats-new/2019/10/announcing-image-scanning-for-amazon-ecr)'를 참고한다.

38 https://falco.org/ko

을 통합적으로 관리하고 싶을 때는 상용 제품을 추천한다. 시스디그^{Sysdig39}나 아쿠아^{Aqua40}의 경우 오픈 소스 소프트웨어를 사용해 자동으로 룰을 업데이트하거나 이상 감지$^{Anomaly\ Detection}$ 기능을 사용할 수 있다. 필요에 따라 환경에 맞는 제품을 검토하여 사용하기 바란다.

4.4.4 네트워크 보안

네트워크 수준의 보안은 크게 두 가지 관점으로 생각할 수 있다. 그것은 '클러스터 외부에서 클러스터 내부로 들어오는 통신에 관한 것'과 '클러스터 내부의 통신에 관한 것'이다. 전자에 대해서는 AWS 기능을 사용한 대책을, 후자에 대해서는 쿠버네티스 기능을 사용한 대책을 설명한다.

엔드포인트 IP 주소 제한

기본적으로 EKS 클러스터 엔드포인트는 인터넷에 공개된다. 앞에서 설명한 IAM으로 인증하기 때문에 공개되더라도 문제 없겠지만 역시 뭔가 제어 설정을 하고 싶을 것이다. EKS에서는 엔드포인트의 IP 주소 제한 기능[41]이 있으며 AWS 관리 콘솔에서 설정할 수 있다(그림 4.4.3 참고).

그림 4.4.3 엔드포인트의 IP 주소 제한

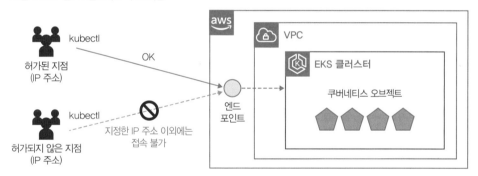

이는 엔드포인트에 대해 '보안 그룹과 같은 설정이 가능하다'라고 하면 이해하기 쉬울 것이다. 엔터프라이즈용 서비스 사용자 등이 특정 장소에서만 접속해야 하는 경우 이 기능을 설정하여 사용할 수 있다.

---

39 https://sysdig.com

40 https://www.aquasec.com

41 https://aws.amazon.com/ko/about-aws/whats-new/2019/12/amazon-eks-enables-network-access-restrictions-to-kubernetes-cluster-public-endpoints

kubectl을 VPC 내부로 제한하는 프라이빗 엔드포인트

기본적으로 EKS 클러스터 엔드포인트는 인터넷에 공개된다. IAM으로 인증하고 추가로 앞에서 설명한 IP 주소로 접속도 제한할 수 있다.

그런데 외부에서 접속할 수 있다는 점에 대해서는 신경이 쓰일 것이다. EKS에서는 프라이빗 엔드포인트를 제공하므로 완전히 VPC 내부에서만 접속할 수 있는 클러스터를 생성할 수 있다. kubectl 명령어를 VPC 내에서만 실행할 경우에는 활성화해서 사용해도 좋을 것이다(그림 4.4.4 참고).

그림 4.4.4 프라이빗 엔드포인트의 개념

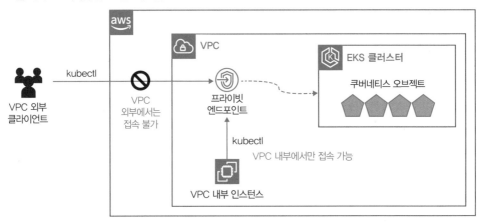

네트워크 정책을 사용한 클러스터 내부 통신 제어

파드에는 VPC 내부의 IP 주소가 할당되어 클러스터 외부와 투명하게 통신할 수 있지만 어떤 노드에 어떤 IP 주소가 할당되는지는 제어할 수 없다. 또 기본적으로 모든 노드에는 공통 보안 그룹이 설정되어 있어 클러스터 내부 통신을 보안 그룹으로 제어하는 것은 어려운 일이다.

클러스터 내부 서비스 사이의 통신 제어는 네트워크 정책NetworkPolicy[42]이라는 클러스터 내부 구조를 이용하여 실현한다. 네트워크 정책은 쿠버네티스 내의 보안 그룹과 같은 것으로 클러스터 내부 통신 제어가 가능하다. 예를 들어 서비스 A, 서비스 B, 서비스 C가 있을 경우 '서비스 A는 서

---

42 EKS에서 네트워크 정책을 사용하려면 프로젝트 칼리코(Calico)라는 쿠버네티스 네트워크 정책 엔진을 적용해야 한다. 적용 방법에 대해서는 'Amazon EKS에 Calico 설치(https://docs.aws.amazon.com/ko_kr/eks/latest/userguide/calico.html)'를 참고하기 바란다.

비스 B에서만 접속을 허가하고 서비스 C에서의 접속은 허가하지 않는다'라고 제어할 수 있다(그림 4.4.5 참고).

그림 4.4.5 네트워크 정책을 사용한 클러스터 내부 통신 제어의 개념

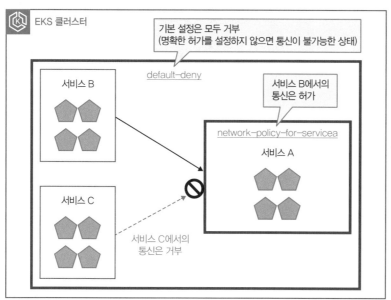

구체적인 매니페스트 파일을 예로 들어 살펴보자. 먼저 대상 네임스페이스 내에서는 모든 서비스 사이의 통신을 거부한다(코드 4.4.3 참고).

코드 4.4.3 기본 설정으로 모든 통신 차단(security/network-policy-all-deny.yaml)

```
apiVersion: networking.k8s.io/v1
kind: NetworkPolicy
metadata:
  name: default-deny
spec:
  podSelector:
    # 모든 파드에 적용
    matchLabels: {}
```

다음에는 코드 4.4.4와 같이 서비스 B에서 http 요청만 허가하는 네트워크 정책을 생성한다. `.spec.podSelector.matchLabels`에서 어떤 파드에 네트워크 정책을 적용할지 설정한다. 이 예에서는 `app: ServiceA`에 적용하고 있다.

.spec.ingress에는 전달받는 통신의 허가 조건을 설정한다. 조건에는 레이블을 설정할 수 있으므로 app: ServiceB라는 레이블이 부여된 파드에서만 접속을 허가한다. 같은 방법으로 서비스 B의 네트워크 정책을 생성해서 적용하면 그림 4.4.4와 같은 구성을 실현할 수 있다.

코드 4.4.4 서비스 B에서 http 접속만 허가하는 예(security/network-policy-allow-http-from-serviceB2ServiceA.yaml)

```
apiVersion: networking.k8s.io/v1
kind: NetworkPolicy
metadata:
  name: network-policy-for-servicea
  # 적용 대상 네임스페이스 지정
spec:
  podSelector:
    matchLabels:
      # 적용 대상 파드 레이블 지정
      app: ServiceA
  policyTypes:
  - Ingress
  # 수신 규칙 설정
  Ingress:
  - from:
    - podSelector:
        matchLabels:
          app: ServiceB
    ports:
    - protocol: TCP
      port: 80
```

실제 동작을 확인해보자. 코드 4.4.3과 코드 4.4.4의 네트워크 정책을 적용하고 예제 서비스 A를 배포한다.

```
# 모든 통신을 거부
$ kubectl apply -f security/network-policy-all-deny.yaml
networkpolicy.networking.k8s.io/default-deny created

# 서비스 B에서 서비스 A로의 HTTP(80) 통신만 허가
$ kubectl apply -f security/network-policy-allow-http-from-serviceB2ServiceA.yaml
networkpolicy.networking.k8s.io/network-policy-for-servicea created

# 서비스 A 배포
```

```
$ kubectl apply -f security/network-policy-sample-serviceA.yaml
deployment.apps/servicea created
service/servicea created
```

다음과 같이 이 상태에서 서비스 B 파드를 배포하고 서비스 A로 HTTP 요청을 보내면 문제없이 통신할 수 있다는 것을 알 수 있다. 참고로 칼리코를 설치하는 중간에 에러 메시지가 출력될 수 있는데 이는 칼리코를 설치할 때 서로 참조하는 리소스가 아직 동작하지 않아서 발생하는 문제다. 이때는 약간의 시간(약 1분 이상)이 지난 후 설치 명령을 다시 한 번 실행하면 정상적으로 설치될 것이다.

```
# 윈도우 10 환경의 경우 다음 명령 실행
$ exec winpty bash

# 칼리코 설치
$ kubectl apply -f https://raw.githubusercontent.com/aws/ \
> amazon-vpc-cni-k8s/master/config/v1.7/calico.yaml

# 서비스 B 파드를 실행
$ kubectl run -it serviceb --image=busybox --labels="app=ServiceB" --rm -- sh

# 프롬프트가 표시되면 서비스 A로 HTTP 요청을 보낸다.
$ wget -q -O - http://servicea.eks-work.svc.cluster.local

# nginx의 메인 페이지가 표시된다.
<!DOCTYPE html>
<html>
<head>
<title>Welcome to nginx!</title>
<style>
    body {
        width: 35em;
        margin: 0 auto;
        font-family: Tahoma, Verdana, Arial, sans-serif;
    }
</style>
</head>
<body>
<h1>Welcome to nginx!</h1>
<p>If you see this page, the nginx web server is successfully installed and
working. Further configuration is required.</p>
```

```
<p>For online documentation and support please refer to
<a href="http://nginx.org/">nginx.org</a>.<br/>
Commercial support is available at
<a href="http://nginx.com/">nginx.com</a>.</p>

<p><em>Thank you for using nginx.</em></p>
</body>
</html>

# 파드에서 접속 종료
$ exit
```

다음으로 서비스 C 파드를 동작시켜 서비스 A로 HTTP 요청을 보내면 응답이 없다. 예상대로 서비스 B 이외의 요청은 거부되었음을 알 수 있다.

```
# 윈도우 10의 경우 다음 명령 실행
$ exec winpty bash

# 서비스 C 파드를 실행
$ kubectl run -it servicec --image=busybox --labels="app=ServiceC" --rm - sh

# 프롬프트가 표시되면 서비스 A로 HTTP 요청을 보낸다.
$ wget -q -O- http://servicea.eks-work.svc.cluster.local

# 잠시 기다려도 아무 응답이 없음(=네트워크 정책으로 거부됨)
# [Ctrl] + [C]로 명령 강제 종료

# 파드에서 접속 종료
$ exit
```

4.4.5 리소스 삭제

여기서 생성한 리소스 삭제 방법은 다음과 같다. 예제 소스 코드의 루트 디렉터리에서 실행한다.

```
# 칼리코 삭제
$ kubectl delete -f https://raw.githubusercontent.com/aws/ \
> amazon-vpc-cni-k8s/master/config/v1.7/calico.yaml

# 보안 관련 리소스를 모두 삭제한다.
$ kubectl delete -f security
```

Column EKS가 AWS CLI로 인증하는 구조

앞에서 설명한 내용과 같이 EKS에 대한 인증은 IAM과 통합되어 있는데 구체적으로 어떻게 인증하는 것일까?

사실 EKS와의 연결에는 IAM을 이용한 어떤 문자열(토큰)이 사용된다. 그림 4.4.A는 그 구조다.

그림 4.4.A 토큰을 사용한 EKS 인증 흐름 상세

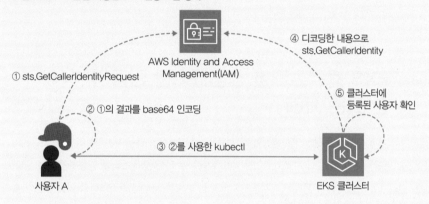

kubectl은 인증 설정에서 AWS CLI를 사용하도록 설정하면 EKS 인증 시 해당 도구의 aws eks get-token 명령을 사용해 토큰을 생성하고 그것을 클러스터 인증 문자열로 사용한다. 토큰 내용은 Go용 AWS SDK[43]의 sts.GetCallerIdentityRequest에서 생성된 URL을 base64 인코딩하고 k8s-aws-v1이라는 접두사를 붙인 문자열이다.

```
$ aws eks get-token --cluster-name <EKS 클러스터 이름> --region ap-northeast-2
{"kind": "ExecCredential", "apiVersion": "client.authentication.k8s.io/
v1alpha1", "spec": {}, "status": {"expirationTimestamp":
"2020-11-07T13:44:51Z", "token": "k8s-aws-v1.(생략)c1ZDk3NGI"}}
```

kubectl은 이 문자열을 사용하여 EKS의 컨트롤 플레인(의 kube-apiserver)에 요청을 보낸다. 또 클라이언트 쪽에는 이 구조를 사용하기 위한 특별 권한이 필요없다. EKS 인증에 사용할 인증 정보나 롤을 설정해두는 것으로 충분하다(sts.GetCallerIdentityRequest에서 사용하기 때문이다).

EKS는 받은 토큰을 디코딩하고 sts.GetCallerIdentity 요청을 발행하여 응답에 포함된 IAM 사용자나 IAM 역할의 ARN을 확인한다. 그리고 이 ARN이 클러스터 내부의 사용자 ID와 일치하는지 확인하고 일치하는 것이 있다면 인증에 성공한다. 토큰은 그 IAM 사용자나 IAM 역할을 사용할 수 있는

---

43 옮긴이: https://aws.amazon.com/ko/sdk-for-go

사람 또는 장소에서만 생성할 수 있다는 IAM의 개념을 이용한다. 비밀번호 등과 같은 영구적인 정보를 사용하지 않기 때문에 매우 안전하다. 여기까지가 AWS CLI의 aws eks get-token 명령을 사용한 EKS 클러스터의 인증 구조다.

익숙한 IAM을 사용하여 클러스터 인증을 관리할 수 있으므로 사용자와 롤의 관리 일원화가 가능해 편리하다. 그러나 반대로 쿠버네티스와는 다른 장소에서 IAM 사용자와 IAM 역할의 Assume 권한을 잘 관리하고 운영한다는 것을 전제로 한다. 따라서 사용자, 롤, 권한이 잘 관리되도록 주의를 기울여야 한다.

Column EKS 클러스터를 생성했지만 인증이 안 되는 사례

EKS 클러스터가 생성되면 클러스터를 생성할 때 사용된 IAM 사용자 또는 IAM 역할이 자동으로 관리자로 EKS에 등록된다. 예를 들어 사용자 A라는 IAM 사용자로 EKS 클러스터를 생성하면 EKS 클러스터에는 관리자로 사용자 A가 등록되고 사용자 A의 인증 정보를 사용해 클러스터 조작을 수행할 수 있다. 반대로 말하면 사용자 A 인증 정보 외에는 인증되지 않으며 클러스터를 관리할 수 없다.

자주 있는 사례로 EKS 클러스터 생성은 인프라 팀이 했지만 실제 유지, 운영은 별도의 팀이 수행하는 경우다. 이때 별도의 팀이 사용할 인증 정보를 클러스터에 등록해두지 않으면 kubectl로 클러스터를 관리하려고 해도 인증되지 않는 경우가 발생할 수 있다. 운영 팀이 사용하는 인증 정보를 사용자 A로 변경하거나 운영 팀이 사용하는 IAM 사용자 및 IAM 역할 정보를 EKS 클러스터에 등록해야 한다. 처음 EKS를 사용하는 분은 특히 놓칠 수 있는 부분이므로 꼭 기억해두자(그림 4.4.B 참고).

그림 4.4.B 클러스터를 생성한 사용자와 실제 사용자가 다를 경우 인증 불가

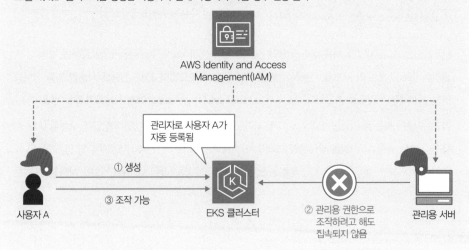

4.5 매니페스트 관리와 지속적 통합/지속적 전달

쿠버네티스가 도입되고 서비스의 규모가 커지면 쉽게 배포할 수 있다는 장점 때문에 다양한 설정 정보들이 무질서하게 적용apply될 수 있다. 그러면 클러스터가 예상하지 못한 상태가 되어 장애가 발생할 수 있다. 항상 클러스터의 상태를 감시해 문제가 발생할 경우 통지 받는 구조로 만드는 것은 힘들겠지만 서비스 환경에서 유지, 운영하기 위해서는 이러한 구조를 어떤 방법으로든 도입해야 한다.

4.5.1 깃옵스와 깃옵스를 구현하기 위한 도구 등장

지금까지 살펴본 내용처럼 쿠버네티스는 모든 설정 정보를 매니페스트라는 YAML 파일로 정의한다. 모든 설정을 코드로 관리할 수 있다면 애플리케이션과 마찬가지로 지속적 통합과 지속적 전달Continuous integration/Continuous delivery, CI/CD을 구현할 수 있을 것이다.

이런 사상은 위브웍스Weaveworks사가 깃옵스GitOps라는 프로세스를 만든 것으로부터 시작되었다.[44] 쿠버네티스의 매니페스트도 리포지터리로 관리하고 풀pull 요청 기반의 운영으로 배포할 수 있다. 또한 리포지터리의 매니페스트 파일 외에는 업데이트를 인정하지 않는 구조를 도입함으로써 클러스터 관리를 통제할 수 있게 된다(그림 4.5.1 참고).

그림 4.5.1 깃옵스 파이프라인의 개념

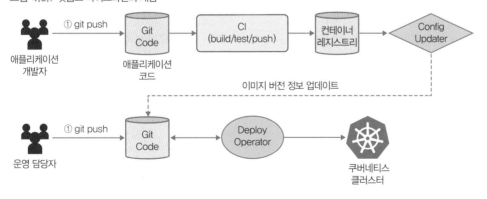

---

44 https://www.weave.works/technologies/gitops

깃옵스라는 개념이 만들어지면서 쿠버네티스에 설정 정보 적용을 자동화해주는 도구가 활발히 개발되었다. 다음과 같은 것이 있다.

- 위브 클라우드[Weave Cloud][45]: 깃옵스를 만든 위브웍스에서 제공하는 CD 서비스다.
- 스피네이커[Spinnaker][46]: 넷플릭스[Netflix]가 자사의 쿠버네티스 환경에서 CD를 구현하기 위해 개발한 것이다.
- 스캐폴드[Skaffold][47]: 구글이 개발한 쿠버네티스용 CD 도구다.

이외에도 아르고CD[ArgoCD][48]나 컨커스CI[ConcourceCI][49] 등 많은 도구가 등장하고 있다. 이 책에서는 많은 도구를 상세히 비교하지는 않지만 어떤 도구든 리포지터리에 푸시[push]해서 설정 정보를 적용(트리거)하는 CI/CD 파이프라인을 구성할 수 있다.

4.5.2 CodePipeline을 이용해 깃옵스 구현

AWS에서도 CodePipeline이라는 CI/CD를 구현하는 서비스를 제공한다. 이는 소스 작성, 빌드, 배포라는 단계를 정의하고 각종 설정을 수행하여 CI/CD 파이프라인을 구성할 수 있는 서비스다.

여기서는 CodePipeline을 사용해 그림 4.5.2와 같이 파이프라인을 생성한다. 애플리케이션 소스 코드를 수정하고 CodeCommit이라는 서비스에서 제공하는 리포지터리에 푸시(①)하면 파이프라인이 자동으로 동작(②)해 애플리케이션 빌드를 실시(③)하고 컨테이너 이미지를 생성하여 ECR에 푸시(④)하며 ECR의 컨테이너 이미지를 EKS에 자동으로 배포(⑤)한다.

엄밀히 말하자면 애플리케이션 소스 코드 리포지터리와 EKS 매니페스트를 관리하는 리포지터리는 별도로 관리해야 하고, 애플리케이션 빌드 단계와 EKS로의 배포 단계도 분리하여 실행해야 한다. 하지만 여기서는 전체 흐름을 이해할 수 있도록 간소화된 파이프라인을 구축한다.

---

45 https://www.weave.works/features/continuous-delivery
46 https://spinnaker.io
47 https://github.com/GoogleContainerTools/skaffold
48 https://argoproj.github.io/argo-cd
49 https://concourse-ci.org

그림 4.5.2 CodePipeline을 사용한 깃옵스 작업 과정

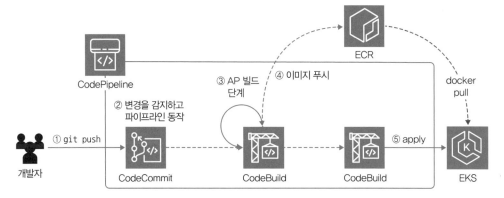

그러면 실제로 CI/CD를 만들어보자.

CI/CD에 필요한 리소스 생성

CloudFormation을 사용하여 그림 4.5.2와 같은 환경을 구축한다. CloudFormation에 접속한 후 2.3.2 '데이터베이스 환경 구축'을 참고해 k8s-aws-book/cicd/cloudformation 디렉터리에 있는 cicd-environment-template.yaml을 적용한다.

스택 이름은 'eks-book-sample-ap-slack'으로 설정한다. 또한 구축할 때 설정하는 파라미터는 표 4.5.1과 같다. 몇 가지 파라미터값은 여러분의 클러스터 환경에 맞게 수정하여 사용한다.

표 4.5.1 CodePipeline의 CloudFormation 템플릿 파라미터 설정

No	파라미터 이름	설명
1	Region	실행 대상 리전. 이 책에서는 서울 리전(ap-northeast-2)에서 실행한다.
2	CodeCommitRepositoryName ForSampleAP	파이프라인을 실행하기 위해 신규 생성할 코드 커밋 리포지터리
3	Branch	파이프라인을 실행할 브랜치 이름. 이 책에서는 master 브랜치를 대상으로 한다.
4	ECRNameForSampleAP	릴리즈 대상 도커 이미지를 보관할 ECR 레지스트리 이름. 2장에서 생성한 ECR 레지스트리 이름인 k8sbook/backend-app을 설정한다.

No	파라미터 이름	설명
5	CodePipelineArtifactStoreBucket Name	CodePipeline 결과를 저장하는 S3 버킷 이름
6	KubectlVersion	클러스터를 배포할 때 사용할 kubectl 버전(이 책에서는 1.19.6에서 실행)
7	EKSClusterName	배포 대상 EKS 클러스터 이름. 2장에서 생성한 EKS 클러스터 이름인 eks-work-cluster를 설정한다.

EKS 클러스터 액세스 권한에 CodeBuild의 IAM 역할 추가

이번에 구축할 파이프라인에서는 CodePipeline의 CodeBuild 프로젝트 안에서 EKS 클러스터에 매니페스트를 적용한다. 그러기 위해서는 CodeBuild가 kubectl 관련 명령을 사용하여 설정 내용을 적용할 수 있도록 kubectl 명령어의 인증 정보를 생성해야 한다. 인증 정보 설정은 다음과 같이 로컬 작업 환경의 셸에서 eksctl 관련 명령을 실행하면 된다.

```
# CodeBuild가 EKS 클러스터를 조작하기 위한 인증 정보 설정
$ eksctl create iamidentitymapping \
> --region ap-northeast-2 \
> --username codebuild \
> --group system:masters \
> --cluster eks-work-cluster \  # EKS 클러스터 이름 설정
# CloudFormation의 eks-book-sample-ap-slack 스택 '출력' 탭에 표시된 ARN 설정
> --arn <CodeBuild가 사용하는 IAM 역할의 ARN>
```

'4.4.1 클러스터 보안'에서 설명한 바와 같이 EKS 인증은 IAM과 통합되어 있다. 즉 CodeBuild가 사용하는 IAM 역할의 ARN을 EKS 클러스터에 추가하는 형태다. 또 CodeBuild가 사용하는 IAM 역할의 ARN은 CloudFormation의 eks-book-sample-ap-slack 스택 '출력' 탭의 'YourCodeBuildServiceRoleArn' 항목에서 확인할 수 있다. 앞 명령의 <CodeBuild가 사용하는 IAM 역할의 ARN>은 이 값으로 설정하면 된다(그림 4.5.3 참고).

그림 4.5.3 CodeBuild가 사용하는 IAM 역할의 ARN이 출력된 CloudFormation 스택

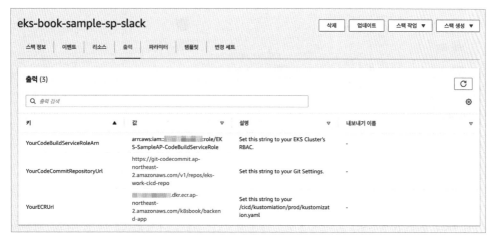

예제 소스 코드를 AWS CodeCommit에 푸시하도록 설정

먼저 이 책에서 제공하는 깃허브의 리포지터리(https://github.com/dybooksIT/k8s-aws-book)를 바로 사용할 수 없다는 점을 기억해두자. 여기에서는 전용 CodeCommit 리포지터리를 생성해 그것을 사용한다. 먼저 로컬 환경에 클론한 예제 애플리케이션 코드 전체를 CodeCommit에 생성한 리포지터리에 푸시한다. 방법은 다음과 같다.

첫 번째로 CodeCommit용 깃 인증 정보를 생성해야 한다. CodeCommit에 리포지터리를 푸시하기 위해서는 전용 깃 인증 정보가 필요하다. IAM 페이지에서 생성할 수 있다. 먼저 이 책에서의 IAM 사용자 이름을 eks-app-git라고 가정하고 부록 C.2절의 그림 C.13까지 진행한다. 그리고 다음에 설명하는 과정을 진행한다.[50]

'사용자 추가' 페이지에서 '기존 정책 직접 연결'을 선택한 다음 '정책 필터' 옆에 있는 검색 창에 'awscodecommitpoweruser'라고 검색한다. 그리고 'AWSCodeCommitPowerUser' 정책 옆의 체크박스를 선택한 후 〈다음: 태그〉 버튼을 클릭한다.

---

50 인증 정보를 생성하는 자세한 과정은 'Git 자격 증명을 사용하여 HTTPS 사용자 설정(https://docs.aws.amazon.com/ko_kr/codecommit/latest/userguide/setting-up-gc.html?icmpid=)'을 참고해도 좋다.

그림 4.5.4 CodeCommit용 IAM 사용자 및 권한 추가

이후 '태그 추가(선택 사항)' 페이지가 등장하면 특별한 설정을 하지 않고 〈다음: 검토〉 버튼을 클릭한다. 이어서 열리는 '검토' 페이지에서도 사용자 이름과 설정한 권한을 확인한 후 〈사용자 만들기〉 버튼을 클릭한다. '성공'이라는 메시지 페이지가 열리면 〈.csv 다운로드〉를 클릭해 '엑세스 키 ID'와 '비밀 엑세스 키' 정보를 저장해둔다.

이제 '사용자 이름' 목록이 나왔을 때 새로 만든 'eks-app-git' 사용자 이름을 클릭하면 '요약' 페이지가 열린다. 여기서 '보안 자격 증명' 탭을 선택하면 항목 아래 내용 중 'AWS CodeCommit에 대한 HTTPS Git 자격 증명'이라는 항목이 있다. 해당 항목에 있는 〈자격 증명 생성〉을 클릭한다.

그림 4.5.5 CodeCommit용 Git 자격 증명 생성

'자격 증명 생성' 대화 상자가 열리면 자격 증명을 생성한 것이다. 〈자격 증명 다운로드〉를 클릭해 사용자 이름과 비밀번호가 저장된 파일을 다운로드해 저장해둔다. 이는 나중에 예제 소스 코드를 CodeCommit 리포지터리에 푸시할 때 사용할 사용자 이름과 비밀번호다.

그림 4.5.6 자격 증명 사용자 이름과 비밀번호 정보 다운로드

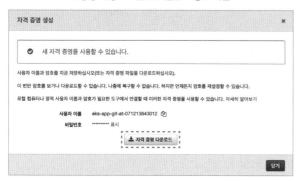

두 번째로 예제 소스 코드 리포지터리 내부 깃 설정을 CodeCommit용으로 변경한다. 2장에서 클론한 예제 애플리케이션 코드의 푸시 대상을, 생성한 코드 커밋 리포지터리로 변경하는 것이다.

예제 소스 파일을 자신의 깃허브 계정에 별도로 관리하는 분이라면 여기에서는 예제 소스 파일을 적당한 다른 저장 공간에 복사한다. 그리고 복사한 예제 소스 파일의 루트 디렉터리(k8s-aws-book) 내부에서 다음 명령을 실행하면 리포지터리 푸시 대상을 변경할 수 있다. 리포지터리 URL은 CloudFormation '출력' 탭의 'YourCodeCommitRepositoryUrl' 항목에서 확인할 수 있다.

```
# 예제 리포지터리의 리모트 설정 변경
$ git remote rename origin upstream

# origin의 리모트 대상을 새로 생성한 CodeCommit의 리포지터리로 변경
$ git remote add origin <새로 생성한 CodeCommit 리포지터리의 YourCodeCommitRepositoryUrl값>
```

애플리케이션 수정

이제 애플리케이션을 수정해보자. 자유롭게 수정해도 되지만 코드 4.5.1에서는 예제 애플리케이션에서 표시하는 지역 이름 앞에 '*'를 붙여 수정했다.

코드 4.5.1 애플리케이션 변경 부분(backend-app/src/main/java/k8sbook/sampleapp/presentation/dto/ RegionDto.java)

```java
import k8sbook.sampleapp.domain.model.Region;

public class RegionDto {

    private Integer regionId;

    private String regionName;

    public RegionDto() {
    }

    public RegionDto(Region region) {
        this.regionId = region.getRegionId();
        // 이 부분을 수정
        this.regionName = "*" + region.getRegionName();
    }

// (이후 생략)
```

수정이 끝났다면 애플리케이션 버전 번호도 변경한다. backend-app 아래에 있는 build. gradle 안에 version을 지정하는 부분이 있으므로 코드 4.5.2처럼 버전을 변경한다. 여기서는 1.0.1로 변경한다.

코드 4.5.2 애플리케이션 버전 번호 업데이트(backend-app/build.gradle)

```gradle
plugins {
    id 'org.springframework.boot' version '2.2.5.RELEASE'
    id 'io.spring.dependency-management' version '1.0.9.RELEASE'
    id 'java'
}

group = 'k8sbook'
// 이 부분을 수정
version = '1.0.1'
sourceCompatibility = '11'

// (이후 생략)
```

278

ECR의 URI와 버전 번호를 업데이트하도록 매니페스트 수정

이번 파이프라인에서는 애플리케이션을 빌드한 후 도커 이미지를 생성하고 ECR에 푸시한다. 그리고 EKS 클러스터에 매니페스트를 적용하고 새로운 도커 이미지를 ECR에서 풀하여 애플리케이션을 배포한다.

이를 구현하기 위해 cicd/kustomization/prod/kustomization.yaml의 `.images.newTag`와 `.images.newName`값을 설정한다(코드 4.5.3 참고).

코드 4.5.3 버전 번호와 리포지터리 URL 설정 부분(cicd/kustomization/prod/kustomization.yaml)

```
images:
  - name: backend-app-image
    newTag: 1.0.1  # 애플리케이션 버전 번호
    newName: <ECR k8sbook/backend-app 항목의 URI>
```

`.images.newName`에는 파이프라인에서 사용할 ECR URI를 설정한다. 여기서는 2장에서 생성한 ECR의 'k8sbook/backend-app' 항목 URI다. 또 애플리케이션을 수정했기 때문에 `.images.newTag`에는 신규 버전 번호를 설정한다. 여기서는 build.gradle의 `version`에서 설정한 버전과 같은 번호(1.0.1)를 설정한다.

또한 이 책에서는 매니페스트 전체를 직접 수정하지 않고 kubectl의 보조 명령어인 `kustomize`를 사용하여 동적으로 버전 번호를 설정한다. `kustomize`의 자세한 내용은 '4.5.3 kustomize를 이용한 실전 배포' 부분을 참고하기 바란다.

코드 커밋에 푸시

수정이 끝났다면 이제 리포지터리에 푸시한다. 다음 명령을 참고해 변경 내용을 커밋하고 CodeCommit 리포지터리에 푸시한다.

```
# 변경 내용을 커밋
$ git add *
$ git commit -m 'Test Commit'

# 리포지터리로 푸시
$ git push origin master

# 인증 정보를 물어보면 코드 커밋용 깃 인증 정보를 입력한다.
```

자동으로 EKS에 배포된 것을 확인하기

애플리케이션 변경이 코드 커밋에 푸시된 것을 트리거로 하여 CodePipeline이 자동으로 실행되고 EKS 클러스터에 최신 애플리케이션이 배포된 것을 확인하자. CodePipeline 페이지를 열면 표시되는 EKS-SampleAP-Pipeline이라는 파이프라인을 확인한다(그림 4.5.7 참고).

그림 4.5.7 파이프라인이 자동으로 실행되어 배포가 성공한 화면

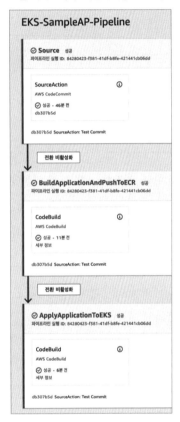

수정 내용에 따라 다르겠지만 이 파이프라인은 약 6~7분 정도에 동작이 완료된다. 실행 시간은 여러분의 개발 환경에 따라 다를 수 있다. 만약 빌드가 실패하면 오른쪽에 있는 〈재시도〉 버튼을 클릭한다. 그래도 계속 빌드가 실패한다면 제한 시간을 15분 이상으로 변경하여 다시 실행해 본다. 제한 시간을 변경하는 방법은 다음과 같다.

먼저 CodePipeline 페이지의 왼쪽 메뉴에서 'Build · CodeBuild' → '프로젝트 빌드'를 선택한 후 '빌드 프로젝트'의 '이름'에서 'EKS-SampleAP-apply'의 체크 박스를 선택하고 오른쪽 위에 있는 '편집' → '환경'을 선택한다.

그림 4.5.8 빌드 제한 시간 변경 ①

'환경 편집' 페이지가 열리면 '▶ 추가 구성' 부분을 클릭한다. 여러 항목 중 맨 위 '제한 시간'에서 '분' 부분의 숫자를 15 이상으로 설정하고 맨 아래 〈환경 업데이트〉 버튼을 클릭한다.

그림 4.5.9 빌드 제한 시간 변경 ②

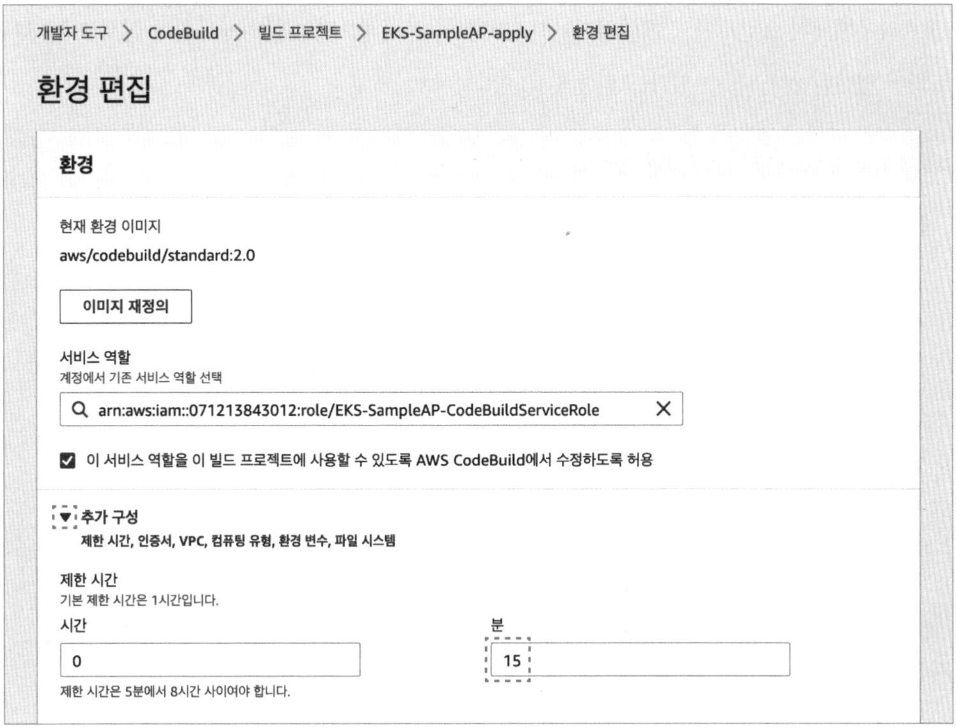

개발자 도구 〉 CodeBuild 〉 빌드 프로젝트 〉 EKS-SampleAP-apply 〉 환경 편집

환경 편집

환경

현재 환경 이미지

aws/codebuild/standard:2.0

이미지 재정의

서비스 역할
계정에서 기존 서비스 역할 선택

🔍 arn:aws:iam::071213843012:role/EKS-SampleAP-CodeBuildServiceRole ✕

☑ 이 서비스 역할을 이 빌드 프로젝트에 사용할 수 있도록 AWS CodeBuild에서 수정하도록 허용

▼ 추가 구성
제한 시간, 인증서, VPC, 컴퓨팅 유형, 환경 변수, 파일 시스템

제한 시간
기본 제한 시간은 1시간입니다.

시간

| 0 |

분

| 15 |

제한 시간은 5분에서 8시간 사이여야 합니다.

이제 왼쪽 메뉴의 '파이프라인 · CodePipeline' → '파이프라인'을 선택한 후 오른쪽 페이지의 '이름' 목록 아래 'EKS-SampleAP-Pipeline'을 클릭하면 그림 4.5.7의 빌드 페이지가 나타난다. 빌드가 실패한 파이프라인을 대상으로 〈재시도〉 버튼을 클릭해 다시 빌드를 진행하면 된다.

다음과 같은 명령으로 클러스터에 배포된 파드를 확인해보면 업데이트된 버전 번호 이미지로 생성된 파드가 동작하는 것을 확인할 수 있다.

```
# 신규 파드가 2개 생성된 것을 확인한다.
$ kubectl get pod
NAME                          READY    STATUS         RESTARTS    AGE
backend-app-75f87c96fb-xrk52  1/1      Running        0           10m
backend-app-89fdd7b74-v755c   1/1      Running        0           11m

# 파드 2개 모두 버전이 1.0.1로 되어 있는 것을 확인한다.
$ kubectl describe pod | grep Image:
    Image:          588305784594.dkr.ecr.ap-northeast-2.amazonaws.com/k8sbook/
                    backend-app:1.0.1
    Image:          588305784594.dkr.ecr.ap-northeast-2.amazonaws.com/k8sbook/
                    backend-app:1.0.1
```

웹 브라우저에서 프런트엔드 애플리케이션 URL[51]에 접속해보면 애플리케이션이 실제로 업데이트되어 있다는 것을 알 수 있다(그림 4.5.10 참고).

그림 4.5.10 애플리케이션이 업데이트된 상태

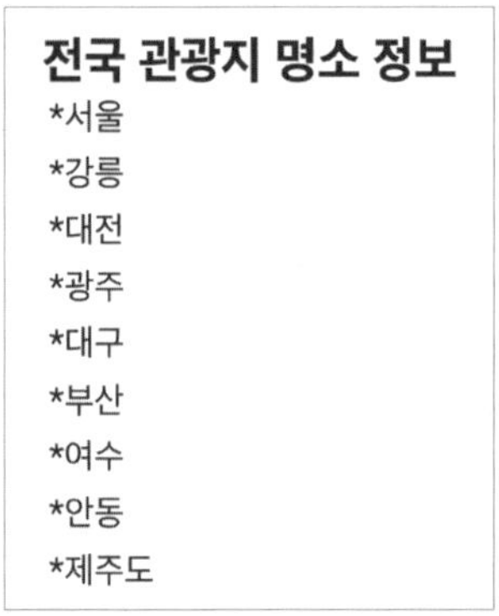

전국 관광지 명소 정보
*서울
*강릉
*대전
*광주
*대구
*부산
*여수
*안동
*제주도

여기까지가 CodePipeline을 사용한 EKS CI/CD 예제다. 수동으로 EKS에 배포하지 않는다는 기본 콘셉트를 구현할 수 있었다.

4.5.3 kustomize를 이용한 실전 배포

실무 개발 프로세스에 맞춰 파이프라인을 만들려고 하면 환경에 따라 다른 정보들을 동적으로 변경시켜 사용하고 싶어진다. 쿠버네티스 매니페스트는 '선언적'인 상태를 정의한다는 특성이

---

51 URL 확인 방법은 '2.5.5 프런트엔드에서 애플리케이션 동작 확인'을 참고한다.

있어 동적으로 값을 변경하는 문법은 없다. 하지만 kustomize는 동적으로 값을 변경하고 싶다는 요구 사항들을 해결해주는 구조를 제공한다.

kustomize는 kubectl의 서브 명령어다. kustomize는 처음에 독립적인 도구로 존재했지만 kubectl 1.14.0 업데이트 때 kubectl의 서브 명령어로 통합되었다. kubectl kustomize 명령을 사용하면 여러 개의 매니페스트나 환경에 의존적인 설정값을 합해 매니페스트 하나로 만들어준다.

먼저 기본이 되는 매니페스트 파일을 준비한 다음 환경별로 설정값을 변경하기 위한 환경별 디렉터리를 준비한다. 그리고 디렉터리 각각에 kustomization.yaml이라는 설정 파일과 환경별로 변경할 설정 정보를 담은 매니페스트 파일을 준비한다(그림 4.5.11 참고).

그림 4.5.11 예제 리포지터리 cicd/kustomization 아래의 디렉터리 구성 예

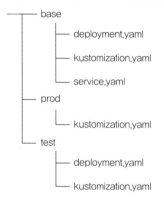

```
├── base
│       ├── deployment.yaml
│       ├── kustomization.yaml
│       └── service.yaml
├── prod
│       └── kustomization.yaml
└── test
        ├── deployment.yaml
        └── kustomization.yaml
```

디렉터리 각각에 생성한 kustomization.yaml 내에는 기본 매니페스트가 어디에 있는지 등의 기본 설정을 작성한다. 사실 prod 디렉터리 내의 kustomization.yaml에는 4.5.2에서 테스트한 파이프라인 설정 정보가 작성되어 있다. 기본 매니페스트는 ../base 디렉터리 아래로 하고 이미지 저장소인 ECR의 URI와 버전 번호 태그를 작성해둠으로써 매니페스트 자체 내용을 덮어쓰기한다.

또 test 디렉터리의 kustomization.yaml에는 기본 매니페스트가 ../base 디렉터리 아래에 있다는 내용뿐만 아니라 거기에 있는 deployment.yaml 내용을 덮어쓰도록 정의되어 있다. 그리고 테스트 환경용 리소스임을 알 수 있도록 공통 레이블을 붙이고, 생성할 리소스에는 '-test'라는 공통의 접미사를 붙이도록 하고 있다(코드 4.5.4 참고).

코드 4.5.4 test/kustomization.yaml의 내용

```
apiVersion: kustomize.config.k8s.io/v1beta1
kind: Kustomization

bases:
- ../base              # 기본이 되는 매니페스트 디렉터리
patches:
- deployment.yaml      # deployment.yaml의 내용을 덮어쓰기하는 설정

nameSuffix: -test      # 모든 리소스 이름 끝에 -test를 붙인다.
commonLabels:          # 모든 리소스에 설정하는 레이블
  app: backend-app-test

# …(이후 생략)…
```

그리고 덮어쓰기하는 deployment.yaml에는 덮어쓰기 대상의 디플로이먼트 이름을 설정하고 레플리카셋 수만 적어둔다(코드 4.5.5 참고).

코드 4.5.5 test/deployment.yaml 내용

```
apiVersion: apps/v1
kind: Deployment
metadata:
  name: backend-app    # 덮어쓰기 대상 리소스 이름
spec:
  replicas: 1          # 이 부분만 base 매니페스트를 덮어쓰기
```

이제 cicd/kustomize 디렉터리에서 kubectl apply -k test를 실행하면 테스트 환경용으로 설정된 매니페스트를 클러스터에 적용할 수 있다. 또 적용하기 전에 동적으로 생성된 매니페스트를 확인하고 싶을 경우 kubectl kustomize test 명령을 실행한다. 표준 출력으로 매니페스트를 표시할 수 있다.

```
# test 디렉터리 아래의 설정으로 생성되는 매니페스트 확인
$ kubectl kustomize test

# 리소스 이름 끝에 -test가 붙어 있다.
# 레이블은 backend-app-test로 되어 있다.
# 레플리카 수는 1로 되어 있다.
apiVersion: v1
```

284

```
kind: Service
metadata:
  labels:
    app: backend-app-test
  name: backend-app-service-test
spec:
  ports:
  - port: 8080
    protocol: TCP
    targetPort: 8080
  selector:
    app: backend-app-test
  type: LoadBalancer
---
apiVersion: apps/v1
kind: Deployment
metadata:
  labels:
    app: backend-app-test
  name: backend-app-test
spec:
  replicas: 1
  selector:
    matchLabels:
      app: backend-app-test
# …(이후 생략)…
```

이 구조를 파이프라인에 도입하면 환경에 따라 변경되는 값들을 동적으로 변경하는 파이프라인을 구성할 수 있다.

예를 들어 test 브랜치에 푸시했을 때 test 디렉터리의 설정 내용을 적용하고, master(혹은 main) 브랜치에 푸시된 경우 prod 디렉터리의 설정 내용을 적용하도록 파이프라인을 만들어두면, 실제 개발 현장의 프로세스에 맞춘 CI/CD 환경을 구현할 수 있다(그림 4.5.12 참고).

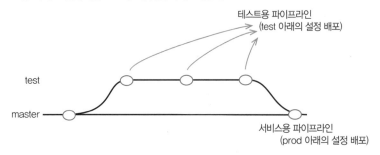

그림 4.5.12 실제 개발 프로세스에 맞춘 파이프라인 예

4.5.2에서 이미 master 브랜치로의 푸시를 트리거로 삼아 prod 디렉터리 내부 설정을 적용하는 파이프라인을 생성해보았다. test 디렉터리에 대한 적용 자동화는 여러분이 꼭 도전해보기 바란다.

4.5.4 리소스 삭제

이 절에서는 CloudFormation에서 eks-book-sample-ap-slack이라는 스택을 만들어 AWS 리소스를 생성했다. CloudFormation 페이지에서 해당 스택을 삭제해두기 바란다. 이때 CodePipeline에서 사용한 S3 버킷(CodePipelineArtifactStoreBucketName에서 지정한 이름)인 pipeline-manifest-〈AWS_ACCOUNT_ID〉는 eks-book-sample-ap-slack 스택을 삭제하기 전에 버킷을 비운 후 완전히 삭제한다.

참고로 eks-book-sample-ap-slack 스택을 삭제할 때 CodeBuildServiceRole 삭제 작업을 실패할 경우 IAM의 '역할' 메뉴에 접속한 후 'EKS-SampleAP-CodeBuildServiceRole'이라는 역할을 먼저 삭제하고 다시 시도한다.

Column 애플리케이션이나 환경마다 클러스터를 나눠야 하나?

애플리케이션을 바로 서비스 환경에 배포하는 일은 없을 것이다. 보통 '개발 환경에서 테스트하고 스테이징 환경에서 최종 점검하여 문제가 없으면 서비스 환경에 배포한다'라는 프로세스를 적용한다. 쿠버네티스로의 배포도 마찬가지로 브랜치 각각에 맞는 환경을 준비해두고 해당 브랜치에 푸시되는 시점에 해당 환경에 배포되도록 파이프라인을 구성하는 것이 좋다.

그런데 여기서 말하는 '환경'이 가리키는 것은 클러스터일 수도 있고 네임스페이스일 수도 있다. 즉, 특정 단위로 클러스터를 나누는 것은 어려운 문제다. 큰 클러스터를 구성해 여러 서비스와 환경을 공통으로 사용하는 경우 네임스페이스를 나눠 운영하게 된다. 이 경우 리소스를 효율적으로 사용할 수 있지만 클러스터에 장애가 발생하면 모든 서비스가 정지되어 버린다(그림 4.5.A 참고).

그림 4.5.A 큰 클러스터를 공통으로 이용하는 경우

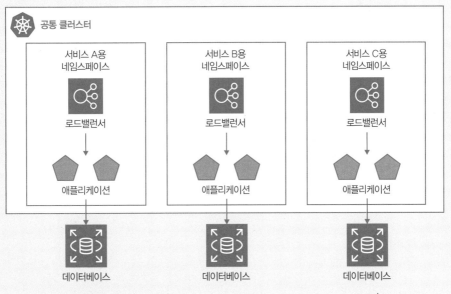

· **장점**
  클러스터 하나를 이용하여 리소스 이용 효율 최대화
  클러스터 운영, 관리, 버전 업데이트 등이 편리

· **단점**
  클러스터에 장애가 발생하면 모든 서비스에 영향이 있음(영향 범위가 큼)

반면 세세하게 클러스터를 나누면 클러스터에 장애가 발생했을 때 영향 범위를 한정시킬 수 있지만, 리소스 사용 효율이 저하되며 클러스터를 개별적으로 관리해야 한다(그림 4.5.B 참고).

그림 4.5.B 작은 클러스터를 개별 운영하는 경우

- **장점**
  서비스마다 클러스터를 나누므로 클러스터별 설정이 단순해짐
  클러스터에 장애가 발생했을 때 영향 범위를 분리할 수 있음(영향 범위가 작음)

- **단점**
  클러스터별로 운영, 관리, 버전 업데이트 등 필요

어떤 조건으로 클러스터를 나눌지는 쿠버네티스를 이용하는 프로젝트의 조직 체계나 멤버들의 기술 역량에 따라 달라질 것이다. 프로젝트의 환경에 맞는 단위로 나눠 관리할 수 있도록 검토한다.

Column 시크릿 등의 비밀 정보를 깃옵스로 관리하는 방법

깃옵스란 모든 쿠버네티스의 매니페스트를 리포지터리로 구성 관리하는 것을 의미한다. 디플로이먼트 나 서비스에는 문제가 없겠지만 시크릿은 그렇지 않다. '3.4.3 시크릿을 사용할 때 주의할 점'에서도 설명한 바와 같이 시크릿값은 base64로 인코딩되어 있을 뿐이므로 쉽게 그 값을 갖고 올 수 있다. 즉, 그대로 리포지터리에 공개되면 비밀 정보가 노출된다.

이런 문제를 해결하기 위한 도구가 실드시크릿[SealedSecrets][52]이다. 이 칼럼에서는 이 도구에 대해 간단히 소개한다.

실드시크릿은 kubeseal이라는 명령어로 비밀 정보를 암호화한 매니페스트를 생성해 적용하면 클러스터에 복호화된 시크릿을 등록해주는 도구다(그림 4.5.C 참고).

그림 4.5.C 실드시크릿의 구조

실드시크릿을 클러스터에 설치해두면 리포지터리에 kubeseal 명령어로 암호화한 상태의 매니페스트를 등록할 수 있기 때문에 안전한 CI/CD 프로세스를 만들 수 있다.

실드시크릿 외에도 AWS상의 비밀 정보를 관리하는 서비스인 AWS Secrets Manager[53]를 활용한 aws-secret-operator[54]를 이용하는 방법도 있다. 프로젝트의 환경 요건에 맞는 도구를 찾아보자.

---

52 https://github.com/bitnami-labs/sealed-secrets

53 https://aws.amazon.com/ko/secrets-manager

54 https://github.com/mumoshu/aws-secret-operator

4.6 버전 관리

어떤 소프트웨어라도 버전 업데이트는 필요하다. 하기 싫은 작업이지만 엔지니어라면 필요한 작업이라는 것을 충분히 이해하고 있을 것이다. 쿠버네티스도 예외는 아니며 실제 작업이 필요하다. 그러나 어떤 작업이 필요한지 이해한 후 계획을 잘 세우면 어렵지 않다. 여기서는 쿠버네티스 버전 업데이트에 필요한 작업과 방법을 소개하고 작업 중에 어떤 것을 고려해야 하는지도 설명한다.

4.6.1 쿠버네티스 버전 업데이트 계획과 지원 정책

쿠버네티스는 개발이 매우 활발하게 진행되며 약 3~4개월에 한 번 최신 버전을 출시한다는 계획이 있다.[55] 연간 4번 정도 새로운 버전이 출시된다는 계산이 나온다. 또 쿠버네티스의 기능에는 '12개월 또는 3개의 릴리스 중 긴 쪽을 지원한다'라는 명확한 정책이 존재한다.[56] EKS도 이 정책을 따라 EKS에서 서포트하는 최신 버전을 포함해 3개의 버전을 서포트한다고 발표했다.[57] 결국 9개월 정도에 한 번은 버전 업데이트 작업이 필요한 것이다(표 4.6.1 참고).

표 4.6.1 EKS 서포트 라이프사이클

쿠버네티스 버전	업스트림 릴리스	Amazon EKS 릴리스	Amazon EKS 지원 종료
1.15	2019.06.19	2020.03.10	2021.05.03
1.15	2019.09.08	2020.04.30	2021.07
1.17	2019.12.09	2020.07.10	2021.09
1.18	2020.03.23	2020.10.13	2021.11
1.19	2020.08.26	2021.02.16	2022.04
1.20	2020.12.08	2021.04	2022.06

---

55 https://github.com/kubernetes/community/blob/master/contributors/design-proposals/release/versioning.md
56 https://kubernetes.io/docs/reference/using-api/deprecation-policy
57 https://docs.aws.amazon.com/ko_kr/eks/latest/userguide/kubernetes-versions.html

4.6.2 버전 업데이트에 필요한 작업

쿠버네티스는 컨트롤 플레인과 데이터 플레인으로 구성되어 있어 각각을 업데이트해야 한다. 컨트롤 플레인과 데이터 플레인에는 이 책에서 설명한 것 외에도 여러 가지 컴포넌트들이 존재하며 이들 전부 업데이트해야 한다. EKS에서 eksctl 관련 명령을 사용하면 효율적으로 작업을 실행할 수 있으므로 이 책에서는 eksctl를 사용해 버전 업데이트하는 방법을 소개한다.[58]

4.6.3 버전 업데이트 방법

컨트롤 플레인과 시스템 컴포넌트 업데이트

먼저 컨트롤 플레인을 업데이트하기 위해 다음 명령을 실행한다. eksctl 버전 0.31.0-rc.0 이상에서만 업데이트할 수 있으므로 eksctl version 명령으로 미리 버전을 확인한다.

```
# 클러스터 버전 업데이트
$ eksctl upgrade cluster --name eks-work-cluster --approve
```

실제로는 몇 분 정도 시간이 걸리며 업데이트 중에는 일시적으로 컨트롤 플레인으로의 통신이 끊어질 수 있다. 그렇다고 서비스가 다운되는 것은 아니지만 영향이 아주 없다고는 말할 수 없으므로 실행 시점을 결정할 필요가 있다. 저자의 경험상으로는 대략 몇 초에서 1분 미만으로 복구되는 경우가 많았다.

컨트롤 플레인 업데이트가 끝나면 다음 명령으로 데이터 플레인에서 동작하는 시스템 컴포넌트 파드인 kube-proxy와 coredns를 업데이트한다. 이 책에서는 이 컴포넌트에 대한 설명을 생략한다. 자세한 내용은 쿠버네티스 공식 문서[59] 등을 참고하기 바란다.

```
# kube-proxy 버전 업데이트
$ eksctl utils update-kube-proxy --cluster eks-work-cluster --approve

# coredns 버전 업데이트
$ eksctl utils update-coredns --cluster eks-work-cluster --approve
```

---

58 AWS 공식 문서의 'Amazon EKS란 무엇인가요?(https://docs.aws.amazon.com/ko_kr/eks/latest/userguide/what-is-eks.html)'에도 같은 방법을 소개한다.

59 https://kubernetes.io/ko/docs/concepts/overview/components

이상으로 컨트롤 플레인 업데이트에 필요한 작업이 끝났다. 계속해서 데이터 플레인 업데이트를 실시한다.

데이터 플레인 업데이트

데이터 플레인 업데이트는 조금 신경을 써야 한다. 왜냐하면 실제 서비스를 구성하는 파드가 동작하고 있기 때문이다. 실패할 경우 시스템 다운으로 직결될 수 있다. 하지만 eksctl에는 노드 그룹이라는 개념이 있으므로 걱정할 필요는 없다. 이 노드 그룹을 사용하면 서비스 정지에 대한 리스크를 최소화하여 업데이트할 수 있다. 구체적으로 설명하면 새로운 노드 그룹으로 새로운 버전의 데이터 플레인을 생성하고 기존 데이터 플레인에서 전환하는 방법이라고 할 수 있다(그림 4.6.1 참고). 그러면 실제로 업데이트해보자.

그림 4.6.1 데이터 플레인 업데이트 구조

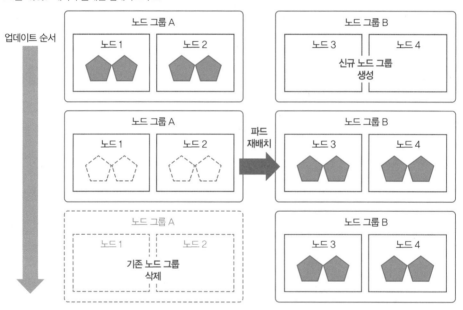

먼저 새로운 노드 그룹을 생성하기 전에 현재 노드 그룹의 설정을 확인한다. 다음 명령을 실행하자.

```
# 현재 노드 그룹 설정 확인
$ eksctl get nodegroups --cluster=eks-work-cluster

# 결과 내용
2021-04-20 00:13:55 [i]  eksctl version 0.44.0
```

```
2021-04-20 00:13:55 [i]  using region ap-northeast-2
CLUSTER              NODEGROUP            STATUS          CREATED
eks-work-cluster     eks-work-nodegroup   CREATE_COMPLETE 2021-04-19T00:54:15Z


MIN SIZE        MAX SIZE        DESIRED CAPACITY        INSTANCE TYPE
2               5               2                       t2.small


IMAGE ID                ASG NAME
ami-01217dbe579fb0e57   eksctl-eks-work-cluster-nodegroup-eks-work-nodegroup-
                        NodeGroup-1H18S5VSMYYN
```

출력 결과를 기반으로 하여 다음 명령으로 새로운 노드 그룹을 생성한다. 버전 부분은 클러스터에 맞추겠지만 다른 파라미터는 현재 노드 그룹값을 기반으로 설정한다. 또 파라미터는 필요에 따라 변경할 수 있다. 예를 들면 노드의 인스턴스 타입을 크게 변경하는 작업도 가능하다.

```
# 노드 그룹 생성
# version은 클러스터의 새로운 버전에 맞춘다.
# 인스턴스 타입과 대수는 기존 설정에 맞춘다.
$ eksctl create nodegroup \
> --cluster eks-work-cluster \
> --version 1.19 \
> --name eks-work-nodegroup-2 \
> --node-type t2.small \
> --nodes 2 \
> --nodes-min 2 \
> --nodes-max 5 \
> --node-ami auto
```

eksctl 관련 명령 실행 시 출력 내용에서도 확인할 수 있지만 CloudFormation 페이지에서 새로운 스택이 생성되는 과정 중 노드 그룹 생성을 확인할 수도 있다.

생성이 끝나면 노드가 --nodes에서 지정한 수만큼 증가한 것을 확인할 수 있다.

```
# 새로운 노드 2개가 늘어남
$ kubectl get nodes
NAME                                              STATUS  ROLES    AGE  VERSION
ip-192-168-0-117.ap-northeast-2.compute.internal  Ready   <none>   41s  v1.19.6-eks-7c9bda
ip-192-168-0-68.ap-northeast-2.compute.internal   Ready   <none>   8d   v1.18.11-eks-cfdc40
ip-192-168-2-28.ap-northeast-2.compute.internal   Ready   <none>   8d   v1.18.11-eks-cfdc40
ip-192-168-2-68.ap-northeast-2.compute.internal   Ready   <none>   41s  v1.19.6-eks-7c9bda
```

모든 노드가 Ready 상태로 되면 다음 명령으로 기존 노드 그룹을 삭제한다. 기존 노드 그룹을 삭제하면 파드가 자동으로 새로운 노드에 재배치된다.

```
# 이전 노드 그룹 삭제
$ eksctl delete nodegroup --cluster eks-work-cluster --name eks-work-nodegroup
```

만약 CloudFormation 페이지에서 스택 'eksctl-eks-work-cluster-nodegroup-eks-work-nodegroup'의 삭제가 실패 상태라면 NodeInstanceRole 삭제에서 실패했을 것이다. 리소스 탭으로 이동하여 NodeInstanceRole 항목의 물리적 ID eksctl-eks-work-cluster-nodegroup-NodeInstanceRole-XXXXXXXX를 클릭해 설정된 역할을 삭제하고 다시 수동으로 CloudFormation 페이지에서 해당 스택을 삭제한다.

이것으로 데이터 플레인 업데이트가 완료되었다. 여기서부터는 파드의 재배치 동작에 대해 추가로 설명한다. 구체적으로 어떻게 동작이 이루어지는 것일까? 실제 운영 중인 서비스에 영향을 주지 않기 위해서라도 꼭 구조까지 깊이 있게 알아두자.

4.6.4 파드를 안전하게 재배치하는 방법

eksctl을 이용한 노드 변경 동작

eksctl에서 노드 그룹을 삭제하면 삭제 대상 노드 그룹의 실제 노드들은 Schedule Disabled라는 상태가 된다. 이 상태가 되면 그 노드에 새로운 파드의 스케줄링이 금지된다. 그런 다음 해당 노드를 드레인[Drain] 상태로 만든다. 드레인 상태가 되면 그 노드상에서 동작하는 파드가 다른 노드로 재배치된다. 이런 순서로 실제 파드 재배치가 이루어진다.

그리고 eksctl 실행 로그에도 다음 메시지가 출력된다.[60] 출력 내용은 사용자의 클러스터 환경에 따라 다를 수 있다.

---

60 관리형 노드 그룹을 사용할 경우 같은 노드 그룹 내에서는 같은 동작을 한다. 이런 작업들은 Amazon EKS 페이지에서 '클러스터' 메뉴를 선택한 후 '구성' → '컴퓨팅' 탭의 '노드 그룹 구성(configure node group)'에서 가능하도록 되어 있다. 더 자세한 내용은 AWS 공식 문서의 '관리형 노드 그룹 생성(https://docs.aws.amazon.com/ko_kr/eks/latest/userguide/create-managed-node-group.html)'과 AWS 블로그의 'Extending the EKS API: Managed Node Groups(https://aws.amazon.com/ko/blogs/containers/eks-managed-node-groups)'를 참고한다.

```
[i]  eksctl version 0.44.0
[i]  using region ap-northeast-2
[i]  1 nodegroup (eks-work-nodegroup) was included (based on the include/exclude
     rules)
[i]  will drain 1 nodegroup(s) in cluster "eks-work-cluster"
# Drain 상태로 파드 재배치 시작
[i]  cordon node "ip-192-168-0-68.ap-northeast-2.compute.internal"
[i]  cordon node "ip-192-168-2-28.ap-northeast-2.compute.internal"
[✔]  drained nodes: [ip-192-168-0-68.ap-northeast-2.compute.internal ip-192-168-
     2-28.ap-northeast-2.compute.internal]
[i]  will delete 1 nodegroups from cluster "eks-work-cluster"
[i]  1 task: { delete nodegroup "eks-work-nodegroup" [async] }
[i]  will delete stack "eksctl-eks-work-cluster-nodegroup-eks-work-nodegroup"
[i]  will delete 1 nodegroups from auth ConfigMap in cluster "eks-work-cluster"
[✔]  deleted 1 nodegroup(s) from cluster "eks-work-cluster"
```

모든 파드가 동시에 정지하지 않기 위한 방법

드레인 구조를 사용하면 노드 단위에 순차적으로 파드를 재배치할 수 있다. 그러나 eksctl에서
는 모든 노드를 동시에 드레인하기 때문에 최악의 경우 모든 파드가 동시에 재배치될 수 있다.
혹은 재배치 후 파드가 헬스 체크를 통과하기 전에 다음 파드의 재배치가 시작되어 정상적인 파
드가 하나도 없는 상태가 될 가능성이 있다(그림 4.6.2 참고).

그림 4.6.2 모든 파드가 동시에 재배치되어 정상 파드가 하나도 없는 예

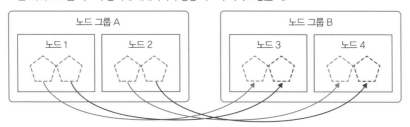

모든 파드의 재배치가 동시에 시작되어 이용 가능(Available)한
파드가 없음(=서비스 장애 발생)

쿠버네티스에는 이런 현상을 방지하기 위해 PodDisruptionBudget이라는 리소스가 준비되어
있다. 이는 노드를 드레인해 파드가 재배치될 때 '정상이 아닌 파드를 허용하는 수'를 결정하는 것
이다. 코드 4.6.1과 같이 .spec.maxUnavailable값을 설정하면 그 파드를 재배치할 때 반드시 '레
플리카수 – maxUnavailable'개의 파드를 정상 상태로 유지하도록 동작한다(그림 4.6.3 참고).

```
apiVersion: policy/v1beta1
kind: PodDisruptionBudget
metadata:
  name: pdb-backend-app
spec:
  maxUnavailable: 1
  selector:
    matchLabels:
      app: backend-app
```

예를 들어 레플리카 수가 3인 파드의 .maxUnavailable을 2로 설정했을 때 모든 파드가 드레인 상태의 노드에 스케줄링되었다고 해도 반드시 파드 하나는 정상적인 상태를 유지하면서 파드 재배치가 이루어진다. 결국 동시에 파드 2개의 재배치를 시작할 가능성이 있지만 그 경우에도 마지막 파드 하나는 재배치가 시작되지 않는다. 다른 파드가 재배치된 노드에서 헬스 체크에 통과해 정상적인 상태로 동작하면 재배치가 시작된다.

그림 4.6.3 PodDisruptionBudget을 이용한 파드 재배치 제어

• 레플리카 수가 2, .maxUnavailable이 1인 경우

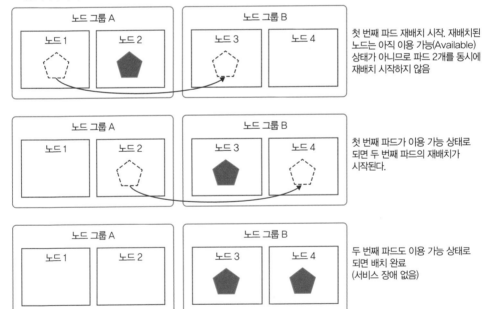

296

이 내용까지 고려한다면 안심하고 버전을 업데이트할 수 있을 것이다. 그러나 갑자기 서비스 환경의 클러스터에서 작업하는 것은 위험하다. 꼭 개발 환경의 클러스터 등에서 제대로 업데이트되는지 확인하고 작업하기 바란다.

Column 버전 업데이트 전략

앞에서 기존 클러스터를 버전 업데이트하는 경우에 대해 소개했는데 버전 업데이트에는 크게 또 다른 방법 하나가 있다. 새로운 클러스터를 생성해 거기에 파드를 동작시키고, 정상적으로 동작하는지 확인한 후 엔드포인트를 변경하는 블루/그린 배포라는 개념이다(그림 4.6.A 참고).

그림 4.6.A 새로운 클러스터를 생성하여 변경

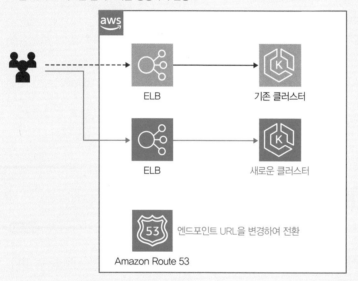

쿠버네티스 클러스터는 변경 불가능Immutable하며 IaCInfrastructure as Code가 철저하게 구현되어 있으므로 이 방법을 비교적 쉽게 실현할 수 있다. 그러나 어떤 방법이 정답인지는 정확하게 말할 수 없다. 각각의 방법에 따라 어떤 장단점이 있는지 이 칼럼에 정리해두었으므로 요구 사항에 맞춰 사용하기 바란다.

기존 클러스터를 업데이트하는 경우의 장단점

장점

- 엔드포인트 변경이 발생하지 않으므로 클러스터 외부와의 설정에 영향을 끼치지 않음
- 모니터링 등 운영적인 측면에서 영향이 없음

단점

- 컨트롤 플레인을 업데이트할 때 일시적인 다운 타임 발생(컨트롤 플레인이므로 데이터 플레인과 파드에 직접적인 영향은 없음)
- 데이터 플레인을 업데이트할 때는 파드의 재배치 전략을 고려해야 함
- 만일 업데이트를 실패하면 복원 작업이 복잡해짐(되돌리기 어려움)

새로운 클러스터를 생성하여 변경하는 경우의 장단점

장점

- 기존 환경에 영향을 주지 않고 사전 준비 가능(파드 재배치 전략 등을 고려하지 않아도 됨)
- 만일 실패할 경우 복구 작업이 간단함(기존 클러스터를 운영하면서도 가능)

단점

- 엔드포인트가 신규로 생성되어 DNS 수준에서의 변경 필요
- 모니터링 등 운영적 기능 설정을 다시 해야 함(클러스터 이름이 변경되어 메트릭이나 로그 그룹 이름이 변경됨)

4.7 파게이트

1장에서 설명한 것처럼 EKS 데이터 플레인에는 파게이트Fargate라는 서비스를 선택할 수 있다. 파게이트에서는 데이터 플레인의 가상 머신 운영 및 관리를 AWS에 완전히 맡길 수 있다는 장점이 있으므로 매우 매력적인 서비스다. 그러나 반대로 말하면 가상 머신을 직접 조작할 수 없다는 단점이 있다.

파게이트를 사용할 때는 사용할 수 있는 상황인지 등을 고려해야 한다. 여기서는 EKS에서 파드를 파게이트에서 실행하는 경우의 기본적인 개념과 이 장에서 설명한 내용을 파게이트로 구현할 때 고려해야 할 사항들을 설명하면서 어떤 사례에 적용하는지도 함께 살펴본다.

4.7.1 파게이트의 위력

파게이트 자체는 2017년 re:Invent에서 ECS[61]용 서비스로 발표되었다. 당시 저자는 컨테이너의 편리성에 공감하면서도 가상 머신 계층의 운영 및 관리의 필요성을 같이 고민하고 있었고, 어떤 접근법으로 해결해야 할지 최적화 방안을 찾던 시기였다. 그런 상황에서 파게이트라는 서비스가 발표된 것을 보고 큰 충격을 받았던 것이 아직도 기억난다. 파게이트의 경우 그 당시부터 향후 EKS도 지원하겠다는 내용이 발표되었고 2019년 re:Invent에서 드디어 EKS용 파게이트가 출시되었다.[62]

다시 말하지만 파게이트의 최대 장점은 무엇보다 데이터 플레인인 가상 머신 계층의 운영 및 관리에서 해방된다는 것이다. 4.6절에서 설명한 데이터 플레인 버전 업데이트 작업도 필요 없다. 쿠버네티스 라이프사이클은 비교적 짧다고 할 수 있기 때문에 이런 작업에서 해방되는 것은 큰 장점이라고 볼 수 있다. 또한 가상 머신에 대한 백신 설치나 침입 감시, 보안 패치 적용 등에서도 해방되므로 사용자는 비즈니스 로직에 더 집중할 수 있게 된다. 시스템 운영을 담당한 경험이 있는 독자라면 파게이트가 얼마나 대단한지 이해할 수 있을 것이다.

4.7.2 파게이트로 파드를 동작시키는 구조

일반적으로 파드를 동작시키면 쿠버네티스 내부의 스케줄러^{scheduler}라는 컴포넌트가 특정 조건을 기준으로 어떤 노드에 파드를 동작시킬지 결정한다.[63] 이 책에서는 자세히 설명하지 않겠지만, 예를 들면 특정 노드에서 파드가 동작할지에 관한 조건을 설정할 수 있다. 이 구조를 이용하여 어떤 파드를 파게이트로 동작시킬지 설정하는 파게이트 프로파일을 생성해둔다. 구체적으로 설명하면 파드가 사용할 서브넷^{Subnet}이나 네임스페이스, 레이블 조건을 설정한다.

그림 4.7.1은 eksctl 명령어로 파게이트를 사용하는 클러스터를 생성했을 때의 파게이트 프로파일 설정을 보여준다. 이 책을 집필하는 시점에는 기본값으로 default와 kube-system의 두 가지 네임스페이스가 설정되어 있고, 레이블 셀렉터는 설정되어 있지 않다. 즉, 이 네임스페이스 2개에서 동작하는 파드는 모두 파게이트에서 동작한다. 파게이트 프로파일의 상세 내용은

---

61 AWS가 만든 컨테이너 오케스트레이션 서비스다. https://aws.amazon.com/ko/ecs 참고.
62 EKS에서 파게이트는 쿠버네티스 버전 1.14 이상, EKS 플랫폼 Ver3 이상에서 사용 가능하다.
63 파드를 동작시키기 위한 쿠버네티스 컴포넌트 구조는 4.8.2 '쿠버네티스의 조정 루프'를 참고한다.

AWS 공식 문서 'AWS Fargate 프로파일[64]'에 설명되어 있으므로 이 책의 내용과 함께 참고하기 바란다.

그림 4.7.1 파게이트 프로파일 설정 예

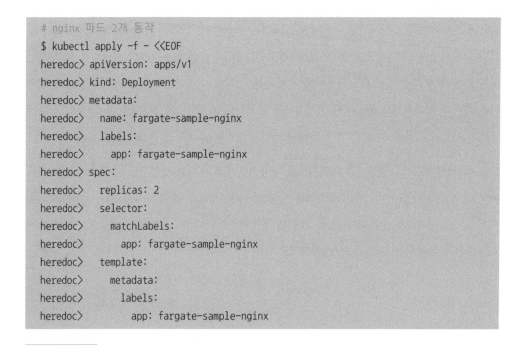

반대로 말하면 이것 외에 네임스페이스에서 동작하는 파드는 일반적인 다른 노드에서 동작한다. 파게이트에서 동작할 파드와 EC2에서 동작할 파드는 같은 클러스터 내에서 함께 사용할 수 있기 때문에 워크로드에 따라 구분하여 사용할 수 있다.

4.7.3 파게이트에서 파드와 노드의 관계

앞에서는 파드를 파게이트로 동작시키기 위한 구조에 대해 설명했다. 그렇다면 실제 파게이트에서 실행되는 파드는 어떻게 동작하는지 확인해보자. 클러스터에 레플리카 수를 2로 한 nginx 디플로이먼트를 적용한다. 파게이트라고 해서 이 작업에 특별한 설정이 필요한 것은 아니다.

```
# nginx 파드 2개 동작
$ kubectl apply -f - <<EOF
heredoc> apiVersion: apps/v1
heredoc> kind: Deployment
heredoc> metadata:
heredoc>   name: fargate-sample-nginx
heredoc>   labels:
heredoc>     app: fargate-sample-nginx
heredoc> spec:
heredoc>   replicas: 2
heredoc>   selector:
heredoc>     matchLabels:
heredoc>       app: fargate-sample-nginx
heredoc>   template:
heredoc>     metadata:
heredoc>       labels:
heredoc>         app: fargate-sample-nginx
```

64 https://docs.aws.amazon.com/ko_kr/eks/latest/userguide/fargate-profile.html

```
heredoc>     spec:
heredoc>       containers:
heredoc>        - name: fargate-sample-nginx
heredoc>          image: nginx
heredoc> EOF
```

파드 상태를 확인해보자. 문제없이 동작할 것이다. 파드 각각은 fargate-sample-nginx-
XXXXXXXXX-XXXXX라는 이름으로 하나씩 다른 노드상에서 동작하는 것을 알 수 있다.

```
# 파게이트상에서 동작하는 파드 확인
$ kubectl get pod -o wide
NAME                                 READY   STATUS    RESTARTS   AGE
fargate-sample-nginx-9bb5f497f-2rv2l  1/1    Running   0          2m25s
fargate-sample-nginx-9bb5f497f-cvbll  1/1    Running   0          2m25s

IP                NODE
192.168.154.221   fargate-ip-192-168-154-221.ap-northeast-2.compute.internal
192.168.142.141   fargate-ip-192-168-142-141.ap-northeast-2.compute.internal

NOMINATED NODE    READINESS GATES
<none>            <none>
<none>            <none>
```

이러한 노드는 파드가 동작할 때 자동으로 생성된다. 예를 들어 레플리카 수를 3으로 변경하면
새로운 노드가 생성되고 그 위에 새로운 파드가 동작한다.[65]

```
# 디플로이먼트의 레플리카 수를 3으로 변경한다.
$ kubectl scale deployment fargate-sample-nginx --replicas=3
deployment.apps/fargate-sample-nginx scaled

# 파드가 늘어난 것을 확인한다.
$ kubectl get pod -o wide
NAME                                 READY   STATUS    RESTARTS   AGE
fargate-sample-nginx-9bb5f497f-2rv2l  1/1    Running   0          9m19s
fargate-sample-nginx-9bb5f497f-cvbll  1/1    Running   0          9m19s
fargate-sample-nginx-9bb5f497f-t56rd  1/1    Running   0          106s
```

---

65 실제 명령을 실행하여 확인해보면 nginx용으로 동작시킨 노드 외에 노드 2개가 동작할 것이다. 이는 클러스터 시스템 컴포넌트
   인 core-dns 파드 2개가 동작하기 때문이다.

```
IP                      NODE
192.168.154.221         fargate-ip-192-168-154-221.ap-northeast-2.compute.internal
192.168.142.141         fargate-ip-192-168-142-141.ap-northeast-2.compute.internal
192.168.120.51          fargate-ip-192-168-120-51.ap-northeast-2.compute.internal

NOMINATED NODE     READINESS GATES
<none>             <none>
<none>             <none>
<none>             <none>

# 노드도 늘어난 것을 확인한다.
$ kubectl get node
NAME                                                              STATUS
fargate-ip-192-168-120-51.ap-northeast-2.compute.internal        Ready
fargate-ip-192-168-142-141.ap-northeast-2.compute.internal       Ready
fargate-ip-192-168-154-221.ap-northeast-2.compute.internal       Ready
fargate-ip-192-168-158-148.ap-northeast-2.compute.internal       Ready
fargate-ip-192-168-97-80.ap-northeast-2.compute.internal         Ready

ROLES      AGE       VERSION
<none>     70s       v1.19.6-eks-49a6c0
<none>     8m51s     v1.19.6-eks-49a6c0
<none>     9m12s     v1.19.6-eks-49a6c0
<none>     26m       v1.19.6-eks-49a6c0
<none>     26m       v1.19.6-eks-49a6c0
```

이처럼 파게이트에서는 파드와 노드가 1:1로 동작한다. 바꿔 말하면 파드가 요구하는 용량에
맞춰 노드가 자동 동작하는 것이다. 4.3절에서는 노드의 오토스케일링인 Cluster Autoscaler에
대해 설명했다. 그런데 파게이트를 사용하면 데이터 플레인 용량 관리에서 해방되므로 Cluster
Autoscaler를 고려하지 않아도 된다. 파드를 동작시킬 때마다 노드가 동작하므로 파드가 완전
히 동작할 때까지는 수십 초 정도가 걸리지만 도입할 가치는 충분하다.

4.7.4 파게이트 주요 제약 사항

AWS 공식 문서에는 EKS에서의 파게이트 사용에 대해 고려할 점[66]으로 주요 제약 사항이 명시
되어 있다. 내용을 살펴보면 구체적으로 사용할 수 없는 리소스나 기능이 설명되어 있다. 이런

---

66 https://docs.aws.amazon.com/ko_kr/eks/latest/userguide/fargate.html#fargate-considerations

제약 사항이 존재하는 데는 이유가 있다. 어떤 제약이든 데이터 플레인이 블랙박스이기 때문에 호스트로의 접속이 제한된 것을 원인이라고 생각할 수 있다.

예를 들어 특권 컨테이너는 호스트 권한을 갖기 때문에 사용할 수 없다. 이 책에서는 자세히 설명하지 않지만 HostNetwork와 HostPort는 호스트쪽 네트워크와 포트를 파드에서 이용하는 기능이기 때문에 지원하지 않는다.

마찬가지로 파드에서 호스트의 디렉터리를 마운트하는 HostPath도 사용할 수 없다. 4.4.2 '노드 보안'에서는 이 기능을 파드 시큐리티 폴리시로 제어할 수 있다고 설명했지만, 파게이트에서는 파드 시큐리티 폴리시로 이 기능을 허가한다고 해도 EKS에서 제한이 걸린다. 예를 들어 특권 컨테이너를 동작시키려고 하면 거부되는 것이 아니라 파드가 Pending 상태인 채 동작하지 않는 상태가 된다.

```
# 특권 컨테이너 파드 동작
$ kubectl apply -f- <<EOF
heredoc> apiVersion: v1
heredoc> kind: Pod
heredoc> metadata:
heredoc>   name: nginx
heredoc> spec:
heredoc>   containers:
heredoc>   - name: nginx
heredoc>     image: nginx:latest
heredoc>     securityContext:
heredoc>       privileged: true
heredoc> EOF

# 파드가 동작하지만 Pending 상태인 채로 있다.
$ kubectl describe pod nginx

# 아래 출력 내용에서 보면 Status는 Pending이며
# Event로 '파게이트에서는 특권 컨테이너가 지원되지 않음'으로 되어 있다.
Name:                 nginx
Namespace:            default
Priority:             2000001000
Priority Class Name:  system-node-critical
Node:                 <none>
Labels:               eks.amazonaws.com/fargate-profile=fp-default
Annotations:          kubernetes.io/psp: eks.privileged
```

```
Status:              Pending

# …(중간 생략)…

Events:
  Type      Reason          Age         From
  ----      ------          ---         ----
Warning   FailedScheduling  <unknown>   fargate-scheduler


  Message
  -------
  Pod not supported on Fargate: invalid SecurityContext fields: Privileged
```

또 이 책에서 설명한 바와 같이 파게이트 도입으로 인해 가장 영향을 받는 것은 데몬셋을 이용할 수 없다는 것이다. 파게이트에서는 파드와 노드가 1:1로 동작하기 때문에 노드 각각에 파드가 1개씩 동작하는 구조로 되어 있다. 따라서 데몬셋을 도입할 이유가 없다.

그렇다면 여기서 설명한 데몬셋 사용을 전제로 한 모니터링, 로그 관리 등은 파게이트를 이용할 경우 어떻게 해야 할까?

4.7.5 EKS on Fargate 모니터링과 로그 관리, 운영

4.1절과 4.2절에서 설명한 대로 CloudWatch의 Container Insights와 Logs Insights를 사용한 모니터링과 로그 관리 구조를 활용할 때는 CloudWatch 에이전트와 플루언트디 컨테이너 데몬셋을 사용한다. 그러나 파게이트에서는 데몬셋을 사용할 수 없으므로 다른 방법으로 구현해야 한다.

가장 먼저 떠오르는 것은 3.2.2에서 설명한 사이드카 패턴이지만 데몬셋 매니페스트로 공개된 CloudWatch 에이전트나 플루언트디는 HostPath를 사용[67]하므로 이 매니페스트를 사이드카 용으로 사용하려고 해도 파게이트에서 실행할 수 없다. 결국 이 책을 집필하는 시점의 파게이트에서는 Container Insights에 의한 메트릭과 로그 관리를 지원하지 않는다고 할 수 있다. 그러므로 모니터링과 로그 관리가 필요한 경우 별도의 구조를 검토해야 한다.

---

67 이 매니페스트는 깃허브(https://github.com/aws-samples/amazon-cloudwatch-container-insights/tree/master/k8c-deployment-manifest-templates/deployment-mode/daemonset/container-insights-monitoring)에 공개되어 있다.

예를 들어 "메트릭에 대해서는 4.3.2에서 소개한 메트릭 서버를 이용하고 kubectl top pod 명령의 결과를 CloudWatch로 메트릭에 전송하는 크론잡을 실행한다", "로그에 대해서는 플루언트디 컨테이너를 파드 각각의 사이드카로 구성하고 애플리케이션 쪽은 표준 출력이 아닌 파일에 로그를 출력하는 방법을 사용해서, 로그 파일 내용을 플루언트디 경유로 CloudWatch Logs로 전송한다" 등과 같은 구조를 생각할 수 있다.

그러나 이러한 구조를 구현하려고 하면 모처럼 데이터 플레인의 운영, 관리에서 해방되었는데 이 작업에 힘을 쏟아야 하므로 파게이트를 사용하는 장점이 없어진다. EKS on Fargate 모니터링과 로그 관리에 대한 모범 사례는 아직 없으므로 최신 정보를 확인하면서 현재 환경에 맞는 도구나 방법이 있다면 적용을 검토해본다. 예를 들어 예산을 확보해 상용 모니터링 및 로그 서비스를 사용하는 것도 하나의 방법이다.[68]

4.7.6 네트워크 정책 제한

4.4.4에서 설명한 네트워크 정책Network Policy도 제한된다. EKS에서 네트워크 정책을 사용할 때 칼리코Calico라는 네트워크 정책 에이전트를 활용하는데 데몬셋 사용을 전제로 하기 때문이다.

이 책에서 소개한 것과 같이 서비스 사이의 통신을 제어하는 구조는 앱 메시App Mesh[69]나 이스티오Istio[70] 등의 서비스 메시Service Mesh라는 개념으로 구현할 수 있다. 파드 각각에 사이드카의 개념인 엔보이Envoy 프록시[71]를 동작시켜 보안 그룹 기능을 구현하는 구조다.

그러나 서비스 메시는 매우 넓은 범위의 개념으로 접속 제어 문제만 해결하는 것은 아니다. 그런 이유로 서비스 메시를 도입하면 클러스터 구성이 복잡해지고 문제 발생 및 해결이나 버전을 업데이트할 때 고려 사항들이 늘어나는 등 운영 면에서 부하가 높아진다. 학습 비용 면에서 생각해도 네트워크 정책에만 대응하기 위해 서비스 메시를 도입하는 것은 효율적이라고 볼 수 없다.

따라서 네트워크 정책을 사용하지 않고도 접속 제어를 구현하는 방식을 검토하는 것이 좋을 수도 있다. 예를 들어 애플리케이션 단위로 클러스터를 분리한 후, 클러스터 외부로 공개하는 ELB

---

68 『Practical Monitoring』(Mike Julian 지음, O'Reilly Media, 2017)에도 "모니터링 전문가가 아니라면 구축하지 않고 사야 한다"라는 디자인 패턴이 소개되어 있다. 직접 모니터링 플랫폼을 설계, 구축, 운영하기보다 여러 가지 관점을 고려한다면 판매하는 모니터링 서비스를 사용하는 것이 효율적이라는 견해다.

69 https://aws.amazon.com/ko/app-mesh

70 https://istio.io

71 https://www.envoyproxy.io

엔드포인트에 대한 접속 제한을 보안 그룹으로 하는 방법이 있을 것이다. 정말 네트워크 정책이 필요한지도 논의해보면 좋을 것이다.

4.7.7 파게이트 요금 체계

여기서는 파게이트 요금 체계에 대해 설명한다. EKS에서는 컨트롤 플레인에 대한 요금과 함께 데이터 플레인으로 동작시킨 EC2 인스턴스도 과금된다. 파게이트를 이용할 경우 데이터 플레인인 EC2 인스턴스가 존재하지 않아 파드가 실제로 이용한 CPU/메모리 리소스량에 대해 과금한다.

예를 들어 c5.xlarge(4코어/8GB 메모리) EC2 인스턴스에 다음과 같은 파드 3개가 동작한다고 생각해보자.

- 1코어/2GB 메모리를 사용하는 파드 2개가 항상 동작함
- 2코어/4GB 메모리를 사용하는 파드 하나가 하루에 1시간 정도만 동작함

EC2 인스턴스의 경우 하루에 1시간밖에 동작하지 않는 파드 하나를 위해 용량을 확보해야 하므로 파드의 동작 여부에 상관없이 c5.xlarge 요금이 과금된다.

이때 파게이트는 항상 동작하는 1코어/2GB 메모리×파드 2개에 해당하는 리소스와, 2코어/4GB 메모리×파드 1개가 1시간 동작할 때 해당하는 리소스가 별도로 과금되는 형태다.[72] 이 내용을 기반으로 과금액을 계산하면 EC2 인스턴스[73]의 경우 US $138.24/월, 파게이트[74]의 경우 US $85.1724/월이므로 파게이트가 저렴하다.[75] 단순히 CPU/메모리에 대한 단가는 파게이트가 비싸지만 전체 비용으로 보면 파게이트가 저렴할 수 있다(그림 4.7.2 참고).

---

72 엄밀히 말하면 파게이트의 경우 파드가 사용할 리소스 외에 시스템 컴포넌트용 메모리를 256MB 더 추가해 CPU/메모리 요구량의 합계를 계산한다. 그리고 파게이트에서 실행 가능한 CPU/메모리 중 가장 가까운 스펙을 선택한다. 더 자세한 내용은 'Fargate 포드 구성(https://docs.aws.amazon.com/ko_kr/eks/latest/userguide/fargate-pod-configuration.html)'을 참고한다.

73 https://aws.amazon.com/ko/ec2/pricing/on-demand

74 https://aws.amazon.com/ko/fargate/pricing

75 모두 온디멘드인 경우의 요금이다. 과금 체계에는 예약 인스턴스나 Saving Plan이라는 일정량의 이용 계약을 전제로 하는 이용 가격 할인 서비스가 있다.

그림 4.7.2 EC2와 파게이트 요금 체계 차이

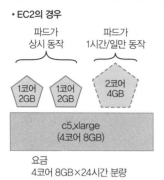

4.7.8 파게이트 사용 사례

4.7.2 '파게이트로 파드를 동작시키는 구조'에서 설명한 대로 EKS에서 파게이트를 이용할 경우 모든 워크로드가 아닌 일부 워크로드만 파게이트에서 동작시킬 수 있다. 파게이트를 이용하는 대표적인 예는 다음과 같다.

- 배치 처리 등 일시적이거나 정기적으로 많은 리소스를 사용해야 하는 경우
- 동시에 병렬 처리를 하기 위해 많은 파드를 동시에 동작시켜야 하는 경우

또 불규칙적이고 단발적으로 부하가 높아지는 워크로드의 경우 지금까지 노드 단위로만 스케일 아웃할 수 있었지만, 순수하게 워크로드가 필요로 하는 만큼의 용량을 확보할 수 있으므로 EC2 인스턴스에서 데이터 플레인을 구성하는 경우보다 압도적으로 리소스 효율이 향상된다. 이 경우도 파게이트를 이용하는 사례라고 볼 수 있다. 이와 같이 워크로드에서는 앞에서 말한 제약 사항을 허용할 수 있다면 파게이트를 선택해도 좋다.

EKS on Fargate는 발표된 지 얼마 안 된 서비스이므로 아직 진화하고 있다. 트위터 등에서도 많이 논의되는 주제이므로 EKS on Fargate의 진화에 관한 다양한 의견을 찾아보는 것도 재미 있을 것이다. 세미나 등에서 제공하는 슬라이드 자료에서도 다양한 의견이 다뤄지고 있으므로 이를 읽어보는 것도 좋다. 독자 여러분이 이 책을 읽는 시점에는 제약 사항도 많이 개선되었을 수 있으므로 항상 최신 정보를 확인하는 습관을 갖자.

4.8 쿠버네티스를 지탱하는 에코시스템

쿠버네티스가 이렇게 사용자의 마음을 사로잡을 수 있었던 이유는 에코시스템이 잘 갖춰져 있었기 때문이다. 쿠버네티스를 만든 이념을 이해한 상태로 개발이 활발하게 이뤄지고 있으며 거기에 맞춰 활용할 수 있는 도구들도 개발되고 있다.

CNCF에서는 Cloud Native Interactive Landscape[76]에서 클라우드 네이티브 에코시스템 전체 구조를 공개하고 있다(그림 4.8.1 참고).

그림 4.8.1 CNCF의 Cloud Native Interactive Landscape에서 인용(2021/4/20 기준)

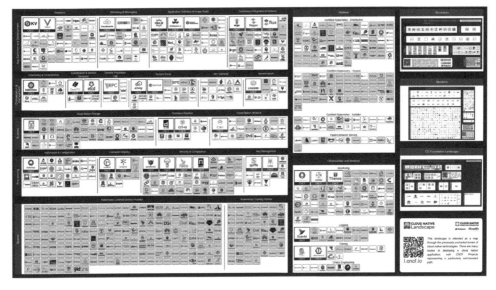

에코시스템의 모든 구성 요소가 쿠버네티스와 관련된 것은 아니지만 쿠버네티스를 중심으로 전체 구조를 설계한 것임을 기억해두자.

---

76 https://landscape.cncf.io

4.8.1 쿠버네티스가 지지를 받는 이유: 확장성

쿠버네티스 관련 도구가 활발히 개발되는 이유는 무엇일까? 그것은 쿠버네티스가 확장성을 미리 고려해서 설계되었기 때문이다. 쿠버네티스는 확장성을 확보하기 위해 플러거블pluggable[77]하게 기능을 추가할 수 있도록 설계되었다. 그래서 규정만 따른다면 어떤 기능이든 쿠버네티스 구조를 사용하여 구현할 수 있다.

4.8.2 쿠버네티스의 조정 루프

이 책에서는 자세히 설명하지 않지만 쿠버네티스는 여러 컴포넌트가 비동기로 자율적으로 동작하면서 기능한다. 예를 들어 디플로이먼트를 클러스터에 적용했을 때 파드 등이 동작하는 구조는 내부에서 다음과 같이 동작한다(그림 4.8.2 참고).

그림 4.8.2 조정 루프 구조

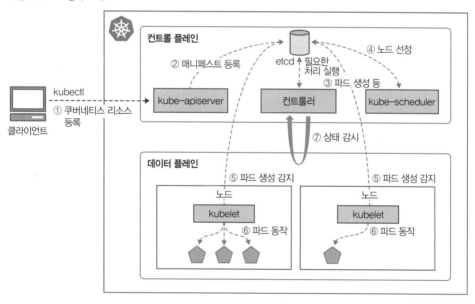

먼저 kubectl 명령어로 매니페스트가 컨트롤 플레인의 API 서버(kube-apiserver)를 경유(①)해 쿠버네티스 데이터베이스(etcd)에 등록(②)되면, 컨트롤러(controller)는 해당 파드가 동작하도록 etcd에 등록(③)한다. 그 후 스케줄러(kube-scheduler)는 매니페스트에 정의된 파드가 동작할 노드를 선정(④)한다. 그리고 각 노드상에서 동작 중인 kubelet이 자신의 노드에서

---

77 기능을 플러그인 형식으로 추가할 수 있는 구조를 말한다.

동작해야 할 파드가 동작하지 않는 것을 감지(⑤)하고 파드를 동작(⑥)시킨다. 컨트롤러는 파드 상태를 감시하고 이상이 있을 경우 재시작과 같은 명령(⑦)도 내린다.

이런 흐름을 유지하는 구조를 조정 루프Reconciliation loop라고 한다.

4.8.3 커스텀 리소스로 사용자 기능을 추가하는 구조

쿠버네티스에서는 조정 루프를 근거로 리소스 각각을 관리한다. 즉, 조정 루프 원칙에 따라 자체적으로 리소스를 구성해 새로운 리소스를 정의할 수 있다. 이런 구조는 커스텀 리소스 정의Custom Resource Definition, CRD와 커스텀 리소스 컨트롤러Custom Resource Controller, CRC로 구현한다(그림 4.8.3 참고).

그림 4.8.3 CRD와 CRC

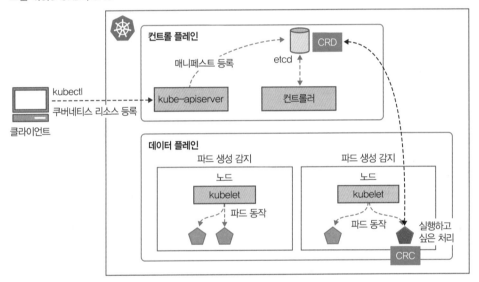

커스텀 리소스 정의

쿠버네티스에는 파드와 디플로이먼트, 서비스 등 다양한 리소스가 정의되어 있다. 이 리소스들을 등록할 때 매니페스트의 .kind에 리소스 타입을 설정하고 그 아래에 리소스 타입에 대한 여러 설정 정보를 정의한다(설정 가능한 속성은 미리 정의되어 있다). 커스텀 리소스 정의는 이름 그대로 .kind(=리소스)를 정의한 정보다. 그러나 이 자체는 그냥 '틀'이기 때문에 정의하는 것만으로는 아무 일도 발생하지 않는다. 커스텀 리소스 컨트롤러가 정의 정보를 확인한 후 처리해야 비로소 의미를 갖는다.

커스텀 리소스 컨트롤러

쿠버네티스에는 리소스 상태를 관리하는 컨트롤러가 존재한다. 커스텀 리소스도 예외는 아니다. 컨트롤러는 대상 리소스가 매니페스트 내용대로 배치되었는지 항상 모니터링하고 그 상태를 유지하려고 한다. 커스텀 리소스 컨트롤러는 커스텀 리소스 정의로 등록된 리소스라면 .kind 아래에 설정된 각종 속성을 읽어온다. 다음에는 그 속성을 기반으로 실제 하고 싶은 처리를 설정하여 사용하면 된다.[78]

예를 들어 4.5절의 '시크릿 등의 비밀 정보를 깃옵스로 관리하는 방법' 칼럼에서 소개한 실드시크릿을 이용할 때는 SealedSecrets라는 커스텀 리소스 정의를 등록해둔다. 그리고 SealedSecrets 리소스를 이용해 매니페스트 안에 암호화된 문자열을 복호화하여 그 문자열을 같은 이름의 시크릿으로 등록하는 구조를 구현한다(그림 4.8.4 참고).

그림 4.8.4 커스텀 리소스를 이용하여 실드시크릿이 동작하는 구조

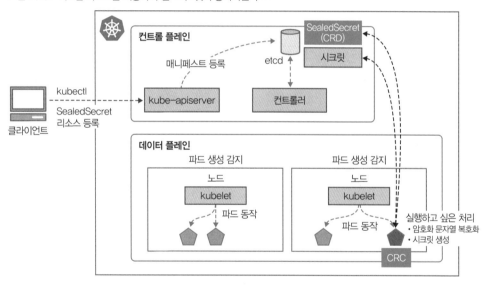

참고로 쿠버네티스 표준 리소스 컨트롤러는 컨트롤 플레인에서 동작하지만 커스텀 리소스 컨트롤러는 데이터 플레인에서 파드로 동작한다.

---

78 쿠버네티스의 조정 루프와 비슷한 처리를 지원하는 프레임워크를 이용해 구현한다.

4.8.4 오퍼레이터를 이용한 운영 자동화

커스텀 리소스 컨트롤러의 처리 내용이 쿠버네티스 리소스를 관리하는 것에만 머무를 필요는 없다. 예를 들어 RDS라는 커스텀 리소스 정의를 만들어 두고 커스텀 리소스 컨트롤러에서는 그 속성으로 AWS SDK를 사용하여 실제 RDS를 배포해도 된다. 이렇게 하면 쿠버네티스만 이용하여 AWS 리소스인 RDS까지 관리할 수 있게 된다(그림 4.8.5 참고).

그림 4.8.5 커스텀 리소스로 RDS를 배포하는 구조

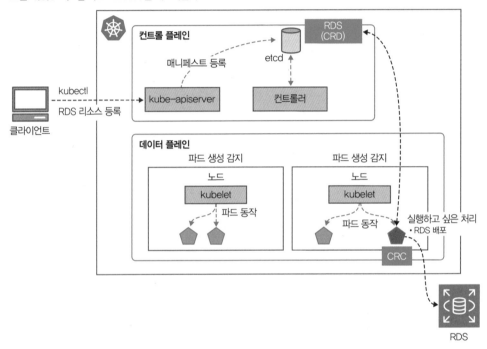

이와 같이 커스텀 리소스를 사용해 운영을 자동화하는 구조를 오퍼레이터[Operator]라고 한다. 최근에는 오퍼레이터 허브[Operator Hub][79]를 사용하는 다양한 자동화 처리가 공개되어 있다. AWS 서비스 오퍼레이터라는 오퍼레이터도 공개되어 있고 S3 버킷과 다이나모DB[DynamoDB] 배포를 할 수 있는 오퍼레이터 등도 있다.

---

79 https://operatorhub.io

또한 오퍼레이터 허브 중에는 단순히 리소스를 배포하고 설정하는 것뿐만 아니라 데이터베이스의 라이프사이클을 모니터링하고 장애가 발생했을 때 자동으로 장애 극복failover 처리[80]까지 하는 오퍼레이터도 존재한다. 꼭 프로젝트의 환경에 맞는 오퍼레이터가 있는지 찾아보기 바란다.

4.8.5 헬름을 이용한 매니페스트 패키지 관리

쿠버네티스를 많이 사용하면 비슷한 설정을 병렬로 배포하고 싶은 경우가 늘어날 것이다. 이때 편리하게 사용할 수 있는 것이 헬름Helm[81]이다.

헬름은 차트Chart 기능을 만들기 위한 매니페스트 집합을 템플릿화해 기능 패키지를 관리하는 개념이다. 리눅스의 yum이나 apt, macOS의 Homebrew와 같은 것이라고 생각하면 이해하기 쉬울 것이다. 예를 들면 공통 모니터링 구조를 여러 클러스터에 도입하는 경우나 특정 소프트웨어 설정 등에 활용할 수 있다.

이와 같이 기능을 미리 차트로 생성해둠으로써 새로운 클러스터에는 매니페스트를 개별적으로 적용하지 않고 helm install 명령만으로 같은 구조를 도입할 수 있다. 또 아티펙트 허브Artifact Hub[82]라는 사이트에는 여러 가지 기능을 구현하기 위한 차트가 공개되어 있다. 새로운 기능을 테스트할 경우 처음부터 만들지 않고 기존에 만들어놓은 차트를 사용해볼 수 있다. 이를 통해 쿠버네티스는 확장을 쉽게 만드는 구조를 제공하고 있고 에코시스템도 잘 갖춰져 있다고 느낄 수 있을 것이다.

참고로 쿠버네티스는 CNCF가 관리하는 대규모 프로젝트를 이용하는 경우에도, 개발자가 자동화하고 싶은 소규모 기능을 구현하는 경우에도 매우 편리하게 활용할 수 있다. 또 전 세계 쿠버네티스 사용자의 아이디어는 오퍼레이터 허브, 아티펙트 허브에 집약되어 공개되어 있다. 이것 또한 에코시스템의 결과물이라고 할 수 있다.

쿠버네티스는 앞으로도 에코시스템과 함께 성장해나갈 것이다.

---

80 서버, 시스템, 네트워크 등에 이상이 생겼을 때 예비 시스템으로 자동 전환되는 기능이다.
81 https://helm.sh
82 https://artifacthub.io

4.9 마치며

4장에서는 EKS를 실제 서비스 환경에서 이용할 때 고려해야 할 사항들에 대해 구체적으로 설명했다.

- Container Insights를 사용한 모니터링 방법

- CloudWatch Logs를 사용한 로그 관리 방법

- Cluster Autoscaler 및 AWS 오케스트레이션 기능을 사용한 노드의 발견적/예방적 스케일링 방법

- Horizontal Pod Autoscaler를 사용한 파드 오토스케일링 방법

- 클러스터, 노드, 파드의 계층별 보안 고려 사항

- CodePipeline과 깃옵스 기반의 클러스터 구성 관리 방법

- 쿠버네티스를 지탱하는 에코시스템

모든 내용이 서비스 환경 운영에 꼭 필요한 내용들이다.

또 데이터 플레인 관리형 서비스로 기대를 모으고 있는 파게이트에 대해서도 다뤘으며 기본적인 구조와 제약 사항, 과금 체계를 설명하고 파게이트를 적용할 수 있는 사례에 대해서도 설명했다.

이 책에서 소개한 방법이 무조건 정답이라고는 할 수 없다. 프로젝트 환경과 조직 기술 역량에 맞춰 적당한 방법을 검토하여 적용하는 것이 가장 좋다. 지금까지 이 책을 읽은 분이라면 그 중요성을 충분히 이해할 수 있을 것이라 믿는다. 커뮤니티 활동이나 세미나, 스터디 활동을 통해 최신 정보를 수집하고 적용해나가기 바란다.

부록

부록 A 윈도우 10에 실습 환경 설치하기

이 책에서 사용하는 실습 환경을 구축하기 위해 필요한 도구의 다운로드, 설치 방법에 대해 살펴본다. 여기에서는 윈도우 10 Pro 64bit를 기준으로 설명할 것이다.

설치 도중에 '사용자 계정 컨트롤' 화면이 표시될 경우 허용하는 방향으로 설정하면서 진행하기 바란다.

A.1 AWS CLI

AWS CLI 다운로드

AWS CLI(명령줄 인터페이스)는 AWS 명령줄 인터페이스 사이트(https://aws.amazon.com/ko/cli)에 공개되어 있다. 페이지 오른쪽 'Windows' 아래에 '64비트' 링크를 클릭한다(그림 A.1 참고). 윈도우용 인스톨러 형식으로 제공되는 AWSCLI64.msi를 다운로드한다.

그림 A.1 AWS CLI 다운로드

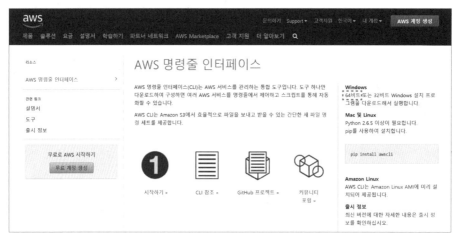

AWS CLI 설치

다운로드한 인스톨러를 실행한다(그림 A.2 참고).

그림 A.2 AWS CLI 인스톨러 ①

AWS CLI 설치는 모두 기본 설정으로 해도 문제없다(그림 A.3~A.6 참고).

그림 A.3 AWS CLI 인스톨러 ②

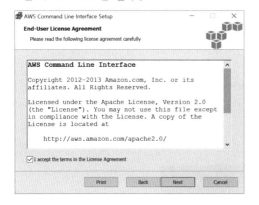

그림 A.4 AWS CLI 인스톨러 ③

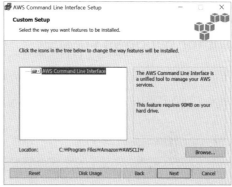

그림 A.5 AWS CLI 인스톨러 ④

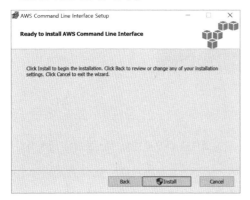

그림 A.6 AWS CLI 인스톨러 ⑤

AWS CLI 동작 확인

AWS CLI가 정상적으로 설치되었는지 확인해본다.[1] 명령 프롬프트를 열어 다음 명령을 실행한다.

```
> aws --version
```

정상적으로 설치되었다면 다음과 같이 표시된다(그림 A.7 참고).

그림 A.7 AWS CLI 동작 확인

A.2 Git for Windows

Git for Windows 다운로드

윈도우용 깃Git은 Git for Windows(https://gitforwindows.org)에서 다운로드할 수 있다. 화면에서 〈Download〉 버튼을 클릭하면 다운로드가 시작된다(그림 A.8 참고).

그림 A.8 Git for Windows 다운로드

Git for Windows 설치

Git for Windows도 윈도우용 인스톨러 형식으로 제공되므로 다운로드한 인스톨러를 실행한다. 그림 A.9에서 A.25까지는 설치 순서다.

---

1 윈도우의 명령 실행은 기본적으로 깃 배시(Git Bash)를 사용하지만 현재 깃 배시가 설치되어 있지 않아 명령 프롬프트를 사용힌다.

그림 A.9 Git for Windows 인스톨러 ①

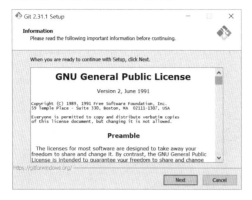

그림 A.10 Git for Windows 인스톨러 ②

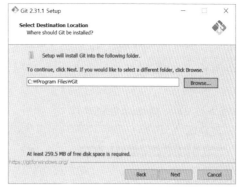

그림 A.11 Git for Windows 인스톨러 ③

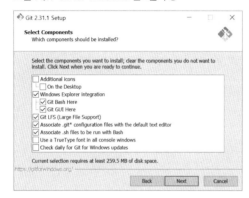

그림 A.12 Git for Windows 인스톨러 ④

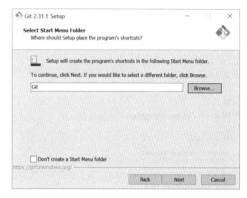

기본 설정에서는 깃에서 실행되는 텍스트 편집기로 vim이 설정된다. vim으로도 가능하지만 다른 편집기를 사용하고 싶다면 설정을 변경한다(그림 A.13, 그림 A.14 참고).

그림 A.13 Git for Windows 인스톨러 ⑤

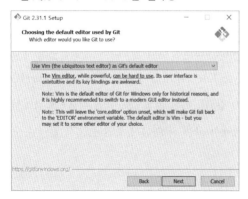

그림 A.14 Git for Windows 인스톨러 ⑥

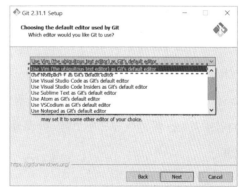

최근 깃의 기본 브랜치 이름이 master에서 main으로 변경되어 최신 깃 버전에서는 어떤 브랜치 이름을 기본으로 사용할지 설정한다. 아직 대부분의 프로젝트에서 master를 많이 사용하고 있고 이 책의 예제 파일을 제공하는 깃허브에서도 master를 사용하므로 [Let Git decide]를 선택한다.

그림 A.15 Git for Windows 인스톨러 ⑦

그림 A.16 Git for Windows 인스톨러 ⑧

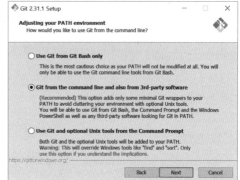

그림 A.17 Git for Windows 인스톨러 ⑨

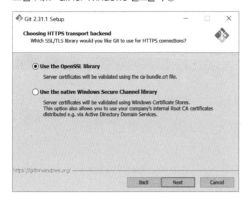

기본 설정 그대로 해도 되지만 'Configuring the line ending conversions' 설정은 기본값인 'Checkout Windows-style, commit Unix-style line ending'이 아닌 'Checkout as-is, commit as-is'로 변경한다(그림 A.18, 그림 A.19 참고). 기본 설정으로 하면 리포지토리에서 파일을 가져올 때 개행 코드가 변환되어 로컬 환경에서 사용 시 예상치 못한 문제가 일어날 수 있다.

그림 A.18 Git for Windows 인스톨러 ⑩

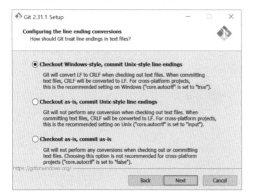

그림 A.19 Git for Windows 인스톨러 ⑪

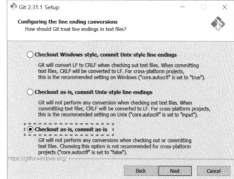

그림 A.20 Git for Windows 인스톨러 ⑫

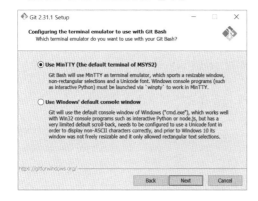

그림 A.21 Git for Windows 인스톨러 ⑬

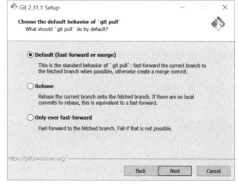

그림 A.22 Git for Windows 인스톨러 ⑭

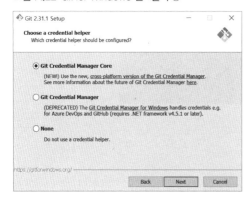

그림 A.23 Git for Windows 인스톨러 ⑮

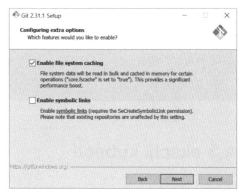

그림 A.24 Git for Windows 인스톨러 ⑯

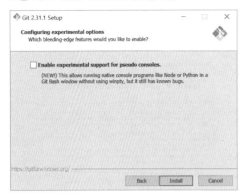

그림 A.25 Git for Windows 인스톨러 ⑰

Git for Windows 동작 확인

Git for Windows 설치가 끝나면 깃 배시^{Git Bash}를 사용할 수 있으므로 동작 확인을 실행한다. 깃 배시는 시작 메뉴에서 [Git] → [Git Bash]를 선택하면 실행된다.

깃 배시가 실행되면 검은 배경의 화면이 표시되는데 다음과 같은 명령을 실행한다.

```
$ git --version
```

정상적으로 설치되었다면 다음과 같이 표시된다(그림 A.26 참고).

그림 A.26 Git for Windows 동작 확인

A.3 eksctl, kubectl

eksctl과 kubectl은 각각의 사이트에 접속하여 바이너리 파일을 다운로드하여 설치한다. 인스톨러가 없으므로 다운로드 후 설치 경로를 설정해야 한다.

명령줄 도구 저장 폴더 생성

이 책에서는 명령줄 도구의 저장 폴더로 C:\Users\사용자이름\k8sbook\bin라는 폴더를 사용한다. 파일 탐색기 등으로 폴더를 생성하자. 참고로 C:\Users 폴더는 한글 윈도우 10의 파일 탐색기에서 '사용자'로 표시된다.

그림 A.27 k8sbook 폴더

eksctl 다운로드

eksctl의 깃허브 페이지(https://github.com/weaveworks/eksctl/releases)에서 바이너리 파일을 C:\Users\사용자이름\k8sbook\bin에 다운로드할 수 있다. Assets 목록에서 'eksctl_Windows_amd64.zip'을 다운로드한다(그림 A.28 참고).

그림 A.28 eksctl 다운로드

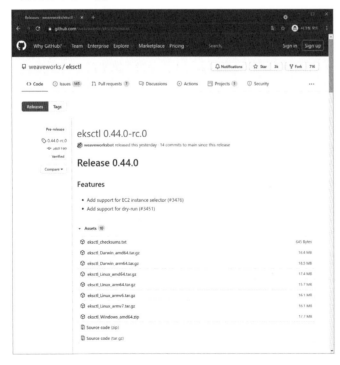

ZIP 파일 안에는 eksctl.exe 파일만 포함되어 있으므로 이 파일을 압축 해제한다(그림 A.29 참고).

그림 A.29 eksctl 압축 해제

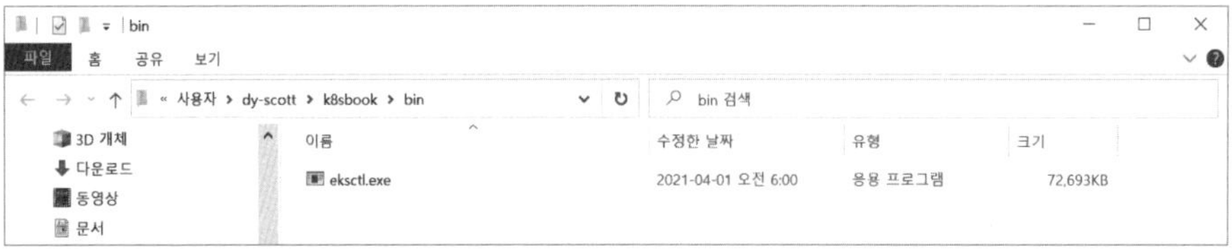

kubectl 다운로드

kubectl은 쿠버네티스 공식 사이트에서 배포하는 바이너리 파일이나 AWS에서 배포하는 바이너리 파일을 다운로드하여 사용한다.

- **AWS 배포 사이트**

  https://docs.aws.amazon.com/ko_kr/eks/latest/userguide/install-kubectl.html

- **쿠버네티스 공식 사이트**

  https://kubernetes.io/docs/setup/release/notes

AWS 배포 사이트에서는 쿠버네티스 클러스터 제어 플레인과 마이너 버전이 하나 정도 다른 Amazon EKS 버전을 사용하면 된다고 하니 Amazon EKS에서 현재 사용하는 쿠버네티스 버전에 대응하는 kubectl을 다운로드하면 문제없다. 단, 쿠버네티스 공식 사이트는 윈도우용도 tar.gz 형식으로 되어 있어 압축을 풀기가 번거로우므로 여기서는 실행 파일을 다운로드할 수 있는 AWS 배포 사이트의 버전을 사용한다.

AWS 배포 사이트에서는 다운로드용 링크가 아닌 curl 명령어로 다운로드하도록 되어 있지만 명령 안에 있는 URL(https:// 부분)을 브라우저에 붙여넣기하여 다운로드해도 된다(그림 A.30 참고).

그림 A.30 kubectl 다운로드

다운로드한 파일(kubectl.exe)은 eksctl과 같이 생성한 bin 폴더에 저장한다(그림 A.31 참고).

그림 A.31 kubectl 저장

명령줄 도구 저장 폴더의 PATH 환경변수 설정

eksctl과 kubectl의 동작을 확인하기 전에 방금 생성한 명령줄 도구 저장 폴더를 PATH 환경변수에 설정한다. 윈도우의 환경 변수 설정은 '시스템 속성'에서 설정한다.

'시스템 속성'은 [시작] → [Windows 설정] → [시스템] → [정보] → [고급 시스템 설정] → [고급] → [환경 변수] 순서로 선택하면 된다(그림 A.32~ A.35 참고).

그림 A.32 Windows 설정 화면

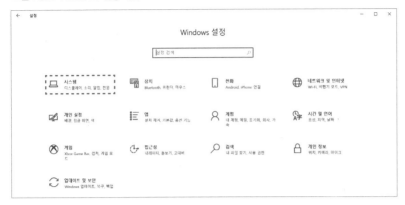

그림 A.33 Windows 설정 '시스템'

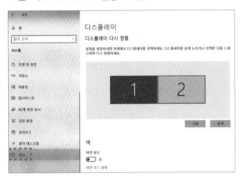

그림 A.34 Windows 설정 '정보'

그림 A.35 '시스템 속성'의 '환경 변수' 화면

화면 아래의 '시스템 변수' 중 'Path'(설정에는 대문자, 소문자 상관없음) 항목을 선택한 후 〈편집〉 버튼을 클릭한다(그림 A.36 참고).

그림 A.36 '환경 변수' 화면

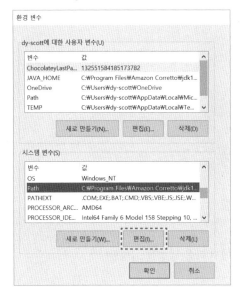

편집 화면에서는 〈새로 만들기〉를 클릭한 후 %USERPROFILE%\k8sbook\bin이라는 Path를 설정한다[2](그림 A.37 참고).

그림 A.37 '환경 변수명 편집' 화면

---

2 %USERPROFILE%은 윈도우에 설정된 환경 변수이며 일반적으로 'C:\User\사용자이름' 폴더로 설정되어 있다.

'Path' 항목이 존재하지 않을 경우 그림 A.36에서 〈새로 만들기〉 버튼을 클릭하고 다음과 같이 입력한다(그림 A.38 참고).

- 변수 이름: PATH

- 변수 값: %USERPROFILE%\k8sbook\bin

그림 A.38 '신규 환경 변수' 화면

eksctl과 kubectl 동작 확인

명령 동작 확인은 모두 깃 배시를 사용한다. 깃 배시에서 다음 명령을 실행한다.[3]

```
$ eksctl version
$ kubectl version --client
```

정상적으로 설치되었다면 다음과 같이 표시된다(그림 A.39 참고).

그림 A.39 eksctl, kubectl 동작 확인

---

3 PATH 환경 변수 설정 전에 실행한 깃 배시에는 환경 변수가 적용되지 않으므로 새로운 깃 배시 창을 실행한다. 인스톨러로 설치한 도구 확인의 경우도 마찬가지다.

A.4 Amazon Corretto

Amazon Corretto 다운로드

Amazon Corretto^{아마존 코레토}는 메인 페이지(https://aws.amazon.com/ko/corretto)에서 배포한다(그림 A.40 참고). 자바^{Java} 버전 8, 11, 15를 다운로드할 수 있는데 이 책에서는 11을 사용한다.

그림 A.40 Amazon Corretto 배포 사이트

〈AWS Corretto 11 다운로드하기〉 버튼을 클릭하면 플랫폼별 다운로드 링크가 표시되는데 'Windows x64'를 선택한다. 윈도우용에서는 인스톨러(MSI 형식)와 ZIP 파일이 제공되며 여기서는 인스톨러를 사용한다.

Amazon Corretto 설치

Amazon Corretto는 인스톨러의 기본 설정값 그대로 설치해도 된다(그림 A.41~A.44 참고).

그림 A.41 Amazon Corretto 설치 ①

그림 A.42 Amazon Corretto 설치 ②

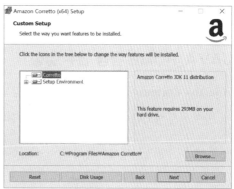

그림 A.43 Amazon Corretto 설치 ③

그림 A.44 Amazon Corretto 설치 ④

Amazon Corretto 동작 확인

Amazon Corretto가 정상적으로 동작하는지 확인할 때는 깃 배시를 사용한다. 깃 배시를 실행하여 다음 명령을 실행한다.

```
$ javac -version
$ java -version
```

정상적으로 설치되었다면 그림 A.45와 같은 결과를 출력한다.

그림 A.45 아마존 코레토 동작 확인

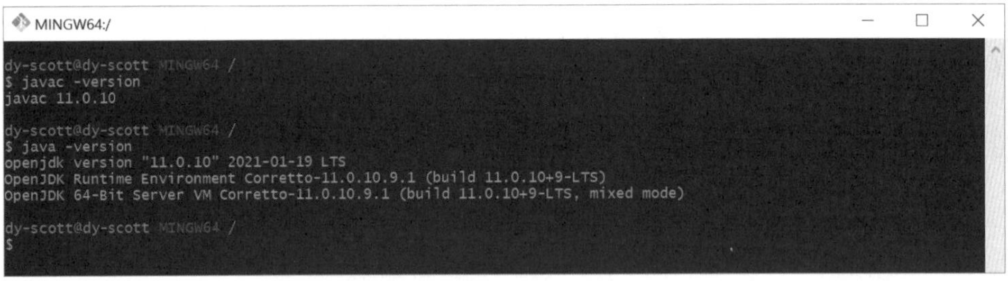

```
MINGW64:/                                                                    —    □    ×

dy-scott@dy-scott MINGW64 /
$ javac -version
javac 11.0.10

dy-scott@dy-scott MINGW64 /
$ java -version
openjdk version "11.0.10" 2021-01-19 LTS
OpenJDK Runtime Environment Corretto-11.0.10.9.1 (build 11.0.10+9-LTS)
OpenJDK 64-Bit Server VM Corretto-11.0.10.9.1 (build 11.0.10+9-LTS, mixed mode)

dy-scott@dy-scott MINGW64 /
$
```

JAVA_HOME 환경 변수 설정

Amazon Corretto 설치는 끝났지만 마지막으로 JAVA_HOME 환경 변수를 설정해야 한다. 환경 변수 설정 방법은 앞에서 설명한 PATH 설정 방법과 동일하므로 상세한 설명은 생략한다.

환경 변수 설정 화면에서 다음과 같이 설정한다(그림 A.46 참고).

- 변수 이름: JAVA_HOME

- 변수값: C:\Program Files\Amazon Corretto\JDK 버전(JDK 버전의 값은 파일 탐색기 등에서 확인한다)

그림 A.46 '사용자 변수 편집' 화면(JAVA_HOME)

A.5 도커 데스크톱

도커 데스크톱 다운로드

도커 데스크톱^{Docker Desktop}은 도커 공식 페이지(https://www.docker.com/products/docker-desktop)에서 다운로드할 수 있다(그림 A.47 참고).

그림 A.47 도커 데스크톱 공식 페이지

<Download for Windows> 버튼을 클릭하면 다운로드할 수 있다.

도커 데스크톱 설치

도커 데스크톱은 인스톨러 형식으로 제공되므로 인스톨러를 실행한다. 설치할 때는 [Install required Windows components for WSL 2]를 선택할지 결정해야 한다. 현재 WSL 2 (Windows Subsystem for Linux 2)를 사용하는 사람은 선택해서 설치하고 WSL 2를 사용하지 않는 독자는 선택하지 않고 설치하는 것을 권한다(그림 A.48, 그림 A.49 참고).

그림 A.48 도커 데스크톱 설치 ①

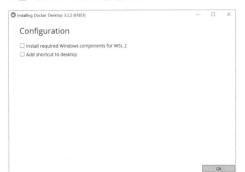

Installing Docker Desktop 3.2.2 (61853)
Configuration
Install required Windows components for WSL 2
Add shortcut to desktop
Ok

그림 A.49 도커 데스크톱 설치 ②

Installing Docker Desktop 3.2.2 (61853)
Docker Desktop 3.2.2
Installation succeeded
Close

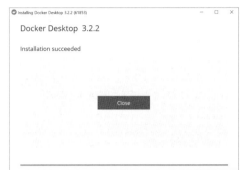

도커 데스크톱을 설치한 후에는 [시작] → [Docker Desktop]을 선택해 도커 데스크톱을 실행한다.

도커 데스크톱의 동작 확인

도커 데스크톱 동작 확인은 깃 배시를 이용한다. 깃 배시를 실행하고 다음 명령을 실행한다.

```
$ docker version
```

정상적으로 설치되었다면 다음과 같은 화면이 출력된다(그림 A.50 참고).

그림 A.50 도커 데스크톱 동작 확인

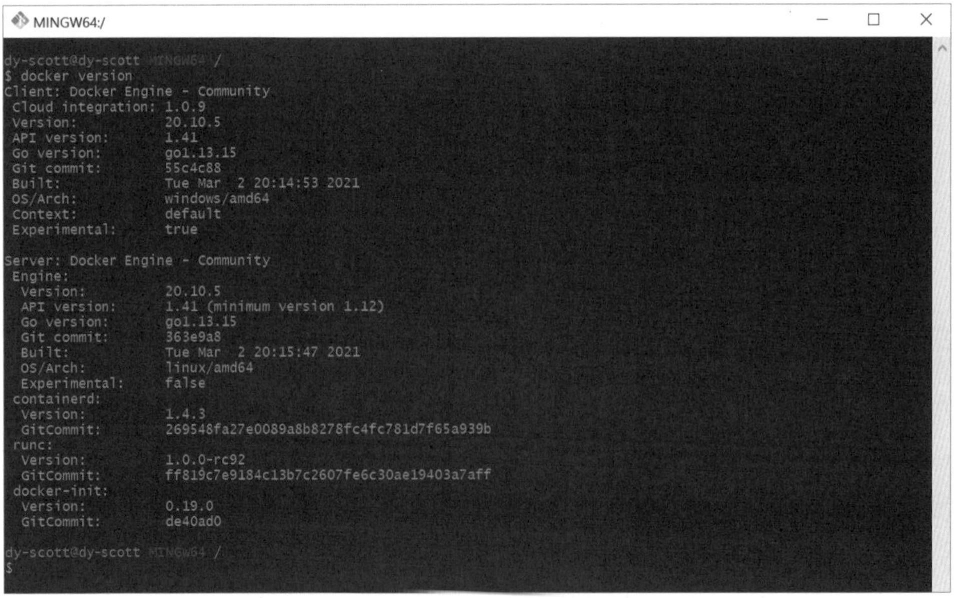

MINGW64:/
dy-scott@dy-scott MINGW64 /
$ docker version
Client: Docker Engine - Community
Cloud integration: 1.0.9
Version: 20.10.5
API version: 1.41
Go version: go1.13.15
Git commit: 55c4c88
Built: Tue Mar 2 20:14:53 2021
OS/Arch: windows/amd64
Context: default
Experimental: true
Server: Docker Engine - Community
Engine:
Version: 20.10.5
API version: 1.41 (minimum version 1.12)
Go version: go1.13.15
Git commit: 363e9a8
Built: Tue Mar 2 20:15:47 2021
OS/Arch: linux/amd64
Experimental: false
containerd:
Version: 1.4.3
GitCommit: 269548fa27e0089a8b8278fc4fc781d7f65a939b
runc:
Version: 1.0.0-rc92
GitCommit: ff819c7e9184c13b7c2607fe6c30ae19403a7aff
docker-init:
Version: 0.19.0
GitCommit: de40ad0
dy-scott@dy-scott MINGW64 /
$

참고로 도커 데스크톱을 설치하면 앞에서 다운로드했던 kubectl도 함께 설치된다. 이 책은 A.3 절에서 다운로드한 kubectl을 사용해야 하는데, 이때 도커 데스크톱의 kubectl을 더 우선순위에 두고 실행해서 간혹 문제가 생길 수도 있다. 이때는 그림 A.37과 같은 창에서 그림 A.51처럼 %USERPROFILE%\k8sbook\bin이라는 경로가 C:\Program Files\Docker\Docker\resources\bin이나 C:\ProgramData\DockerDesktop\version-bin보다 위에 있는지 확인한다.

그림 A.51 환경 변수 우선순위 확인

만약 %USERPROFILE%\k8sbook\bin이 아래에 있으면 〈위로 이동〉 버튼을 클릭해 해당 경로를 위로 올려서 우선순위를 바꾼 후 〈확인〉 버튼을 클릭한다.

도커 허브 계정에 가입 및 로그인하기

도커 데스크톱을 사용할 경우 꼭 도커 허브에 로그인할 필요는 없지만 도커 데스크톱을 설치했다면 도커 허브^{Docker Hub} 계정을 만들어 로그인하면 좋다. 직접 만든 도커 컨테이너 이미지를 도커 허브에 등록하는 등 편리한 기능이 있다.

먼저 도커 허브 공식 사이트(https://hub.docker.com)에서 계정을 생성(자세한 과정은 생략)한다.

그림 A.52 도커 허브 계정 생성

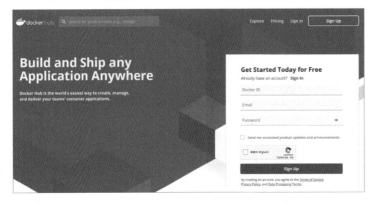

도커 데스크톱 아이콘을 마우스 오른쪽 버튼으로 클릭하면 나오는 [Sign in/Create Docker ID..] 메뉴를 선택하여 로그인한다(그림 A.53~그림 A.54 참고).

그림 A.53 'Sign in/Create Docker ID..' 메뉴 선택

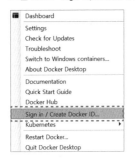

그림 A.54 도커 허브 계정으로 로그인

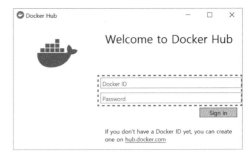

A.6 Node.js

Node.js는 Node.js의 공식 사이트(https://nodejs.org/en)에서 다운로드할 수 있다. LTS 버전과 Current 버전 두 가지가 있으며 이 책에서는 LTS 버전을 사용한다. LTS 버전 번호를 클릭하면 인스톨러를 다운로드할 수 있다.

Node.js 설치

Node.js 설치는 인스톨러 기본 설정으로 진행해도 된다(그림 A.55~A.61).

그림 A.55 Node.js 설치 ①

그림 A.56 Node.js 설치 ②

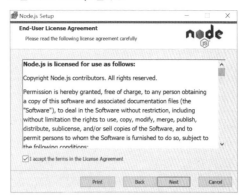

그림 A.57 Node.js 설치 ③

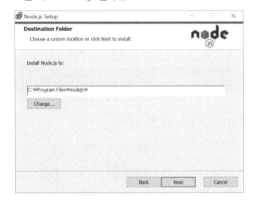

그림 A.58 Node.js 설치 ④

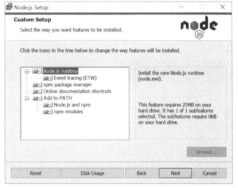

그림 A.59 Node.js 설치 ⑤

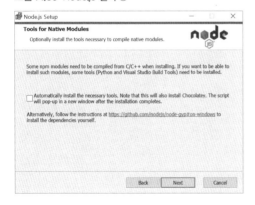

그림 A.60 Node.js 설치 ⑥

그림 A.61 Node.js 설치 ⑦

Node.js 동작 확인

Node.js 동작 확인은 깃 배시를 이용한다. 깃 배시를 실행한 후 다음 명령을 실행한다.

```
$ node --version
```

정상적으로 설치되었다면 다음과 같은 화면이 출력된다(그림 A.62 참고).

그림 A.62 Node.js 동작 확인

부록 B macOS에 실습 환경 설치하기

부록 B에서는 macOS 기준으로 이 책에서 사용하는 실습 환경을 구축하기 위해 필요한 도구의 다운로드, 설치 방법에 대해 설명한다. 사용하는 환경은 다음과 같다.

- macOS Sierra(10.12) 이상

또한 실제 실습 환경 설치는 macOS Big Sur(11.2.3, Macbook Pro 2018)에서 진행했다.

설치 도중에 관리자 권한이 필요한 작업을 할 경우 로그인 암호 입력 화면이 표시되며 그때마다 암호를 입력하기 바란다.

B.1 작업용 및 도구용 디렉터리 생성

이 책에서 설명하는 macOS에서의 작업 디렉터리로는 ~/k8sbook/work를 사용한다(물론 다른 디렉터리를 설정해도 큰 문제는 없다). 또 도구의 바이너리 파일을 저장하는 디렉터리로는 ~/k8sbook/bin을 사용한다.

두 디렉터리를 미리 생성해두자. 터미널에서 다음 명령을 실행한다.

```
% mkdir -p ~/k8sbook/work
% mkdir -p ~/k8sbook/bin
```

B.2 AWS CLI

AWS CLI 다운로드

AWS CLI(명령줄 인터페이스)는 AWS 명령줄 인터페이스 페이지(https://aws.amazon.com/ko/cli)의 내용을 참고해 설치할 수 있다.

해당 페이지의 오른쪽에는 macOS용 파이썬의 pip(파이썬^{Python}용 패키지 매니저)로 설치하는 방법을 소개한다. 다음 명령을 실행한다.

```
% pip install awscli
```

인스톨러도 별도로 준비되어 있다. 이 책에서는 인스톨러를 이용해 AWS CLI를 설치하며 방법
은 'macOS에서 AWS CLI 버전 2 설치, 업데이트 및 제거[4]'에서 확인할 수 있다.

여기서는 curl 명령어로 인스톨러를 다운로드하므로 터미널을 이용하여 다음 명령을 실행한다.

```
% cd ~/k8sbook/work
% curl "https://awscli.amazonaws.com/AWSCLIV2.pkg" -o "AWSCLIV2.pkg"
```

AWS CLI 설치

터미널에서 다음 명령을 실행하여 설치를 진행한다.

```
% sudo installer -pkg AWSCLIV2.pkg -target /
```

이것으로 AWS CLI 설치가 완료되었다.

AWS CLI 동작 확인

터미널에서 동작 확인을 해보자. 다음 명령을 실행한다.

```
% aws --version
```

정상적으로 설치가 완료되었다면 다음과 같이 표시된다(그림 B.1 참고).

그림 B.1 AWS CLI 동작 확인

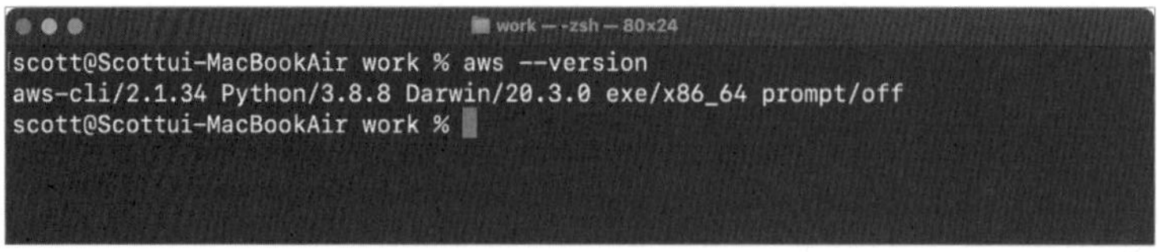

4 https://docs.aws.amazon.com/ko_kr/cli/latest/userguide/install-cliv2-mac.html

B.3 Homebrew와 envsubst

이 책에서는 YAML 파일 기반 템플릿의 변수를 치환할 때 envsubst라는 명령어를 사용한다. envsubst를 설치할 경우에는 macOS에서 많이 사용되는 패키지 매니저인 Homebrew를 사용한다.[5]

Homebrew는 공식 사이트(https://brew.sh/index_ko)에 설치 명령이 공개되어 있다(그림 B.2 참고).

그림 B.2 Homebrew 공식 사이트

Homebrew 설치

Homebrew는 다음 명령으로 설치할 수 있다. 터미널에서 다음과 같이 실행한다.

```
% /bin/bash -c "$(curl -fsSL https://raw.githubusercontent.com/Homebrew/ \
> install/HEAD/install.sh)"
```

Homebrew는 /usr/local 아래(Apple M1 기반은 /opt 아래)에 설치되므로 설치 도중에 sudo 명령어를 사용한다. 그래서 시스템 로그인 비밀번호 입력이 필요하며 입력한 후 설치를 진행한다.

envsubst 설치

envsubst 명령어는 Homebrew로 gettext 패키지를 설치하면 사용할 수 있다. 터미널에서 다음 명령을 실행한다.

---

5 envsubst 이외의 도구들도 Homebrew로 설치 가능한 것이 있지만 버전을 지정하여 설치하는 것이 번거로우므로 다른 도구들은 Homebrew를 사용하지 않고 설치한다.

```
% brew install gettext
% brew link gettext --force
```

B.4 eksctl, kubectl

eksctl과 kubectl은 각각의 사이트에서 바이너리 파일을 다운로드해 설치한다. 인스톨러가 없으므로 다운로드한 후 원하는 경로에 저장해야 한다.

이 바이너리 파일은 앞에서 생성한 ~/k8sbook/bin에 저장한다.

eksctl 다운로드

eksctl의 깃허브 페이지(https://github.com/weaveworks/eksctl/releases)에서 바이너리 파일을 ~/k8sbook/bin에 다운로드한다. Assets 코드에서 'eksctl_Darwin_amd64.tar.gz(Apple M1 사용자는 eksctl_Darwin_arm64.tar.gz)'를 다운로드해야 한다(그림 B.3 참고).

그림 B.3 eksctl 배포 사이트

다운로드한 후에는 해당 파일의 압축을 해제한다.

kubectl 다운로드

kubectl은 쿠버네티스 공식 사이트에서 배포하는 바이너리 파일이나 AWS에서 배포하는 바이너리 파일을 다운로느하여 사용한다.

- **AWS 배포 사이트**

  https://docs.aws.amazon.com/ko_kr/eks/latest/userguide/install-kubectl.html

- **쿠버네티스 공식 사이트**

  https://kubernetes.io/docs/setup/release/notes

AWS 배포 사이트에서는 쿠버네티스 클러스터 제어 플레인과 마이너 버전이 하나 정도 다른 Amazon EKS 버전을 사용하면 된다고 하니 Amazon EKS에서 현재 사용하는 쿠버네티스 버전에 대응하는 kubectl을 다운로드하면 문제없다. 여기서는 AWS 버전을 사용한다.

AWS 배포 사이트의 설치 방법 설명(그림 B.4)에 따라 curl 명령어로 kubectl을 ~/k8sbook/bin에 다운로드한다. 다음 명령을 터미널에서 실행한다.

```
% curl -o kubectl https://amazon-eks.s3.us-west-2.amazonaws.com/1.19.6/ \
> 2021-01-05/bin/darwin/amd64/kubectl
```

그림 B.4 AWS에서의 kubectl 설치 방법 설명

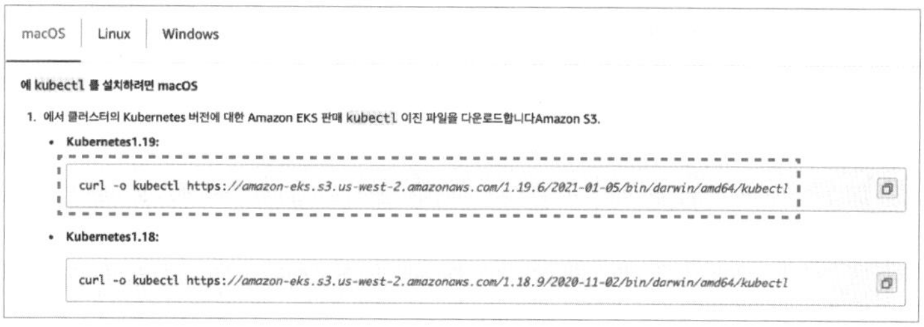

다음 명령으로 다운로드한 파일(kubectl)의 실행 권한을 설정한다.

```
% chmod +x ~/k8sbook/bin/kubectl
```

명령줄 도구 저장 디렉터리의 PATH 환경변수 설정

eksctl과 kubectl 동작 확인 전에 생성한 명령줄 도구가 저장된 디렉터리를 환경 변수에 설정한다. 환경 변수를 설정하려면 다음 명령을 실행해 ~/.zprofile(bash 셸 사용자는 ~/.bash_profile을 수정한다)에 export PATH=$PATH:$HOME/k8sbook/bin이라는 설정 내용을 추가한다.

```
% echo 'export PATH=$PATH:$HOME/k8sbook/bin' >> ~/.zprofile
```

eksctl과 kubectl 동작 확인

명령 동작 확인은 모두 터미널을 이용한다. 터미널에서 다음과 같은 명령을 실행한다.[6]

```
% eksctl version
% kubectl version --client
```

정상적으로 설치되었다면 다음과 같은 실행 결과가 출력된다(그림 B.5 참고).

그림 B.5 eksctl 및 kubectl 동작 확인

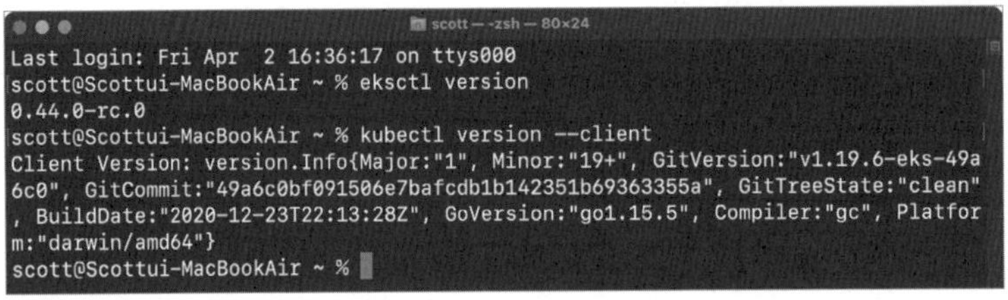

scott — -zsh — 80×24
Last login: Fri Apr 2 16:36:17 on ttys000
scott@Scottui-MacBookAir ~ % eksctl version
0.44.0-rc.0
scott@Scottui-MacBookAir ~ % kubectl version --client
Client Version: version.Info{Major:"1", Minor:"19+", GitVersion:"v1.19.6-eks-49a
6c0", GitCommit:"49a6c0bf091506e7bafcdb1b142351b69363355a", GitTreeState:"clean"
, BuildDate:"2020-12-23T22:13:28Z", GoVersion:"go1.15.5", Compiler:"gc", Platfor
m:"darwin/amd64"}
scott@Scottui-MacBookAir ~ %

참고로 macOS 카탈리나 이후 버전에서는 확인한 개발자가 등록한 명령줄 도구가 아닐 경우 그림 B.6처럼 악성 소프트웨어로 취급될 수 있다.

그림 B.6 악성 소프트웨어 취급

'eksctl'은(는) Apple에서 악성 소프트웨어가 있는지 확인할 수 없기 때문에 열 수 없습니다.
이 소프트웨어는 업데이트가 필요합니다. 자세한 사항은 개발자에게 문의하십시오.
Chrome이(가) 오늘 오후 3:18에 이 파일을 다운로드했습니다.
Finder에서 보기
확인

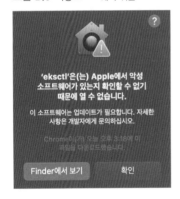

6 PATH 환경 변수 설정 전에 실행한 '터미널' 앱에서는 환경 변수가 적용되지 않으므로 새로운 터미널을 실행해서 확인하기 바란다.

이럴 때는 [응용 프로그램] → [시스템 환경설정] → [보안 및 개인 정보 보호] → [일반]을 확인하면 해당 명령줄 도구를 허용할 것인지 묻는다. 〈확인 없이 허용〉을 눌러 명령줄 도구 실행을 허용한다.

그림 B.7 명령줄 도구 실행 허용

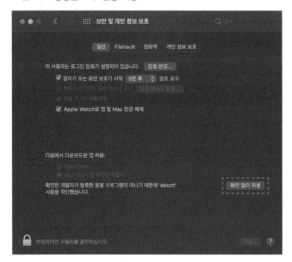

다시 eksctl과 kubectl 동작을 확인하면 그림 B.8과 같이 〈열기〉 버튼을 누를 수 있도록 바뀐다. 해당 버튼을 누르면 이후에는 명령줄 도구가 정상적으로 실행된다.

그림 B.8 명령줄 도구 실행 확인

B.5 Amazon Corretto

Amazon Corretto 다운로드

Amazon Corretto^{아마존 코레토}는 공식 사이트(https://aws.amazon.com/ko/corretto)에서 배포하고 있다(그림 B.7 참고). Amazon Corretto는 자바^{Java} 버전 8과 11을 다운로드할 수 있는데 이 책에서는 11을 사용한다.

그림 B.9 Amazon Corretto 배포 사이트

〈AWS Corretto 11 다운로드하기〉 버튼을 클릭하면 플랫폼별 다운로드 링크가 표시되는데 'macOS x64'를 선택한다. macOS용에서는 인스톨러(pkg 형식)와 tar.gz 파일이 제공되며 여기서는 인스톨러를 사용한다.

Amazon Corretto 설치

Amazon Corretto는 인스톨러 기본 설정 그대로 설치해도 된다(그림 B.10~B.14 참고).

그림 B.10 Amazon Corretto 설치 ①

그림 B.11 Amazon Corretto 설치 ②

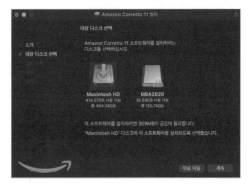

그림 B.12 Amazon Corretto 설치 ③

Amazon Corretto 11 설치
'Macintosh HD'에 표준 설치
소개
대상 디스크 선택
설치 유형
컴퓨터 공간의 309MB을(를) 차지하게 됩니다.
'Macintosh HD' 디스크에 이 소프트웨어의 표준 설치를 실행하려면 설치를 클릭하십시오.
설치 위치 변경...
사용자화
뒤로 이동
설치

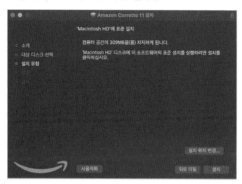

그림 B.13 Amazon Corretto 설치 ④

설치 프로그램이(가) 새로운 소프트웨어를 설치하려고 합니다.
허용하려면 암호를 입력하십시오.
사용자 이름: SangUk Park
암호:
취소
소프트웨어 설치

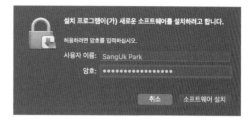

그림 B.14 Amazon Corretto 설치 ⑤

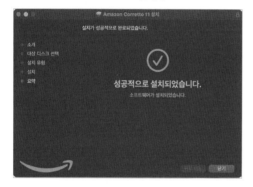

Amazon Corretto 11 설치
설치가 성공적으로 완료되었습니다.
소개
대상 디스크 선택
설치 유형
설치
요약
성공적으로 설치되었습니다.
소프트웨어가 설치되었습니다.
닫기

Amazon Corretto 동작 확인

Amazon Corretto 동작 확인은 터미널을 사용한다. 다음 명령을 실행한다.

```
% javac -version
% java -version
```

정상적으로 설치되었다면 다음과 같은 메시지가 출력된다(그림 B.15 참고).

그림 B.15 Amazon Corretto 동작 확인

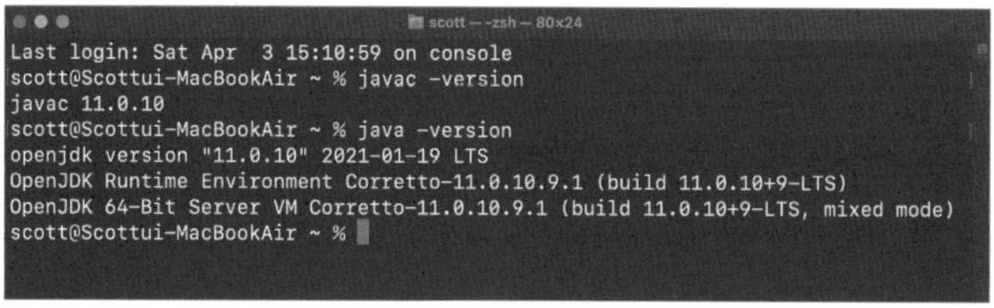
scott — -zsh — 80×24
Last login: Sat Apr 3 15:10:59 on console
scott@Scottui-MacBookAir ~ % javac -version
javac 11.0.10
scott@Scottui-MacBookAir ~ % java -version
openjdk version "11.0.10" 2021-01-19 LTS
OpenJDK Runtime Environment Corretto-11.0.10.9.1 (build 11.0.10+9-LTS)
OpenJDK 64-Bit Server VM Corretto-11.0.10.9.1 (build 11.0.10+9-LTS, mixed mode)
scott@Scottui-MacBookAir ~ %

JAVA_HOME 환경변수 설정

Amazon Corretto 설치 작업이 끝났다면 마지막으로 JAVA_HOME 환경 변수를 설정한다. 다음 명령을 실행해 ~/.zprofile(bash 셸 사용자는 ~/.bash_profile을 수정한다)에 export JAVA_HOME=$(/usr/libexec/java_home -v 11)이라는 내용을 추가한다.

```
% echo 'export JAVA_HOME=$(/usr/libexec/java_home -v 11)' >> ~/.zprofile
```

B.6 도커 데스크톱

도커 데스크톱 다운로드

도커 데스크톱^{Docker Desktop}은 도커 공식 페이지(https://www.docker.com/products/docker-desktop)에서 다운로드할 수 있다(그림 B.16 참고).

그림 B.16 도커 데스크톱 공식 페이지

〈Download for Mac〉 버튼을 클릭하면 다운로드할 수 있다.

> **TIP**
> Apple M1 기반의 맥은 2021년 4월 현재 Docker Desktop for Apple silicon(https://docs.docker.com/docker-for-mac/apple-m1)에 접속해서 전용 버전을 다운로드하여 사용해야 한다. 단, 정상적으로 도커 컨테이너를 만들고 실행할 수 있을지는 보장할 수 없다. 아직까지 이 책의 실행 환경으로 Apple M1을 사용하는 것은 지양하기 바란다.

도커 데스크톱 설치

다운로드한 도커 데스크톱 설치 파일은 프로그램을 복사하는 dmg 파일을 제공한다. 설치 파일 실행 후 아이콘을 드래그 앤 드롭해 복사 완료하면 설치가 완료된다(그림 B.17 참고).

그림 B.17 도커 데스크톱 설치

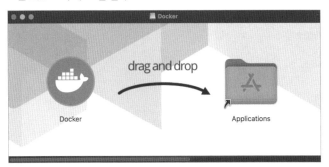

도커 데스크톱 실행

도커 데스크톱 설치 후 Finder에서 '응용 프로그램'을 연다. 여기에 'Docker' 아이콘이 존재하므로 이 아이콘을 더블 클릭해 도커 데스크톱을 실행한다(그림 B.18 참고).

그림 B.18 도커 데스크톱 실행

실행 중에 privileged access가 필요하다는 메시지가 표시되므로 〈OK〉 버튼을 클릭하고, 시스템 로그인 비밀번호 입력 화면이 나오면 비밀번호 입력 후 〈보조 프로그램 설치〉버튼을 클릭한다(그림 B.19, 그림 B.20 참고).

그림 B.19 접근 허가

그림 B.20 시스템 비밀번호 입력

Docker이(가) 새로운 보조 프로그램을 설치하려고 합니다.
허용하려면 암호를 입력하십시오.
사용자 이름: SangUk Park
암호:
취소
보조 프로그램 설치

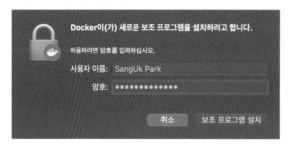

도커 데스크톱 동작 확인

도커 데스크톱 동작 확인은 터미널을 이용한다. 다음 명령을 실행한다.

```
$ docker version
```

정상적으로 도커가 실행되었다면 다음과 같은 메시지를 출력한다.

그림 B.21 도커 데스크톱 동작 확인

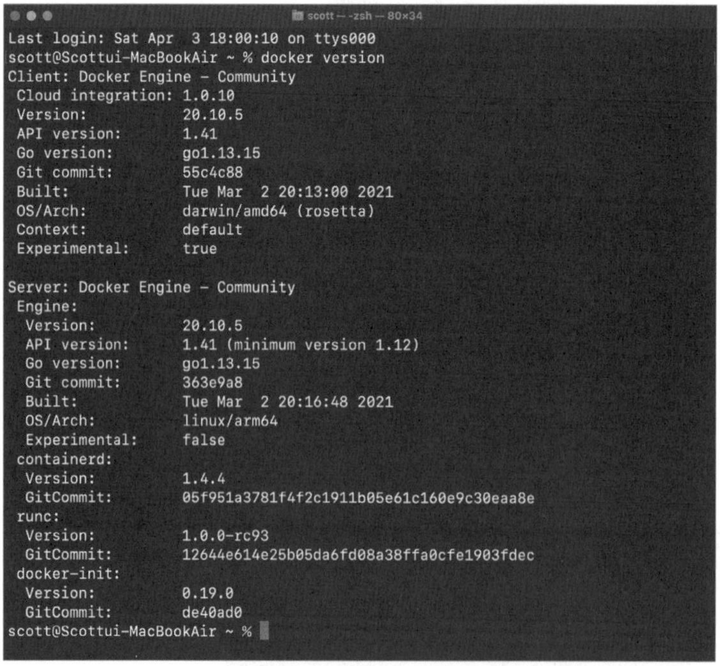

scott — -zsh — 80×34
Last login: Sat Apr 3 18:00:10 on ttys000
scott@Scottui-MacBookAir ~ % docker version
Client: Docker Engine - Community
 Cloud integration: 1.0.10
 Version: 20.10.5
 API version: 1.41
 Go version: go1.13.15
 Git commit: 55c4c88
 Built: Tue Mar 2 20:13:00 2021
 OS/Arch: darwin/amd64 (rosetta)
 Context: default
 Experimental: true
Server: Docker Engine - Community
 Engine:
  Version: 20.10.5
  API version: 1.41 (minimum version 1.12)
  Go version: go1.13.15
  Git commit: 363e9a8
  Built: Tue Mar 2 20:16:48 2021
  OS/Arch: linux/arm64
  Experimental: false
 containerd:
  Version: 1.4.4
  GitCommit: 05f951a3781f4f2c1911b05e61c160e9c30eaa8e
 runc:
  Version: 1.0.0-rc93
  GitCommit: 12644e614e25b05da6fd08a38ffa0cfe1903fdec
 docker-init:
  Version: 0.19.0
  GitCommit: de40ad0
scott@Scottui-MacBookAir ~ %

참고로 도커 데스크톱을 설치하면 앞에서 다운로드했던 kubectl도 함께 설치된다. 이 책은 B.4절에서 다운로드한 kubectl을 사용해야 하는데, 이때 도커 데스크톱의 kubectl을 더 우선순위

에 두고 실행해서 간혹 문제가 생길 수도 있다. 이때는 터미널에서 다음 명령들을 실행해 B.4절에서 다운로드한 kubectl을 실행할 수 있게 한다.

```
% cd /etc
% sudo vi paths
# [i] 키를 누른 후 맨 위에 /Users/<사용자 이름>/k8sbook/bin 경로 추가
# :wq로 vi 편집기 종료
% source /etc/paths
% kubectl version --client
Client Version: version.Info{Major:"1", Minor:"19+", GitVersion:"v1.19.6-eks-
49a6c0", GitCommit:"49a6c0bf091506e7bafcdb1b142351b69363355a", GitTreeState:
"clean", BuildDate:"2020-12-23T22:13:28Z", GoVersion:"go1.15.5", Compiler:"gc",
Platform:"darwin/amd64"}
```

kubectl version --client 명령을 실행했을 때 GitVersion:"v버전번호-eks-xxxxxx" 형식의 메시지가 출력되었는지 확인하면 된다.

도커 허브 계정에 가입 및 로그인

도커 데스크톱을 사용할 경우 꼭 도커 허브에 로그인할 필요는 없지만 도커 데스크톱을 설치했다면 도커 허브^{Docker Hub} 계정을 만들어 로그인하면 좋다. 직접 만든 도커 컨테이너 이미지를 도커 허브에 등록하는 등 편리한 기능이 있다.

먼저 도커 허브^{Docker Hub} 공식 사이트(https://hub.docker.com)에서 계정을 생성(자세한 과정은 생략)한다.

그림 B.22 도커 허브 계정 생성

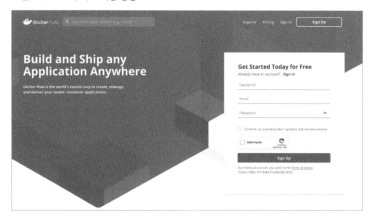

이어서 도커 데스크톱 아이콘을 마우스 오른쪽 버튼으로 클릭한 후 [Sign in/Create Docker ID]
메뉴를 이용하여 로그인한다(그림 B.23~그림 B.24 참고).

그림 B.23 'Sign in/Create Docker ID' 메뉴 선택

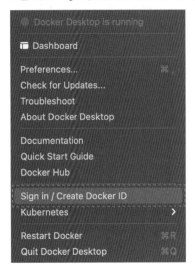

그림 B.24 도커 허브 계정으로 로그인

B.7 Node.js

Node.js는 공식 페이지(https://nodejs.org/en)에서 다운로드할 수 있다. LTS 버전과 Current
버전 두 가지가 있는데 이 책에서는 LTS 버전을 사용한다. ⟨LTS 버전 번호⟩를 클릭하면 인스톨
러를 다운로드할 수 있다.

Node.js 설치

Node.js 설치는 인스톨러 기본 설정으로 진행해도 무관하다(그림 B.25~B.31 참고).

그림 B.25 Node.js 설치 ①

그림 B.26 Node.js 설치 ②

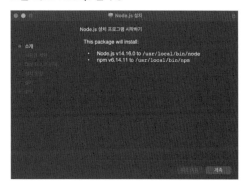

그림 B.27 Node.js 설치 ③

그림 B.28 Node.js 설치 ④

그림 B.29 Node.js 설치 ⑤

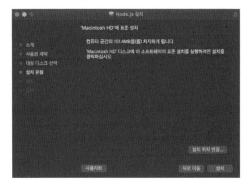

그림 B.30 Node.js 설치 ⑥

그림 B.31 Node.js 설치 ⑦

Node.js 동작 확인

Node.js의 동작을 확인할 때는 터미널을 이용한다. 다음 명령을 실행한다.

```
$ node --version
```

정상적으로 설치되었다면 그림 B.32와 같은 메시지를 출력한다.

그림 B.32 Node.js 동작 확인

```
Last login: Sat Apr  3 20:03:45 on ttys000
scott@Scottui-MacBookAir ~ % node --version
v14.16.0
scott@Scottui-MacBookAir ~ %
```

부록 C AWS 계정과 IAM 사용자 생성

여기서는 AWS 계정을 신규로 생성하고 IAM 페이지에서 작업용으로 사용할 IAM 사용자를 생성하는 방법에 대해 설명한다.

C.1 계정 신규 생성

AWS 공식 사이트(https://aws.amazon.com)에 접속하여 오른쪽 위에 있는 〈AWS 계정 생성〉 버튼을 클릭한다(그림 C.1 참고).

그림 C.1 AWS 사이트 접속

그러면 이메일 주소, 암호, 암호 확인, AWS 계정 이름 입력 페이지가 표시되므로 모두 입력 후 〈계속 (1/5단계)〉 버튼을 클릭한다(그림 C.2 참고).

그림 C.2 계정 생성 페이지

계속해서 연락처를 입력하는 페이지가 표시된다. 계정 유형은 개인 용도로 생성할 경우 '개인'을 선택한다(그림 C.3 참고). 이후 '전체 이름', '전화 번호', '국가 또는 리전', '주소', '우편 번호' 등을 입력하고 'AWS 고객 계약을 읽었으며 이에 동의한다.' 앞 체크 박스를 선택한 후 〈계속 (2/5단계)〉 버튼을 클릭한다.

그림 C.3 연락처 입력

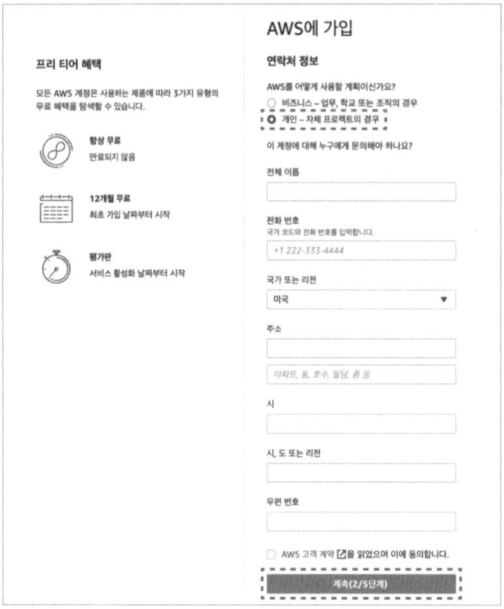

다음에는 결제 정보와 신용/직불 카드 정보를 입력한다(그림 C.4 참고). 입력을 마쳤으면 '청구지 주소'에 '내 연락처 주소 사용'을 선택하고 이메일 주소에 그림 C.2에서 입력했던 이메일 주소를 입력한 후 〈확인 및 계속(3/5단계)〉 버튼을 클릭한다.

그림 C.4 결제 정보 입력

마지막으로 본인 확인을 위해 확인 코드 수신 방법을 설정한다. 문자 메시지(SMS) 또는 음성 통화를 선택할 수 있다(그림 C.5 참고).

문자 메시지의 경우 수신할 전화번호를 팝업 창에 입력한다. 음성 통화의 경우 AWS 자동 음성 전화가 수신되며 페이지에 표시되는 번호를 전화 안내에 따라 입력한다.

그림 C.5 확인 코드 입력

본인 확인이 끝나면 지원 플랜 선택 페이지가 표시된다(그림 C.6 참고). 이 책에서 소개하는 환경 구성 용도라면 '기본 지원 – 무료' 플랜으로 충분하다. 이 플랜을 선택한 후 〈가입 완료〉 버튼을 클릭한다.

그림 C.6 지원 플랜 선택

AWS 계정 생성이 끝났다. 페이지 아래에 있는 〈AWS Management Console로 이동〉 버튼을 클릭하면 AWS 관리 콘솔에 로그인할 수 있다(그림 C.7 참고).

그림 C.7 계정 생성 완료

'루트 사용자'를 선택한 상태로 방금 등록한 이메일 주소를 입력하고 〈다음〉 버튼을 클릭한다(그림 C.8 참고). 그리고 '보안 검사'의 이미지에 있는 문자를 입력한 후 〈제출〉 버튼을 클릭한다. 마지막으로 비밀번호 입력 페이지가 표시되면 회원 가입할 때 등록한 비밀번호를 입력한 후 〈로그인〉 버튼을 클릭한다.

그림 C.8 AWS 로그인 페이지

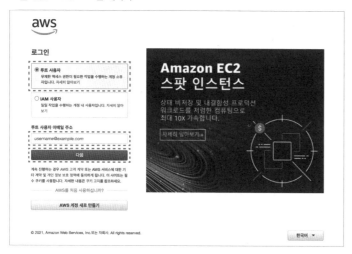

로그인이 성공하면 AWS 관리 콘솔의 메인 페이지가 표시된다(그림 C.9 참고).

그림 C.9 AWS 관리 콘솔 메인 페이지

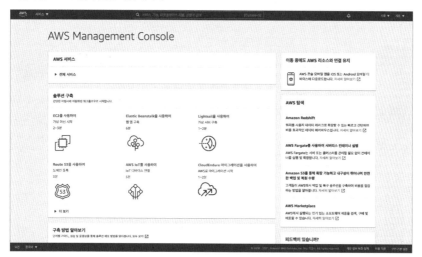

C.2 AWS CLI용 IAM 사용자 생성

AWS 계정 생성이 완료되어 AWS를 사용할 수 있게 되었다. 다음에는 이 책의 예제 애플리케이션 배포에 사용할 AWS CLI용 IAM 사용자를 생성하고 AWS CLI에 설정한다.

IAM 사용자를 생성하기 위해 먼저 페이지 왼쪽 위에 있는 [서비스] 메뉴를 선택하고 [보안, 자격 증명 및 규정 준수]에서 [IAM]을 선택한다(그림 C.10 참고).

그림 C.10 AWS 콘솔 서비스 메뉴

그러면 'IAM 대시보드'가 표시된다[7](그림 C.11 참고).

그림 C.11 IAM 대시보드

---

7 IAM 서비스 페이지에 있는 '모범 사례'의 여섯 가지 항목은 AWS 계정을 생성한 후 보안 관점에서 해야 할 설정을 설명한다. 이 책에서는 별도로 설명하지 않지만 각 항목의 설명을 참고하여 설정해두는 것을 추천한다.

다음으로 페이지 왼쪽 메뉴에서 [사용자]를 선택한다.

그림 C.12 IAM 사용자 선택

이 페이지에서 〈사용자 추가〉 버튼을 클릭하면 사용자를 추가할 수 있다(그림 C.12 참고).

첫 페이지에서는 사용자 이름을 입력하고 액세스 유형으로는 '프로그래밍 방식 액세스'를 선택한다[8](그림 C.13 참고). 설정이 끝났다면 〈다음: 권한〉 버튼을 클릭한다.

그림 C.13 IAM 사용자 추가

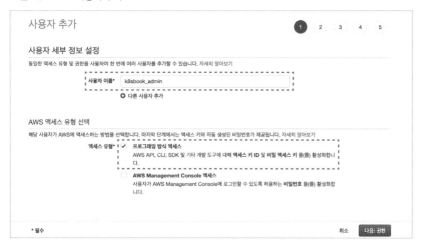

다음에는 사용자에게 부여할 권한을 설정한다. 권한 설정은 그룹에 대한 권한을 설정하고 사용자를 그 그룹에 소속시키는 방법을 활용한다.

---

8 여기서는 AWS CLI용 사용자를 생성하므로 '프로그래밍 방식 액세스'를 선택한다.

이 단계에서는 그룹이 생성되어 있지 않으므로 〈그룹 생성〉 버튼을 클릭한다(그림 C.14 참고).

그림 C.14 IAM 사용자 권한 설정

다음에는 그룹 이름과 부여할 정책을 설정한다(그림 C.15 참고). 여기에서는 '그룹 이름'을 'AdminGroup'이라고 하고 'AdministratorAccess' 정책을 부여한다.[9] 설정을 완료했다면 〈그룹 생성〉 버튼을 클릭한다.

그림 C.15 IAM 그룹 관리 페이지

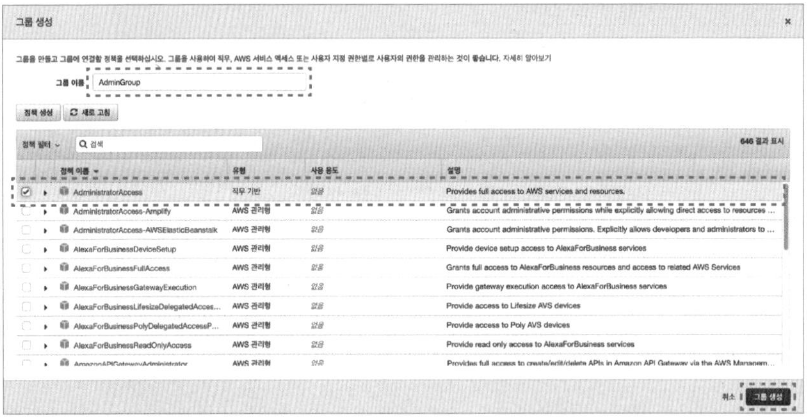

---

9 서비스 환경에서 운영할 경우 사용자에게는 최소한의 권한을 부여해야 하지만, 여기서는 학습을 위해 사용자에게 관리자 권한을 부여한다.

그룹을 생성하면 원래 페이지로 돌아간다. 방금 생성한 AdminGroup이 생성되어 속한 것을 확인할 수 있다(그림 C.16 참고). 확인한 후에는 〈다음: 태그〉 버튼을 클릭한다.

그림 C.16 소속 그룹이 추가된 상태

다음 페이지에서 태그를 설정한다(그림 C.17 참고). 태그는 이 사용자를 식별하기 위해 정보를 추가하여 설정하지만 옵션이므로 여기서는 생략한다. 〈다음: 검토〉 버튼을 클릭한다.

그림 C.17 태그 설정

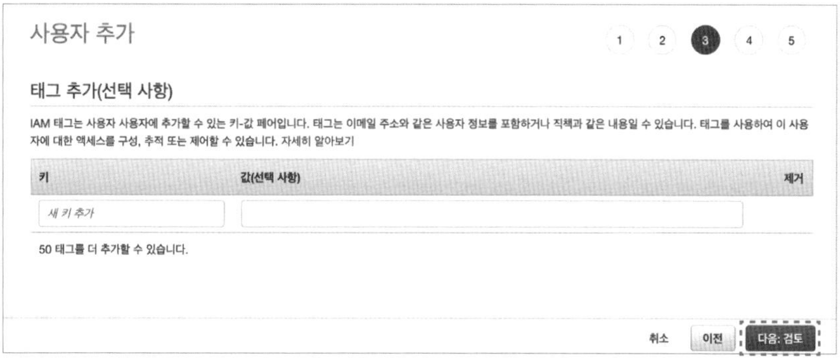

다음에는 확인 페이지가 표시된다(그림 C.18 참고). 설정 정보에 문제가 없다면 〈사용자 만들기〉 버튼을 클릭한다.

그림 C.18 IAM 사용자 생성 확인 페이지

마지막으로 사용자 생성에 성공했다는 페이지가 표시된다(그림 C.19 참고). 이 페이지에서는 생성한 사용자 액세스 키 ID, 비밀 액세스 키를 확인할 수 있다. 해당 정보는 이 페이지에서만 확인할 수 있으므로 꼭 기록해두기 바란다. 왼쪽 위 〈.csv 다운로드〉 버튼을 클릭해 CSV 파일로도 다운로드해 정보를 보관할 수도 있다.

그림 C.19 IAM 사용자 생성 완료

C.3 AWS CLI 설정

IAM 사용자 생성이 끝났다면 AWS CLI를 설정한다. 개발 환경 터미널에서 다음 명령을 실행한다.

```
% aws configure
```

앞 명령을 실행하면 다음과 같은 내용이 한 줄씩 표시되므로 해당 값을 입력한다. 여기서 입력한 값이 AWS CLI에서 사용할 기본 설정값이 된다.

```
AWS Access Key ID [None]: <생성한 사용자 액세스 키 ID>
AWS Secret Access Key [None]: <생성한 사용자 비밀 액세스 키>
Default region name [None]: ap-northeast-2
Default output format [None]:
```

'AWS Access Key ID', 'AWS Secret Access Key'에는 그림 C.19에서 저장한 값을 입력한다. 리전 이름은 서울 리전을 나타내는 'ap-northeast-2'를 입력한다. 마지막으로 출력 포맷은 설정하지 않아도 된다(JSON 형식이 기본 설정값이다).